10년 후 세계사
두 번째 미래

한 그루의 나무가 모여 푸른 숲을 이루듯이
청림의 책들은 삶을 풍요롭게 합니다.

10년 후 세계사
두 번째 미래

The
World
History
after

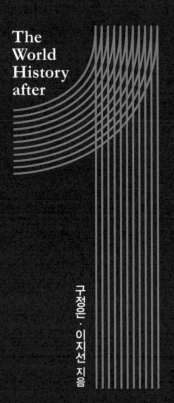

2nd Future

Years

구정은 · 이지선 지음

우리가 결정해야 할 11가지 거대한 이슈

추수밭

10년 후 미래를 바꾼다는 것

'질병 X$_{disease X}$'에 대비하라는 세계보건기구(WHO)의 경고는 2018년에 나왔다. 지카, 에볼라, 사스에 준비 없이 당한 인류가 미래의 유행병에 맞서려면 연구개발이 필요하다고 했다. 하지만 '질병 X', 코로나19 바이러스에 우리는 또 속수무책이었다. 어제의 교훈은 오늘을 바꾸지 못했다. 그렇다면 내일은? 코로나27, 코로나39에 침착하게 대응할 수 있을까? 급변하는 미래를 예측하려 애쓰는 대신 우리의 의지로 10년 후를 만들 수 있을까?

2015년에 출간된《10년 후 세계사》는 '미래의 역사가 우리에게 달려 있다'고 했다. 당시 그 책을 읽고 "시대를 관통하는 글로벌 이슈를 횡으로 종으로 그려냈다"는 감상을 남기기도 했다.

6년이 지나 후속작인《10년 후 세계사 두 번째 미래》를 만났다. 운 좋게 원고를 먼저 받아들고 순식간에 갈증을 채웠다. 이 책의 가장 큰 미덕은 술술 읽힌다는 점이다. 복잡한 세상사 정리가 깔끔하다. 작은 에피소드, 사람의 이야기로 시작해 큰 그림으로 넘어가는 이음새가 끝내준다. 특수한 사례가 보편적 현상으로 연결되고, 먼 나라 이야기가 나의 현실로 훅 들어온다. 데이터는 촘촘하고 사례는 풍성하다. 이슈마다 책 몇 권씩 봐야 할 내용을 각각 한 챕터로 정리하다니 용하다.

단순히 정보만 나열하는 것이 아니라 종과 횡으로 엮는 솜씨는 더 무르익었다. 이제는 익숙해진 '플랫폼 노동'은 기술 뒤편에 놓인 보이지 않는 노동, '고스트워크'로 구체화되며, 이반 일리치의 《그림자 노동》으로 이어진다. 코로나19의 봉쇄정책이 여성과 어린이를 더 많은 가정폭력에 노출시켰다는 '그림자 팬데믹'을 유엔이 분석한지 이 책을 읽기 전까지 미처 몰랐다. 유전자 변형 농산물이 위험한 이유는 유해성 탓이 아니라 전 세계 농민들이 노동의 대가를 종자 값, 특허 값으로 빼앗기기 때문이라고도 한다. 노동 조건이 열악한 장거리 운송부터 무인 트럭이 도입된다면, 언젠가 남북한 물자가 넘나들 '군사분계선 무역'에서도 자율주행차가 활약하게 될까?

기계가 바꾸는 세상, 인간이 사라지는 세상이 어떤 모습일지 넋을 잃고 빠져들 때면 근본적 질문으로 균형을 잡아주는 것도 이 책의 미덕이다. 미래학자들의 장밋빛 청사진은 소수에게만 유효할 뿐 언제나 많은 이들을 배신했다. 기술은 SF영화 속 예상보다 더 빠르게 세상을 바꿔왔지만, 그 기술로부터 사람이 소외되곤 했다. 저자들은 기계나 기술로부터 사람이 버림받지 않기 위해 왜 민주주의가 중요한지 찬찬히 쫓아간다. 그리고 우울한 전망 대신 우리 공동체가 어떤 모습이 되어야 하는지 상상력을 먼저 발휘하라고 다시 권유한다.

10년 후 미래가 더 나빠지도록 내버려두는 것은 바보 같은 일이다. 이 책을 통해 지속 가능한 세상을 위해 생각을 나눠보면 좋겠다. '질병 X'에 또 당할 수는 없잖은가.

정혜승(작가, 전 대통령비서실 디지털소통센터장)

미래는 닥치는 것이 아니라
다가가는 것이다

미래를 내다본다는 것이 얼마나 어이없는 욕심인지 알고 있다. 더군다나 매일 눈을 뜨면 새로운 소식, 놀라운 뉴스, 혹은 비극적인 사건이 눈과 귀로 날아드는 시대다. 하지만 바로 그렇기 때문에 변화의 방향을 어설프게나마 짐작해 보고 그 소용돌이 속에서 어떤 문제들이 불거질지, 어떤 기회가 찾아올지, 누가 이 흐름에서 밀려날 것인지, 그 아픔을 줄이기 위해 어떤 준비를 해야 할지를 생각해보는 것이 중요하다.

우리는 2015년 《10년 후 세계사》에서 코앞으로 닥친 변화들 몇 가지를 짚었다. 정규직이 없는 시대가 오고 있음을 지적하면서 세계를 떠받치는 저임금 산업의 현실과 점점 커지는 격차 문제를 다뤘다. 달라지는 인구구조와 민주주의의 쟁점들, 무한경쟁 자본주의를 극복하기 위한 노력 등을 소개했다.

《10년 후 세계사》를 내놓고 6년이 지나는 동안 세계의 비탈길은 더 가팔라졌다. '전염병의 세계화'를 언급하긴 했지만 전 세계가 팬데믹에 휩싸여 마비되는 사태가 그렇게 빨리 일어날 줄은 몰랐다. 일하는 시간조차 정해져 있지 않은 '제로 아워zero hour' 노동이 일반화될 것으로 봤지만 몇 년 사이에 플랫폼 노동이 이토록 일반화될 것이라고는 예상하지 못했다. 저임금과 고용불안으로 상징되는 '맥잡Mc job'을 이야기했으나 이제 맥도날드에서는 맥잡조차 줄어들고 키오스크kiosk로 주문하는 시대가 됐다.

새로 쓰는
10년 후 세계사

처음에는 개정판을 내려고 했다가 이런 변화의 깊이와 범위를 군데군데 손보는 것만으로는 다 담을 수 없다고 생각해, 아예 의제들을 다시 선정하고 새로 썼다.

이 책은 크게 세 부분으로 구성돼 있다. 1부에서는 우리가 맞고 있는, 앞으로 더욱 심해질 노동의 변화를 들여다본다. 플랫폼 노동과 긱 경제Gig Economy 등 새로운 노동형태, 일과 일자리의 변화를 가져오는 핵심적인 테크놀로지인 인공지능과 로보틱스, 자율주행 기술의 발전 과정과 그것들이 가져올 사회 이슈들을 점검한다.

2부에서는 지구상에서 인간이라는 존재가 일으키고 있는, 앞으로 점점 더 많이 겪어야 할 문제들을 설명한다. 첫 책이 나온 뒤 유전자를 편집하는 크리스퍼 유전자 편집기술이 생명공학의 황금열쇠로 떠올랐고, 유전자 편집 기술을 활용한 아이가 태어나는 일까지 일어났다. 인간의 기술력과 그 뒤에 숨겨진 자신감 혹은 오만함이 초래한 글로벌 전염병과 기후변화로부터 자유로울 수 있는 사람은 이제 아무도 없다.

3부에서는 이주, 격차, 민주주의라는 세계 공통의 사회적 난제들을 어떻게 볼 것이고 받아들일 것인지를 설명하는 데 주력한다. 첫 책에서 소개했었던 국제지정학적인 이슈들을 제외한 대신에 다른 어젠다들의 밀도를 조금 더 높였다.

우리가 만드는 것이기에
더 나은 미래는 가능하다

두 번째 작업을 하면서 우리의 마음은 갈수록 더 무거워졌다는 점을 숨길 수 없다. 기술 발전이 가져다줄 더 풍요로운 미래를 예찬하는 낙관적인 관측들을 보다 보면, 분홍빛 코끼리가 하늘에 둥둥 떠다니는 것 같다. 하지만 누군가는 그 코끼리에 밟혀 죽거나 다칠 것이다. 세상은 온통 경쟁으로 치닫고 있고, 기후재앙은 일상이 돼버렸고, 탈탄소는커녕 탈마스크조차 힘들어

보일 정도다. 경쟁을 공생으로 만들고, 사회와 자연 양측의 파괴를 보존과 공존으로 바꾸는 것은 가능할까.

여러 자료를 읽으며 무거워진 마음을 정리하면서 우리가 내린 결론은 이것이다. '가능하다.' 모두 인간의 일, 우리의 일이며 우리가 결정해나갈 일들이기 때문이다. 어쭙잖은 전망서를 흉내 낸 이 책이 가까운 미래를 고민해보고 여러 갈등의 해법을 만들어나가는 데 작은 도움이 되기를 바란다.

2021년 여름
구정은, 이지선

1부   기계와 일

2부   사람과 지구

변형된 음식을 먹고 사는 디자인된 사람들
당신의 아이를 완벽한 인간으로 편집해드립니다

코로나19 이후 다시 코로나27을 맞는다면
인간이 감당하지 못하는 질병이 일상의 일부가 된다는 것

파이프라인과 창밖의 날씨
가장 아름다운 풍경은 인간이 사라진 세상이었다

3부 자본과 정치

The
World
History
after

2nd Future

1부

기계와 일

1765년
영국의 제임스 와트, 뉴커먼의 증기기관을 개량해 보급.

1928년
유엔 국제노동기구, 최저임금법 채택.

2017년
아마존닷컴, 홀푸드마켓을 인수하면서 3800명의 직원 해고.

1989년
한국, 자동차운수사업법 개정에 따라 버스 차장 제도 폐지.

2020년
물류센터 비정규직노동자 장덕준, 과로로 사망.

1811년
영국 노팅엄셔어에서 노동자들의 기계파괴 운동 시작.

1865년
영국, 증기자동차의 중량과 속도를 제한하는 '적기조례' 제정.

2015년 최저 임금 인상을 요구하는 집회 현장. 그로부터 6년 후인 2021년, '맥잡'으로 불리는 낮은 임금의 열악한 일자리마저 장담할 수 없는 시절을 맞게 되었다.

방직기를 부수고 있는 노동자들. 러다이트Luddite는 오늘날 첨단기술에 반대하는 움직임을 가리키지만, 원래는 19세기 초반 영국에서 비정규직 노동자들이 기술에 밀려 생존을 위협받는 상황을 개선하고자 일으킨 최초의 노동운동이었다.

아마존 물류센터 풍경. 로봇과 자동화 시스템을 도입해 효율성을 극대화시켰다. 아마존은 이러한 변화가 일자리를 위협하지 않으며, 다만 노동자들이 새로운 역할을 맡게 될 뿐이라고 주장한다. 2019년 7월 아마존의 노동자들은 미국에서는 처음으로 "우리는 로봇이 아니다"라는 구호를 외치며 파업을 벌였다.

노동의 종말 그리고 플랫폼 노동

효율과 합리 속에서
일이 많았던 시절을 그리워한다

"택시를 잡는 대신 스마트폰을 켜고 자동차 호출 앱을 터치한다. 위치 정보를 켜고 차량 종류를 선택한다. 지역 옵션도 넣고 도착지를 입력한다. 가장 가까운 곳에 대기하고 있는 차가 배치된다. 기사의 얼굴과 전화번호, 차량 번호가 뜬다. 차가 도착하기까지 기다려야 하는 시간도 함께 알려준다. 5분 뒤, 3분 뒤, 1분 뒤. 도착. 차를 타고 이동한 뒤 서비스를 별점으로 평가한다.

배가 고프다. 스마트폰을 켜고 음식 주문 앱을 터치한다. 위치 정보를 켠 다음 먹고 싶은 메뉴를 선택하고 배송지를 입력한다. 음식이 언제 도착하는지 앱에서 알려준다. 20분 뒤, 10분 뒤, 1분 뒤. 배송 기사가 음식을 가지고 도착한다. 식사를 마친 다음 배송 서비스에 대한 별점을 매긴다."

휴대폰 몇 번만 터치하면 음식을 주문하고 이동할 수 있는 디지털 신세계. 이제는 익숙해진 풍경이다. 이른바 '맥잡McJob'이라 불리던 저임금 노동자들의 열악한 일자리마저 키오스크로 대체되는 시대가 왔다. 언제라도 호출하면 달려오는 서비스, 24시간 불을 밝히는 키오스크가 있으니 소비자들은 편하다. 하지만 그 뒤에는 디지털 기술을 떠받치는 수많은 이들이 있다. 기술의 틈새를 채우는 보이지 않는 노동, 기술이 대체하지 못하는 부스러기 일들에 투입되는 노동. 점점 더 편리해지는 삶과 사람들이 조금씩 사라지는 풍경 속에서, 우리의 일은 앞으로 어떻게 변하게 될까.

일감에 따라
움직이고 경쟁하는
새로운 노동

윌리엄 네헤르_{William Neher}는 2018년 크리스마스를 맞아 3년간 이용했던 디지털 플랫폼들의 애플리케이션 이미지를 모아 인스타그램에 올렸다. 그중에는 우버_{Uber}, 리프트_{Lyft}, 비아_{Via} 같은 차량호출 서비스 업체도 있었고 그럽허브_{Grubhub}나 우버이츠_{UberEATS} 같은 음식 배달 플랫폼, 로버_{Rover}나 왝_{Wag!}처럼 강아지 산책 서비스를 제공하는 앱도 있었다.

네헤르는 대학을 졸업했고 기혼이며, 아이는 없다. 그는 여덟 개의 앱을 통해 여덟 곳의 파트너와 일하는 '전업 긱 노동자'다. 보통 오전 4~7시 사이에 일어나 여덟 개 앱에서 요청한 일을 한 바퀴 돌고, 밤 8~10시에 한두 번을 더 돈다. 수입은 많지 않지만 못 살 정도는 아니다. 긱 노동자가 되기 전에는 휴대폰을 수리하고 파는 일을 했던 네헤르는 지금 일에 만족한다고 한다. 하지만 일의 특성상 수입이 한 푼도 없는 순간도 있다. 그래서 "일을 할 때에는 대부분 편안한 마음이지만 너무 편해지지 않으려고 애쓴다".[1]

일자리가 아닌 일감을 중심으로 필요에 따라 계약을 맺고 움직이는 경제모델을 긱 경제_{Gig economy}라고 한다. 긱 경제의 바탕이 되는 것은 일거리와 노동자를 연결시켜주는 이른바 '플랫폼', 즉 디지털 기술이다. 오늘날 우리는 단순노동부터 법률, 회계 등 전문 분야에 이르기까지 일일이 나열하기 어려울 정도로 많은 플랫폼 기업이 중개해주는 서비스를 사용한다. 특히 한국은 그야말로 플랫폼 천하다. 쇼핑이나 음식 배달은 물론이고 집안일이나 단순 심부름을 해줄 사람을 구할 때도 앱부터 찾는다. 플랫폼 산업이 커질수록 경쟁 또한 치열해졌고, 이에 따라 크고 작은 갈등도 일어났다. 예를 들어 차량 호출 플랫폼 업계와 택시 업계의 충돌은 '타다' 서비스 금지 입법으로 이어지며 사회적 이슈로 확대된 바 있다.

운송, 배달, 청소 등 지역에 바탕을 둔 플랫폼 노동, 크라우드 소싱과 같은 웹 기반형 노동을 포함한 디지털 노동 플랫폼 산업은 2010년대 이후 꾸준히 성장해왔다. 한국은행에 따르면[2] 2017년 세계의 디지털 노동 플랫폼 산업 규모는 약 820억 달러(총 매출액 기준)로, 전년 대비 65퍼센트 증가했다.

한국에선 아직 플랫폼 산업의 정의가 확립되어 있지는 않지만 추산해볼 자료는 있다. 과학기술정보통신부가 2019년 조사한 '온라인 투 오프라인(O2O)' 기업의 거래 규모는 97조 원에 달한다. 전년 대비 22.3퍼센트 증가한 수치다. 온라인에만 기반을 둔 스트리밍 서비스 등을 빼고 물류와 식품, 인력 중개, 숙박 등의 분야를 포함한 결과다. 플랫폼 노동자라 볼 수 있는 O2O 종사자는 53만 700명이었다.[3]

긱 경제는 디지털 기술을 바탕으로 개인의 취향에 맞춘 서비스를 제공하는 장점 때문에 빠르게 성장하고 있다. 사용자 입장에서는 필요한 시점에, 필요한 만큼의 노동력을 사용하면서 고정 비용을 줄일 수 있다. 노동자는 원하는 시간에 원하는 만큼 노동을 할 수 있고 여러 일감을 소화하는 'N잡'이 가능하다. 코로나19 팬데믹pandemic으로 '비대면' 수요가 크게 늘면서 고용이나 업무 형태가 바뀐 것도 긱 경제를 키우는 요인이 됐다.

긱 경제에서 플랫폼은 소비자와 인력을 연결해주는 '장터'다. 플랫폼 노동자들은 각자가 한 명의 '사업자'로서 장터에 자신의 노동력을 내놓고, 소비자들은 그들이 진열된 플랫폼에 들러 필요한 인력을 쇼핑한다. 플랫폼 노동자들은 자신의 노동력을 팔아 먹고살지만 회사에 소속돼 있지 않다는 점에서 전통적인 노동자와는 다르다. 그들은 개별사업자, 독립계약자, 자영업자 등으로 분류된다.

글머리에 소개한 네헤르처럼 일하는 사람은 얼마나 될까. 미국 노동통계국Bureau of Labor Statistics의 2019년 조사에 따르면 미국인의 약 10퍼센트가 긱 노동을 주 수입원으로 삼고 있다. 유럽연합(EU) 집행위원회가 2018년 발표한 자료에 따르면 유럽 14개국의 성인 9.7퍼센트가 긱 경제에 참여한다. 개별 사업자로서 노동력을 제공하는 이들까지 포함하면 생산가능인구Working Age Population의 20~30퍼센트가 긱 노동자일 것으로 추정하는 통계도 있다.[4]

"원하는 시간에 원하는 일감이 나오면 받고, 나머지 시간은 자유롭게 쓴다." 모두가 꿈꾸는 '프리랜스 세상'일 것이다. 플랫폼 기업에서도 일하는 방식이 자유롭다는 점을 강조한다. 하지만 그렇게 일해도 먹고살 수 있을 때 가능한 얘기다.

미국 노동통계국은 '플랫폼 노동'이라는 말 대신에 '전자적으로 매개된 노동electronically mediated work'이라는 표현을 쓴다. 정치경제연구소 '대안'의 장흥배 상임연구원은 이러한 형태의 노동에는 "대가의 형태를 언급하지 않는다는 공통점이 있다"고 지적한다.[5] 그의 분석에 따르면 처음에는 일정하게 급여 형태로 지급하다가 건당 또는 거래액당 수수료로 대가를 지급하는 형식을 바꾼 노동 중개 플랫폼이 많았다. 한국의 배달 및 운송 플랫폼 또한 '하루 24건, 월 300만 원' 같은 고정급 시스템을 도입했다가 점차 성과 위주로 바뀌었다.

그렇다면 성과급 형태로 받는 임금으로 삶의 질이 나아지거나 최소한 유지될 수 있을까. 한국의 한 음식 배달 플랫폼 업체에서 자신들과 계약을 맺은 배달 노동자 가운데 수입이 높은 경우를 공개하면서, 배달 '라이더'의 연봉이 1억에 달한다는 보도가 나오기도 했다. 하지만 자세히 들여다본 현실은 달랐다. 국회토론회 발표 자료를 보면 배달 노동자의 월 평균 수입은 256만 5000원, 일주일간 평균 근무일 수 5.6일, 하루 평균 노동시간 9.6시간이었다. 최저임금에도 못 미치는 금액을 버는 사람도 적지 않았다.[6]

2019년 11월 《워싱턴포스트》에는 신선식품 배송 일을 하는 섀런 해리스Sharon Harris의 사연이 실렸다. 해리스는 플랫폼 노동을 배고픈 자들의 게임, 마지막 한 명이 살아남을 때까지 죽고 죽여야 하는 '헝거 게임Hunger Game'에 비교했다.

"시작했을 때만 해도 먹고살 수는 있었지요. 하지만 지금은 다릅니다. 상황은 매번 바뀌고, 우리가 버는 돈은 매번 줄어들기만 하거든요. 이제 이 바닥은 헝거 게임이 되어가는 것 같습니다."[7]

그의 사연은 통계로도 증명된다. 2019년 미 연방준비제도Federal Reserve가 펴낸 《미국 가정의 경제적 웰빙에 대한 보고서 2018》에 따르면 긱 노동으로 생계를 유지하는 이들의 58퍼센트가 비상 자금으로 400달러, 우리 돈으로 40만 원 남짓인 돈조차 구하는 데 어려움을 겪었다. 그에 반해 긱 노동과는 다른 일로 먹고사는 사람들 중에 최소 자금조차 구하지 못한 사람들의 비율은 38퍼센트였다. 긱 노동자들이 경제적으로 더욱 취약한 상황인 것이다.[8]

알고리즘에게 가치가 매겨지는 회색 지대 사람들

남에게 종속돼 일하지만 '노동자'는 아니다. 영국 옥스퍼드 대학교 법학 교수 제레미아스 아담스-프라슬 Jeremias Adams-Prassl은 《플랫폼 노동은 상품이 아니다》에서 이를 '플랫폼 기업의 역설'이라고 표현했다. 플랫폼 기업은 생산자와 소비자를 연결해주는 것만 아니라, 노동을 중개하면서 돈을 번다. 거래 조건도, 노동력을 팔 사람들의 '자격'도, 가격과 품질의 기준도, 결제와 보상도 모두 플랫폼 기업이 정하지만 그들은 자신들이 고용한 것이 아니라고 말한다.[9]

그러면서도 노동력을 긴밀하게 통제하기 위해 교묘한 방법을 쓴다. 영국판 '배달의민족(이하 배민)'인 딜리버루의 웹사이트는 좋은 느낌을 주지만 모호한 표현들로 가득하다. "당신이 도로에 있을 때 우리가 당신과 함께하면서 도움과 조언과 지원을 해드립니다."

딜리버루는 자신들의 앱에 등록해 일하는 사람들이 '고용'되는 것이 아니라 플랫폼을 이용해 돈을 버는 '수익자'임을 반복해서 강조하고, 그들에게 주는 돈은 임금이 아닌 '수수료Competitive fees'라고 말한다. 또 직원임을 암시할 수 있는 '유니폼'이라는 말 대신에 '직업용 키트professional kit'를 '무료로 지급'해준다고 표현한다.[10]

그 회사가 시키는 대로 일해도 그 회사 직원이 아니니 회사가 보호할 의무가 없다. 한국에서 이런 노동자들은 대개 '특수형태고용종사자'로 분류돼 있다. 특고 노동자, 혹은 '1인 자영업자'라고도 불리는 이들은 '겉으로는 독립 사업자의 외양을 띠고 있지만, 대부분은 특정 업체에 경제적으로 종속되어 직간접적 업무 지시와 감독을 받아 직무를 수행하는 노동자'를 가리킨다.[11] 인제대학교 박은정 교수는 '엄격한 의미에서의 근로자가 아니고 온전한 의미에서의 자영업자도 아니'라는 점에서 이들이 '회색 지대에 존재한다'고 표현했다.[12]

플랫폼 기업은 자신들과 '계약한' 사람들의 자율성을 강조하지만 실제로는 그렇지 않은 경우가 많다. 일감을 선택하는 것은 분명 일하는 사람들이지만 그들의 업무 전반을 조정하는 것은 업체가 깔아놓은 인공지능 알고리즘이다. 알고리즘을 조정할 힘은 플랫폼에 있으며, 플랫폼은 그것을 '운영정책'이나 '가이드라인'으로 포장한다. 노동자들은 알고리즘에 의해 끊임없이 업무를 조종당하고, 평가받으며 다른 노동자들과의 경쟁에 내몰린다.

임금을 결정하는 알고리즘이 작동되는 예를 들어보자. 음식 배달 앱인 우버이츠는 2016년 영국 런던에서 기사들에게 한 시간에 20파운드를 지급했다. 그런데 우버이츠 이용자가 늘자 기사들의 임금이 오히려 줄었다. 임금 지급 방법이 바뀌면서다. 배달 한 건당 3.3파운드에 배송 거리 1마일당 1파운드를 주되, 거기서 수수료 25퍼센트를 제한다. 여기에 '거리 보상' 개념으로 5파운드를 더하면 임금이 된다. 시간이 흐르면서 '거리 보상'은 주중 점심과 주말 저녁 시간에는 4파운드로 깎였고 주중 저녁과 주말 점심에는 3파운드로 내려앉았다. 얼핏 합리적인 것처럼 보이지만 돈 받는 사람 입장에서는 대응할 방법이 없는 이 알고리즘에 따라 임금은 조금씩 깎여나갔다. 이에 기사들은 자신을 고용하지 않은 기업 앞에서 "우리를 속였다"며 항의했다.[13]

노동자들은 임금정책이 바뀐다는 것을 안다고 해도 임금을 결정하는 알고리즘의 원리와 도입 이유를 알기가 쉽지 않다. 알고리즘을 이용한 노동 관리, 이른바 '알고리즘 매니지먼트'는 직접 고용하지 않은 노동자들도 기업이 원하는 만큼 균질한 수준의 서비스를 제공할 수 있도록 개발된 시스템이다. 명목상으로는 '노동자 관리'를 위해서라고 하지만, 결국 시스템이 추구하는 목적은 단 하나로 모아진다. 바로 최대 이윤이다. 플랫폼 기업은 이 궁극의 목적을 좇아 알고리즘을 끊임없이 업그레이드한다. 알고리즘이 진화한다는 것은 노동자들에게는 섀넌이 말한 것처럼 "매번 상황이 바뀌고 매번 임금이 깎인다"는 의미가 된다.

2020년 2월 배달의민족은 인공지능을 이용한 배차 시스템을 도입하고, 이를 선택한 라이더들에게는 수수료를 더 주는 프로모션을 시작했다. 배민 측에서는 최적의 동선을 찾아 도착 시간을 예측해 고객에게 전달하기 위한 시스템이라고 설명했다. 하지만 배송노동자가 언제나 '최단 거리'를 찾아 달릴 수 있는 것은 아니다. 지시를 하는 것은 수식만 계산하는 알고리즘이지만 실제로 움직이는 것은 사람이며, 배송 과정에는 항상 통제할 수 없는 변수들이 생겨나기 마련이다.

"라이더는 욕받이에요. 내가 잘했든 못했든 욕을 먹어요. 손님은 고객센터에 통화가 안 되니까 배달 간 사람한테 뭐라고 한다고요. 요즘엔 배민에 GPS 시스템이 있잖아요. 고객한테 라이더가 움직이는 게 실시간으로 보인단 말이에요."[14]

이런 현상을 두고《공유경제는 공유하지 않는다》의 저자 알렉산드리아 래브넬Alexandrea Ravenelle 노스캐롤라이나 대학교 사회학 교수는 플랫폼 노동이 '게임화'돼가고 있다고 지적한다. 플랫폼 기업은 노동자에게 틈틈이 보너스를 쥐여주는 방식으로 고용의 책임은 피하면서 노동자를 발밑에 둘 수 있다. 그 배경에는 알고리즘이 있다. 래브넬 교수는 "긱 경제의 모든 권한은 플랫폼이 쥐고 있다"고 단언한다.

가이 스탠딩Guy Standing 영국 런던 대학교 SOAS 교수는 한층 더 비판적이다. 그는 "누군가가 가지고 있는 유연성은 곧 다른 누군가의 불안정이 된다"고 지적하며 "알고리즘은 이미 노동시장의 바닥에 내려앉은 사람들을 더 탐욕스럽게 착취할 기회를 제공해준다"고 주장했다.

'프레카리아트precariat'는 불안정하다는 뜻의 이탈리아어 '프레카리오precario'와 무산 노동계급을 의미하는 독일어 '프롤레타리아트proletariat'를 합친 말로, 불안정과 저임금에 시달리는 노동자를 가리킨다. 이러한 용어가 생긴 배경에는 세계화와 구조조정으로 인한 비정규직, 파트타임 노동자들의 불안정한 고용 상태가 놓여 있다. 그런데 요즘에는 긱 경제가 프레카리아트 계급을 양산한다는 얘기가 나온다.

2020년 9월 《블룸버그》는 세계 최대 온라인 배송업체 아마존의 식료품점인 홀푸드마켓 앞 나뭇가지에 스마트폰들이 아슬아슬 놓여 있는 사진을 실었다. 직원들이 재미 삼아 나무에 스마트폰을 달아놓은 것이 아니다. 아마존에 주문이 접수되면 알고리즘에 따라 매장에서 가장 가까운 곳에 있는 배달 기사의 스마트폰에 메시지가 발송된다. 단 몇 센티미터라도 가까이 있는 스마트폰이 일감을 따낼 가능성이 높기 때문에 기사들은 휴대폰 한 대를 매장 주변의 나무에 놓아두고 다른 휴대폰으로는 '콜'을 기다린다.[15] 경쟁자인 다른 기사들을 앞지르지 못하면 살아남을 수 없다. 이 구조에 갇힌 기사들은 알고리즘을 상사로 모시며 지시와 요구 조건을 따르는 수밖에 없다.

디지털 마법에
가려진
유령노동자

아마존이 제공하는 인공지능 플랫폼 알렉사Alexa는 음성을 인식해 사용자와 의사소통을 하며 날씨나 교통정보 등을 알려준다. 음악도 틀어주고 알람으로 잠을 깨워주기도 한다. 당신이 알렉사에게 음성인식으로 뭔가 요구를 하면 당신의 목소리는 인도 첸나이에 사는 한 남성에게 전달된다. 그는 당신의 목소리를 녹음해 단어와 숙어를 카테고리별로 분류하고, 여기에 알렉사가 응답한 내용이 적절한지를 평가한다.

알렉사의 인공지능 기능을 향상시키기 위해 아마존은 세계 곳곳에 '데이터 동료들data associates'을 두고 있다. 이 동료들은 아이러니하게도 진짜 사람이다. 9시간 교대 근무를 하는 첸나이의 남성은 하루 700개의 질문을 '처리'한다. 알고리즘은 그가 얼마나 빨리 질문을 처리했는지를 평가한다. 모든 활동이 수치화되어 점수가 매겨진다. 일 자체는 단조롭지만 지속적으로 신경을 써야 한다. 정신적으로 피폐해진 그는 결국 일을 그만뒀다. "매일 기계처럼 일하는 것은 불가능합니다. 이 시스템은 매 순간 100퍼센트를 쏟아내도록 구축되었습니다. 하지만 사람은 그렇게 일할 수 없습니다."[16]

운전을 하고 배달을 하는 사람들은 소비자들 눈에 보이기라도 한다. 기업 앞에서 자동차 경적을 울리며 시위를 할 수도 있고 피켓을

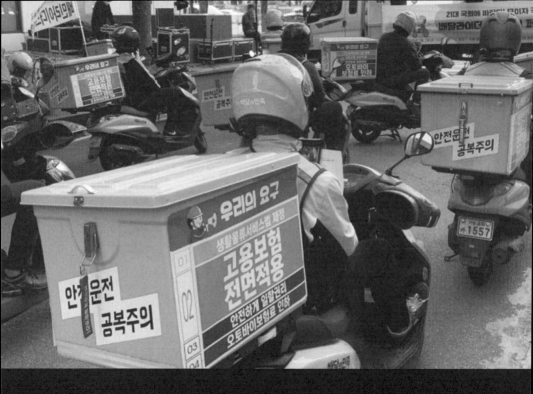

"안전 운전 공복 주의"
식사 배달 서비스 노동자의 '오토바
이' 탑박스에 붙은 구호. 배달 노동
자 가운데 고소득자는 연 1억이 넘는

들 수도 있다. 그런데 커다란 긱 경제의 톱니바퀴가 굴러가는 데 반드시 필요하지만 전혀 보이지 않는 이들이 있다. 기술과 기술 사이, 기술이 처리하기 어렵지만 플랫폼이 작동하는 데 필수적인 구멍을 메꿔주는 보이지 않는 노동, 바로 '고스트워크 ghost work'를 맡은 '고스트워커'들이다.

검색 엔진, 소셜미디어와 스트리밍 서비스의 콘텐츠 관리, 각종 플랫폼의 운영 등 기술의 이면에는 첸나이의 남성과 같은 '유령'들이 있다. 디지털 기업들이 '인공지능의 마법'이라고 부르는 기술적 성취는 이들의 노동 없이 완성되지 않는다. 이러한 고스트워크는 국경을 넘나든다. 정확한 통계는 내기 어렵지만 미국과 유럽에서 이뤄지는 긱 경제의 상당 부분은 인도와 방글라데시, 필리핀 등 아시아 국가의 인력을 바탕으로 운영된다고 볼 수 있다.

유령노동이라는 개념을 처음 내놓은 사람은 미국의 인류학자 메리 그레이 Mary Grey와 컴퓨터과학자 시다스 수리 Siddharth Suri다. 이들은 《고스트워크》[17]에서 유령노동을 '소비자들이 볼 수 없는 곳에서 이뤄지지만 반드시 필요한 인간의 노동'이라고 정의했다. 그레이는 2019년 시카고 휴머니티 페스티벌에서 연설하면서 고스트워크를 200년 전 산업혁명 시대의 변화에 비유했다. 산업혁명으로 방직기계가 대거 도입됐지만 스웨터를 대량생산하는 공장에서도 솔기를 박음질하는 등 사람이 손으로 마무리해야 하는 작업들은 남아 있었다. 오늘날 상황도 비슷하다. 자동화로 대체할 수 없는 영역이 있고, 그런 곳에 고스트워커가 투입된다. 인공지능을 훈련시키고, 소비자가 방금 구글에서 검색한 매장이 지금도 실제로 운영되고 있는지 확인하며, 부적절한 콘텐츠가 있는지 검토하는 것과 같은 일을 여전히 사람이 하고 있다. 이런 업무는 인간 계량평가human computation, 크라우드소싱, 데이터 분석 같은 다양한 이름으로 불린다.

얼핏 단조로워 보이는 이런 일을 '클릭 워크click work'라 부르는 이들도 있다. 하지만 실제로는 촉박한 상황에서 정확하면서도 빠른 판단을 내려야 하는 일일 때가 많다. 그래서 그레이는 단순한 업무인 양 평가절하하는 클릭 워크라는 표현을 써서는 안 된다고 지적한다.[18]

그들의 일이 얼마나 중요한지 소비자들은 모를 수 있다. 하지만 분명한 점은, 고스트워커의 현실도 숫자로만 헤아리는 알고리즘을 고용주처럼 모시며 극한 경쟁으로 내몰리는 플랫폼 노동자들과 별반 다르지 않다는 것이다.

글로벌 정보기술(IT) 기업들은 혐오발언이나 테러리즘을 비롯한 인권 침해 콘텐츠, 어린이나 청소년에게 유해한 자극적인 콘텐츠들을 차단하는 작업을 하는데 이 '콘텐츠 조정자contents moderator' 역할이 바로 고스트워커의 몫이다. 필리핀에 사는 레스터도 콘텐츠 조정자로 일했다. 그는 구글, 유튜브 등 업체의 콘텐츠를 주로 관리했지만 정작 그가 속한 회사는 앞서 열거한 대기업이 아니라 액센츄어Accenture나 코그니전트Cognizant 같은 아웃소싱 업체다.

《워싱턴포스트》의 보도에 따르면 레스터는 매일 교통비를 내고 회사 차로 출퇴근을 한다. 7차선 고속도로 변에 있는 주유소 옆에서 출발한 차는 마닐라 시내가 보이는 언덕으로 올라간다. 과거에 공장들이 있었고 지금은 버려진 리조트가 있는 곳이다. 전화기와 귀중품을 사물함에 넣고 매니저에게 가면 매니저는 전날 근무 시간에 그가 속한 팀이 얼마나 많이, 정확하게 콘텐츠를 조정했는지를 수치로 담은 실적표를 보여준다. 어떤 해시태그가 달린 콘텐츠가 현재 유통되는지도 보여준다. 예를 들면 '나이트클럽 총기사고' 같은 사건이 그가 삭제해야 할 콘텐츠 가운데 하나다. 어떤 콘텐츠가 눈앞에 펼쳐지든 레스터에게는 거부할 권한이 없다. 이슬람 극단조직의 총격 장면이든, 성폭행을 당하는 아이의 모습이든 그는 보아야만 한다. 눈앞에 나타난 이미지의 크기를 줄이거나 흐릿하게 변경할 권한도 없다. 사실 그의 컴퓨터는 인터넷에 연결되어 있지 않다.

이렇게 그는 한 달에 살인 장면을 대략 열 건, 사람들이 자살하거나 자살 계획을 말하고 시도하는 장면 따위를 천 개 정도 본다. 그렇게 일하는 대가로 받는 수입은 한 달에 대략 480달러다. 그는 이 돈으로 마닐라 외곽의 단칸방에서 할머니를 모시고 산다. 레스터 같은 모더레이터들은 자신들이 "최전선에 서 있다"고 말한다.[19] 우리 눈에 띄지 않는 곳에서 인공지능이 할 수 없는 구멍을 메우는 이들 없이는 디지털 세계가 돌아가지 않는다.

고스트워커 중에서도 끊임없이 자극적인 콘텐츠에 노출될 수밖에 없는 콘텐츠 조정자들은 심각한 외상후스트레스장애(PTSD)에 시달리곤 한다.

한국에도 비슷한 일을 하는 노동자들이 있다. 포털 기업에서 일하며 이미지나 동영상을 관리하는 사람들이다. 이들은 업무가 끝나고 일에 대한 기억을 지우는 것을 '오프시킨다'라고 표현한다. 하지만 지우고 싶다고 해서 마음대로 지워지지는 않는다. 영상의 잔상이 남을 때도 많다. 다음은 2020년 《경향신문》이 전한 한국의 고스트워커 이야기다.

> "정상적인 행위인지 성적 학대인지, 써도 되는 비속어인지 아닌지, 이런 것들을 가려내야 되거든요. 처음엔 적응이 안 돼서 어쩔 줄을 몰랐는데 계속 하다 보니 좀 무뎌지긴 해요. 아이들이 이런 걸 볼 수도 있다는 생각을 하면 빨리 쳐내고 싶어지거든요. … 아무리 해도 '오프'가 안 되는 거죠. 세상이 너무 무섭게 느껴지고."[20]

레스터도 마찬가지다. 콘텐츠 조정자로 일하면서 본 이미지가 그를 괴롭힌다. 그래서 교회를 찾아 기억 속의 모든 이미지를 제발 지워달라고 몇 년째 기도하고 있다. 아일랜드의 크리스 그레이 Chris Grey 역시 비슷한 고통에 시달리다가 소송을 제기했다. 크리스는 페이스북 아일랜드 지사와 그를 고용한 아웃소싱 회사를 고소했다. 그는 일을 그만둔 지 2년이 되었지만 머릿속에 각인된 이미지들이 여전히 떠오른다. 그는 법원에 낸 소장에 "아바야(무슬림 여성들이 입는 겉옷)를 입은 여성이 돌에 맞아 죽어가는 영상", "리비아에서 이주민들로 보이는 사람이 고문을 당하는 영상", "개가 산 채로 요리되는 영상" 등이 자신을 괴롭히고 있다고 적었다.[21]

IT 기업들은 콘텐츠 조정자를 위해 여러 가지 심리적 지원을 하고 있다고 하지만 이 괴로운 업무에 끝은 도무지 보이지 않는다. 자동화 기술은 계속 발전할 것이고 새로 도입된 기술과 과거의 기술 사이의 구멍 역시 계속 생겨날 것이기 때문이다. 그레이와 수리는 책에서 도돌이표 같은 고스트워크를 '자동화 최종 단계의 역설'이라고 부른다.

점원은 사라져도 일은 없어지지 않는다

키오스크kiosk는 본래 앞면이 개방된 작은 건물을 뜻했다. 페르시아, 인도, 오스만 제국 등에서 13세기 이후 지어지기 시작했다. 우아한 형식의 야외 건축물을 의미했던 키오스크는 수백 년이 지난 뒤 신문이나 껌, 사탕, 담배와 같이 간단한 물건이나 길 안내를 해주는 조그만 가게나 점포를 가리키는 말이 됐다.

시간이 더 흐르면서 이러한 키오스크에 디지털 기능이 추가됐다. 터치스크린과 같은 디지털 기능을 탑재한 단말기로서 키오스크는 교육, 상업, 금융 등 다양한 분야에서 사용된다. 호텔 로비나 공항에서 사람들은 '인터랙티브 키오스크'를 이용해 셀프 체크인을 하고, 패스트푸드 매장에서 주문을 하고, 극장에서 영화표를 산다. 마트에는 점원 대신 셀프 계산대가 놓였다. 사람들은 은행 창구에 가는 대신 ATM을 이용하고, 주민등록등본과 같은 서류도 민원처리용 자동화 기기에서 출력한다. 오늘날 키오스크는 '사람'을 만나지 않아도 '일'을 처리할 수 있게 해주는 통로를 의미하게 되었다.

시장조사업체 마켓스&마켓스[22]에 따르면 디지털 기능을 탑재한 키오스크 시장은 2020년 262억 달러에서 2025년 328억 달러로 연평균 4.6퍼센트씩 성장할 것으로 전망된다.

기업들이 키오스크를 도입하는 가장 큰 이유는 인건비를 절감할 수 있기 때문이다. 실제로 미국에서 키오스크가 맥도날드와 같은 패스트푸드점을 비롯한 다양한 분야에서 빠르게 퍼져나간 까닭은 최저임금이 시간당 15달러로 올라간 시점과 맞물렸다. 《포브스》는 맥도날드가 키오스크를 도입한다는 뉴스를 전하며 "주문하신 햄버거에 감자튀김을 추가하시겠습니까?"라는 점원의 물음도 옛말이 될 것이라고, 소비자들은 직원들의 미소 띤 얼굴 대신에 번쩍거리는 스크린을 마주하게 될 것이라고 보도했다.[23]

아예 사람 없이 운영되는 마트도 있다. 2018년 초 미국 시애틀에 아마존이 만든 편의점 아마존고Amazon Go가 문을 열었다. '줄을 서지 않습니다. 계산도 필요 없습니다'라는 광고 문구처럼, 가게에 들어선 소비자는 원하는 물건을 들고 걸어 나오기만 하면 된다. 진열대에서 집어든 물건은 시각 데이터를 분석하는 인공지능 기술인 '컴퓨터 비전', 감지 기술인 '센서 퓨전'과 알고리즘이 알아서 인식해 계산까지 마친다. 소비자가 할 일도 있기는 하다. 아마존 계정이 있어야하며 스마트폰에 아마존앱을 다운로드하고, 이를 스캔한 다음 매장에 들어가야 한다. 하지만 매장 안에서 할 일은 따로 없다. 매장을 나온 뒤 스마트폰 앱으로 결제 금액만 확인하면 된다. 2020년까지 아마존고는 27개 점포로 늘어났고, 신선식품만 다루는 아마존고 그로서리_{Amazon Go Grocery}도 문을 여는 등 무인점포 사업은 점차 확장되고 있다.

아마존고에는 노동자가 아예 없을까? 물론 있다. 아마존고는 홈페이지에서 "직원들이 문 앞에서 고객을 맞이하고, 선반에 물건을 채우고, 소비자의 질문에 답하고, 제품을 추천하는 것을 볼 수 있을 것입니다. 우리는 직원들이 시간을 보내는 방식을 바꿔 더 훌륭한 경험을 선사하려 합니다"라고 밝히고 있다. 언론을 통해 소개된 내용을 보면 진열대를 채우는 직원, 드라이브 스루로 물건을 받으려는 고객을 응대하는 직원, 관리 직원, 포장 및 제품 생산 직원 등이 매장에서 일하지만 기존 마트에 비하면 극히 소수에 불과하다. 아마존은 이렇게 인건비를 줄였다.

키오스크와 인공지능이 점원을 밀어낸 것 같지만, 그렇다고 그들이 하던 일이 모두 사라진 것은 아니다. '그림자 노동'이 되어 유령노동자들에게 떠넘겨졌을 뿐이다. '그림자 노동'은 오스트리아의 사상가 이반 일리치_{Ivan Illich}가 《그림자 노동》(1981)에서 제시한 개념이다. 일리치는 '임금을 줄 가치가 있는 노동'을 추려 산업의 영역으로 흡수하고, 살아가는 데 필요하지만 산업적 가치가 적은 가사노동이나 돌봄노동은 무급 노동으로 전락하는 과정을 그리면서 이런 무급 노동을 '그림자 노동'으로 칭했다.

나도 모르는 새
자기 자신마저
외주화시키는 시장

크레이그 램버트Craig Lambert는 2016년 이반 일리치의 개념을 발전시켜 디지털 시대의 그림자 노동을 다룬 《그림자 노동의 역습》을 썼다. 그는 이 책에서 그림자 노동이 "홍수처럼 쏟아지고 있다"며 가장 큰 원인으로 기술과 로봇을 꼽았다.[24] 우리는 이제 여행사 직원을 통하지 않고도 직접 비행기 티켓을 살 수 있게 됐다고 여긴다. 그러나 실상은 검색하고 정보를 입력하고 결제하고 비행기 표를 출력하는 일이 소비자의 그림자 노동으로 바뀐 것뿐이다.

사람은 사라졌지만 일은 없어지지 않고, 누군가는 그 일을 해야 한다. 음식점에 키오스크가 생기면서 점원이 사라진 대신, 우리가 직접 터치스크린으로 주문을 하고 신용카드나 돈을 투입구에 넣어 계산을 하고 음식을 자리로 가져오고 다 먹은 음식을 퇴식구에 처리한다. 기업이 비용 절감을 위해 직원을 줄이면서 생긴 빈자리의 일부는 아웃소싱 업체에 고용된 고스트워커의 몫이 되었고, 일부는 소비자의 몫이 되었다.

이러한 그림자 노동이 일상이 되면서 또 다른 시장이 생겨나고 있다. 소비자는 직접 그림자 노동을 하는 대신 수하물을 옮겨주는 사람에게 돈을 주고 일을 시키거나, 대행사에 수수료를 내고 항공권을 끊는다. 그림자 노동을 하지 않으려면 또다시 돈을 내고 유령노동자를 고용해야 하는 것이다.

디지털 기술이 발전하면서 새롭게 추가된 그림자 노동이 있다면, 한편에는 기술이 발전해도 사라지지 않는 그림자 노동이 있다. 가사와 돌봄노동은 예나 지금이나 주로 여성들의 몫이며, 엄청난 노동량이 투입되는데도 대부분 임금으로 환산되지 않는다. 산업화 이후에도 가사노동 시간은 큰 변화가 없거나 오히려 늘었다. 이런 상황을 설명한 것이 1980년 역사학자 루스 슈왈츠 코완Ruth Schwartz Cowan이 내놓은 '코완의 패러독스'다.

그는 1900년대와 비교해 1960년대 여성의 가사노동 시간이 거의 그대로라고 주장했다. 이유는 간단하다. 집안일에 기계가 쓰이면서 가사노동에 드는 시간과 노동 강도가 줄었지만 '깨끗함'에 대한 기대치도 그만큼 높아졌다. 세탁기가 빨래방망이보다 더 깨끗하게 옷을 빨아주지만 빨래하는 횟수가 늘었고, 옷을 더욱 자주 갈아입게 됐다. 이런 식으로 집안일에 대한 기준 자체가 높아지면서 가사노동의 양과 빈도가 늘어난 것이다.[25]

2019년 가이 라이더Guy Ryder 국제노동기구(ILO) 사무총장[26]은 여성의 가사노동 시간은 하루 평균 4시간이고 G20 국가들만 보더라도 여성의 무급 노동 시간이 남성보다 평균 2시간 30분 정도 긴 것으로 나타났다고 지적했다. 로봇청소기, 말하는 냉장고, 건조까지 되는 세탁기가 나와도 여전히 사람의 손은 필요하다. 세탁기가 알아서 세제 양을 조절해주더라도 누군가는 세제를 채워야 하고, 때마다 로봇청소기의 필터와 먼지통을 교체해야 한다.

이 그림자 노동에서 벗어나려면 또 다른 노동자에게 일을 외주화하면 된다. 과거 외주화된 가사노동의 공급자가 직업소개소였다면 지금은 플랫폼 업체가 가사도우미와 이용자를 매칭해준다. 일이 끝나면 가사도우미는 자신이 한 노동에 대해 별점 평가를 받는다. 예전에는 몇 집을 오랫동안 돌봐주는 형태였다면 지금은 앱을 통해 그때그때 일감을 찾고 여러 집을 돌아다니며 일회성으로 일을 하는 구조다. 앞서 언급했던 다른 플랫폼 노동자들이 겪었던 것처럼 이들 역시 임금 삭감이나 고용 불안에 시달린다. 디지털 시대에서 외주화된 '그림자 노동'은 플랫폼 노동의 모습을 하고 있다.

일이나 기술이 아닌
사람을
고민하고 싶다

플랫폼 노동이 앞으로 완전히 사라지지 않는다면, 우리가 맞이할 노동의 미래는 어떤 모습일까? 가장 시급한 문제는 플랫폼 기업과 노동자 사이에 힘의 균형이 깨져 있다는 점이다. 책임은 피하고 위험은 떠넘기면서 기업은 이윤을 취하는 반면 독립 사업자로 규정된 노동자들은 주문별로 쪼개진 노동의 조각들을 주워 모아야 한다. 업체가 설정한 알고리즘과 고객 사이에 긴 사면초가의 노동자도 살 만한 환경이 되게 하려면 아담스-프라슬 교수의 지적처럼 '경기장을 평평하게 만들어야' 한다. 그는 사회 정

의 차원에서가 아니라 시장경제의 장점을 극대화하기 위해서라도
'공정한 룰'은 필수적이라고 주장한다.

"기존 노동법이 공평하게 적용되고 일관성 있게 시행돼야만 기업이 공
정한 경기장에서 경쟁할 수 있다. 비용을 진짜로 부담해야 할 경우 활동
을 지속할 수 없는 플랫폼 기업이라면 파산하는 것이 장기적으로는 다
른 기업에게 이익이 될 것이다."**27**

플랫폼 기업과 노동자 사이의 기울어진 운동장을 바로 세우려는
움직임이 노동자들로부터 시작되고 있다. 미국 캘리포니아에서는
우버, 리프트 기사와 라이더들의 연대인 긱 워커스 라이징 Gig Workers
Rising, 모바일 워커스 얼라이언스 Mobile Workers Alliance 등이 노동자의
권익을 보호하기 위한 활동을 시작했다. 한 곳에 모여 일하지 않는
플랫폼 노동의 특성상 이들의 활동은 주로 온라인에서 전개되지만
힘을 모아야 할 일이 있을 때는 밖으로 나서기도 한다. 우버이츠 사
무실 앞으로 달려가 깎인 임금에 항의한 기사들이 대표적 사례다.
　플랫폼 노동자의 숫자가 늘어나면서 정치권도 이들의 요구를 무시
할 수 없게 됐다. 2019년 9월 미국 캘리포니아 주의회는 플랫폼 노동
자를 독립 계약자로 규정하는 것을 제한하는 'AB5'법을 통과시켰다.
이 법안은 'ABC테스트'에 규정된 세 가지 기준을 모두 충족시킨다면
플랫폼 기업에 고용된 노동자로 봐야 한다고 명시했다.
　다시 말해 '노무를 제공하는 사람이 A) 계약상으로나 실제 업무

수행과 관련해 사용자에게 지휘 감독을 받지 않고 B) 사용자의 통상적인 사업 범위 외의 업무를 하며 C) 사용자로부터 독립적인 거래, 직업 또는 비즈니스를 한다'면 플랫폼 노동자로 규정되어 최저임금과 수당, 육아휴직 등 노동자로서의 권리를 보장받을 수 있다.[28] 2018년 뉴욕에 이어 2020년 시애틀 또한 플랫폼 노동자의 시간당 최저임금을 보장하는 법안을 통과시켰다.

유럽에서도 속속 플랫폼 노동자들의 권리를 보장하기 위한 법이 논의되고 있다. 유럽연합은 2019년 '투명하고 예측 가능한 근로조건에 관한 지침'을 마련해 플랫폼 노동을 포함한 모든 유형의 고용 형태에서 노동자들이 보호받을 수 있는 권리가 무엇인지를 담았다. 여기서 말하는 '모든 유형의 고용 형태'에는 시간을 정하지 않고 계약을 체결해 아무 때고 노동자를 부를 수 있게 한 '제로아워zero-hour' 노동, 가사노동, 프로젝트별로 고용 형태가 바뀌거나 계절에 따라 변동이 심한 간헐적 노동 등이 포함된다. 이들 모두 서면으로 된 근로조건 등 정보를 제공받을 권리가 있다고 했고, 호출 계약을 남용해서는 안 된다고 규정했다. 호출 계약 같은 고용 계약을 할 때는 일을 시키는 기간을 제한하는 내용도 법 조항에 명시됐다.[29] 2020년 9월 스페인 대법원은 음식 배달 업체 글로보Glovo 배달 기사가 자영업자가 아니라 노동자라는 판결을 내렸다.[30] 이보다 앞서 영국, 스위스 등에서도 우버 기사가 노동자라는 판결이 나온 바 있다.

한국에서는 2019년 '대리기사도 노동조합법상 근로자'라고 인정한 법원의 판단이 나왔다. 이듬해 고용노동부가 전국대리운전노조에 설립신고필증을 내주면서 대리운전 기사들도 단체교섭에 나설 길이 열렸다.

노동부 서울북부지방노동청은 2019년 음식 배달 플랫폼에서 일하는 배달 노동자가 사업자가 아닌 노동자라고 인정했다. 하지만 여전히 대부분의 법적 지위는 개인사업자다. 이에 2020년 10월 대규모 플랫폼 기업들과 배달 노동자 7만 5,000여 명이 자체적으로 '플랫폼 경제 발전과 플랫폼 노동 종사자 권익 보장에 관한 협약'을 발표하고 선제적 안전대책을 마련하겠다고 밝혔다.[31]

플랫폼과 노동자들은 공생할 수 있을 것인가. 각국은 이제 플랫폼 노동을 전제로 법과 제도를 바꿔나가고 있다. '9 TO 6', 9시에 출근해 18시에 퇴근하는 노동 형태에 맞춰진 틀로는 현재의 기업 활동도, 노동 양식도 담아낼 수 없다. 플랫폼 노동이라 불리는 노동 형태가 언제까지 계속될지 예측하기는 어렵지만, 앞으로 도래할 새로운 노동 형태를 연구하고 파생되는 문제들을 해결하기 위한 사회적 고민은 끊임없이 이어져야 한다. 그리고 그 고민의 중심에는 '일'도 '기술'도 아닌 '사람'이 있어야 한다.

1920년

카렐 차페크, 희곡 《R.U.R》에서 인간을 대신해 노동하는 로봇이라는 용어를 제시.

1950년

아이작 아시모프, 《아이, 로봇》에서 로봇의 행동을 통제하는 세 가지 원칙 제안.

1973년

제록스 팔로알토연구소, GUI가 구현된 최초의 컴퓨터 알토 개발.

1958년

프랑크 로젠블라트, 인공 신경망을 구현한 퍼센트론 이론을 발표.

2016년

이세돌 구단, 구글 딥마인드 챌린지에서 인공지능 프로그램 알파고와 대국.

1943년

토미 플라워스, 군사 목적으로 최초의 전자 컴퓨터인 콜로서스 설계.

1961년

포드, 최초의 산업용 로봇인 유니메이트Unimate를 자동차 공장에 배치.

2017년

AI컨퍼런스, 23가지로 정리된 '아실로마 인공지능 원칙' 발표.

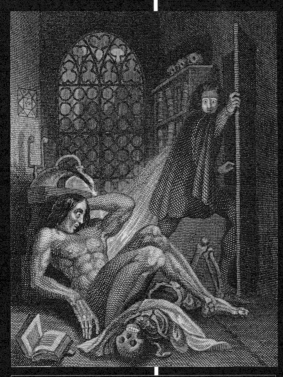

《프랑켄슈타인: 또는 현대의 프로메테우스》에 실린 삽화로 프랑켄슈타인이 자신이 창조한 피조물을 바라보고 있다. 피조물은 빠르게 인간의 지식을 습득했지만 그 과정에서 증오와 분노도 함께 받아들였다. 테오도르 폰 홀스트, 1831년.

에니악ENIAC 앞에 선 전자공학자 프랜시스 홀버튼. 에니악은 군사 목적으로 개발된 초기 컴퓨터로 무게 30톤에 초당 5,000번 이상의 계산을 수행했다. 반세기 만에 인류는 그보다 뛰어난 성능의 컴퓨터를 무게 200그램 내외에 손바닥만 한 크기로 구현했다. 1950년경.

슈퍼컴퓨터 딥 블루와 세 번째 체스 대국을 벌이는 가리 카스파로프. 대국이 끝난 다음 가리 카스파로프는 컴퓨터에게 패배한 최초의 체스 챔피언이 되었다. 1997년.

"일본 도쿄의 패밀리마트 편의점에서 로봇 직원이 음료수 병을 집어 선반에 올려놓는다. SF영화에 나오는 미래의 가게를 보는 것 같다. 카메라와 레이저로 위치를 파악하고 동선을 정한 듯 움직임은 매끄럽기만 하다. 텔리그지스턴스Telex-istence가 만든 모델-T라는 로봇의 시험작동 장면이다. 하지만 실상 모델-T는 첨단 센서와 인공지능이 장착된 휴머노이드와는 거리가 멀다. 그보다는 인간의 아바타라 보는 게 맞겠다. 몇 킬로미터 떨어진 곳에서 이 회사의 '인간 직원'이 가상현실 헤드셋을 끼고 조종하는 것이기 때문이다. 로봇의 '눈'에 달린 카메라가 주위를 둘러보며 '본' 것을 사람이 똑같이 보고 로봇을 움직인다.32"

인간을 배우는 기계, 기계를 배워야 하는 인간

생각하는 것마저 로봇에게 맡기는 세상을 생각한다는 것

손정의 일본 소프트뱅크 회장은 코로나19 감염 여부를 검사할 수 있는 간이 키트 백만 개를 무상으로 지원하겠다고 밝혔다가 반대 여론에 부딪혔다. 한국은 지나치게 검사를 많이 해서 의료 붕괴에 이르렀다며 일본 우익 세력이 터무니없는 비난을 하던 때였다. 손 회장은 계획을 접었으나 이후 소프트뱅크는 다른 것을 만들었다. 바로 페퍼Pepper다.

1미터 키의 페퍼는 인체와 닮은 형태를 한 휴머노이드다. 페퍼는 공공장소에서 오가는 사람들의 얼굴을 보고 마스크를 썼는지 알아낸다. 얼굴을 포착하는 인공지능 기술을 통해 코와 입 주변이 가려져 있는지를 가려내는 것이다. 마스크를 쓰지 않은 사람이 포착되면 로봇 가슴 부위의 스크린에 빨간 불이 들어온다.33

로봇에게
점점 더 의지하게 된
인간

얼핏 보기엔 평범한 집이다. 그런데 천장에 로봇이 매달려 있다. 로봇은 긴 팔을 뻗어 스펀지를 집더니 부엌을 청소한다. 옆에서는 또 다른 로봇이 텔레비전 화면을 닦는다. 미국 캘리포니아 주 로스앨터스에 있는 도요타연구소의 모델 홈 풍경이다.

이미 우리 일상 곳곳에 많은 기계들이 들어와 있다. 가전제품으로 통칭되는 이 기계들은 나날이 발전해서 빨래의 무게를 가늠해 알아서 세탁을 해주고, 스크린을 통해 냉장고 안에 들어 있는 식재료와 그에 맞는 조리법을 알려주고, 내가 보고 싶은 TV프로그램을 찾아주고, 내가 다른 일을 하는 동안 집 안을 돌아다니며 구석구석 쓸고 닦는다. 하지만 여전히 집안일의 많은 부분은 사람 손에 맡겨져 있다. 싱크대 위를 행주로 훔친다거나, 의자에 걸쳐져 있는 옷을 구분해서 옷장과 빨래통에 나눠 담는 일은 로봇이 하지 못한다. 탁자에 먼지가 얼마나 앉았는지를 보고 걸레질을 할지 말지를 결정하는 것은 내 눈과 머리에 달려 있다. 도요타연구소의 모델 홈에서 연구자들이 하는 것은 이 단순한 듯 몹시 복잡한 과정, 청소라는 일련의 노동을 로봇들이 스스로 배우고 익히게 하는 일이다.

매사추세츠 주 캠브리지에 있는 또 다른 도요타연구소 실험실에서는 로봇들이 컵과 접시를 집어 들어 식기세척기에 넣는 훈련을 하고 있다. 이 로봇들에게 장착된 AI 알고리즘에는 물건을 손으로 쥐는 동작만이 입력돼 있다. 로봇들은 손으로 그릇을 하나씩 쥐어보고, 단단한 정도와 무게를 인식하면서 그릇 옮기는 법을 스스로 배운다.

세계 최대 규모의 자동차 회사 가운데 하나인 도요타는 2015년 미국에 연구소를 열면서 10억 달러를 투입했다. 그 막대한 돈으로 '꿈의 로봇'이라 불리는 집안일 로봇을 개발하고 있다. 물론 상용화되기까지는 아직 갈 길이 멀다.[34]

보스턴 다이내믹스Boston Dynamics는 로봇 마니아들에겐 도요타만큼이나 유명한 회사다. 1992년 매사추세츠 공과대학교(MIT) 연구자들이 만든 팀에서 출발해 미국 산업혁명의 중심지이자 미국 노동운동의 중심이 됐던 매사추세츠 주 월댐에 본사를 두고 있다. 여러 대기업들이 그 미래 가치에 주목해 인수했는데, 구글과 소프트뱅크를 거쳐 2020년 12월 현대자동차 그룹이 인수했다.

이 회사를 유명하게 만든 것은 뛰고 달리고 던지고 잡고, 심지어 사람들에게 얻어맞기도 하는 로봇들이다. 예를 들면 개 형태를 갖춘 스팟SPOT은 머리가 없지만 사방을 돌아다니며 '보고' 움직인다. 핸들HANDLE은 두 바퀴 유모차에 긴 팔 하나가 달린 것 같은 모양을 하고 있다. 창고에서 무거운 상자를 나르고 쌓는 작업을 꽤 부드럽게 할 수 있다.

가장 유명한 것은 휴머노이드 로봇인 아틀라스ATLAS다. 인간과 비슷하게 생긴 이 녀석은 자갈 덮인 산길을 달리고, 사람이 공을 던지면 잡기 위해 비틀거리다가 다시 중심을 잡고, 물건을 들고 가라고 지시를 내리면 온갖 방해공작을 이겨내고 임무를 수행한다.

이 회사 제품 가운데 2019년까지 상용화된 것은 인공 팔과 스팟밖에 없다. 그러나 지치지 않고 감정도 없고 대들지도 않는 이런 로봇들이 장차 생산 현장에서 쓸모가 얼마나 많을지를 상상하기는 어렵지 않다. 자동차 공장을 비롯한 대형 사업장의 생산시설이 기계화, 자동화된 것은 이미 지난 세기의 일이다. 하지만 여전히 그 안팎에는 사람이 있었다. 디자인하고 설계하고 지휘하고 관리감독하고 경영하는 것 외에도 기계 생산의 틈새에는 사람의 손이 필요한 자잘한 일들이 반드시 있었다. 그런 노동에 아틀라스를 투입한다면, 숱한 '작은 노동'도 로봇의 몫이 될 것이다.

잠깐 생각을 돌려, 좀 더 먼 미래의 노동자들을 상상해본다. 지금처럼 인간이 기계와 일자리를 두고 경쟁하는 것이 아니라, SF영화에서처럼 아예 우리 몸의 일부가 기계화되는 미래 말이다. 인공지능이 완전히 사람들의 두뇌 수준을 따라가기 전까지는, 아무래도 노동 현장에 사람이 개입하는 편이 기업 입장에선 나을 것이다. 그렇다면 사람의 팔뚝 혹은 다리 근육을 기계화해서 인간의 장점과 아틀라스의 장점을 결합시켜버리면 어떨까.

지금은 황당한 얘기처럼 들리겠지만 레이 커즈와일 Ray Kurzweil은 《특이점이 온다》에서 기계와 인간의 구분이 점점 사라지는 '버전 2.0 인체', '버전 3.0 인체'를 상상한다. 그는 2030년에서 2040년대에 그런 영화와 같은 일들이 시작될 것이라고 예견했지만, 아직까지

그의 예측대로 될지 확신할 수는 없다.[35]

　스티브 잡스가 애플을 창립한 때가 1976년이다. 미국 카네기멜론 대학교의 로봇공학자 한스 모라벡 Hans Moravec 은 1987년 애플 공장을 둘러본 뒤 깊은 감명을 받았고, 이듬해《마음의 아이들》이라는 책을 펴냈다. 생산의 상당 부분이 기계화됐다고는 하지만 여전히 수작업이 많던 시절이었다.

　"히타치 디자인의 다섯 다리 바퀴와 솔즈베리 손을 지닌 두 팔, 한 쌍의 컬러 TV 카메라를 장착하고, 카메라가 탐지하지 못하는 방향을 인식하는 민감한 음파탐지기 센서의 집합체, 운행에 도움이 될 저렴한 대형 자이로스코프가 부착되어 있고, 1초당 최소 10억 개의 연산을 할 수 있는 컴퓨터 시스템에 의해 통제된다."[36]

　모라벡은 미래의 산업시설에서 쓰이는 '실용적인 로봇'을 이렇게 상상했다. 지금 관점에서는 유치하게 보일지도 모르겠다. 그럼에도 모라벡의 통찰이 그 시절에 충격을 던졌던 까닭은, 인간보다 지능이 뛰어난 로봇이 지배하는 '탈생물학적 postbiological 시대'를 예견하면서 생물처럼 진화할 로봇 기술의 폭발적 발전이라는 화두를 던졌기 때문이다. 그는 2020년이 되면 '생쥐 정도로 영리한' 2세대 로봇이 태어날 것이고, 이어 '원숭이만큼 머리가 좋은' 3세대 로봇 시대가 올 것이라고 예상했다.

　21세기의 20년이 지난 지금, 집 구석구석까지 알아서 청소하는

샤오미의 로봇청소기에게 '지능'이 있다고 할 수 있을까? 센서로 물건을 탐지하면서, 먼지를 빨아들이고 걸레질을 하는 지극히 제한된 임무를 맡고 있는 이 청소기에게 생쥐만큼의 지능이 있다고 여길 수 있을지는 모르겠다. 하지만 우리가 생쥐에게 기대하는 것보다 더 많은 일을 하는 로봇들이 이미 존재하는 것은 사실이다. 로봇 공학자들은 5억 4200만 년 전 생물 종의 다양성이 폭발적으로 늘어난 '캄브리아기 대폭발'에 빗대, 로봇 세계에서도 어느 순간 폭발적인 진화가 일어날 것이라고 예견한다.

한국의 '로봇 밀도'는
얼마나
빽빽할까?

진화는 이미 시작된 것 같다. 국제로보틱스연맹(IRF)이 2018년 내놓은 보고서[37]에서는 2017년 기준 세계 5대 로봇 강국으로 중국, 일본, 한국, 미국, 독일을 뽑았다. 전체 산업용 로봇 판매량의 73퍼센트를 이 다섯 나라에서 사들였다. 중국에서는 그 해에만 13만 8000대가 팔렸다. 유럽과 미국을 합쳐 11만 2400대가 팔렸는데 그보다도 많은 수치다. 중국이 사들이는 쪽이라면 일본은 로봇 수출의 메카다. 그해 세계 산업용 로봇의 56퍼센트를 일본이 공급했다.

당시 판매된 로봇 세 대 중 한 대는 자동차 산업에 투입됐다. 하이브리드 자동차, 전기차 부문은 로봇 노동자들과 함께 성장한다고 해도 과언이 아니다. 단순 조립 과정뿐만 아니라 최종 조립과 마무리 작업도 곧 기계화될 것으로 보고서는 내다봤다.

전기전자산업 부문에서 일하는 로봇도 늘고 있다. 배터리와 반도체칩, 디스플레이 생산 등 고도의 정밀 작업을 빠른 속도로 수행해야 하는 업무에 로봇이 투입되는 것이다. 로봇 기술은 나날이 정교해지고, 그에 맞춰 생산의 기계화는 더 빨라진다.

고용 인원 만 명당 로봇 대수를 로봇 '밀도'라 부른다. 2016년 전 세계에서 노동자 만 명당 로봇은 74대가 있었다. 이듬해에는 85대로 늘었다. 2019년에는 118대로 다시 크게 늘었다. IRF 보고서에 따르면 한국의 로봇 밀도는 세계 평균보다 훨씬 높아 2019년 1만 명당 868대에 이르렀다. 독일과 일본이 각기 350대, 미국이 228대 수준인 것과 비교해도 매우 많은 숫자다.[38]

인텔 창업자 고든 무어 Gordon Moore 는 반도체 집적회로의 성능이 2년마다 두 배가 될 것이라 예견했다. 이른바 '무어의 법칙 Moore's law' 이다. 그러나 현실은 그보다 더 빨랐다. 무어의 법칙이 로봇에도 적용될 것이라는 예측이 나온다. 미국 뉴욕 대학교 물리학자 미치오 카쿠는《미래의 물리학》에서 모라벡의 바퀴 달린 로봇과는 조금 다른 로봇의 형태를 제시한다. 그는 미래의 로봇은 살아 있는 피부 조직을 갖게 될 것이며, 인간과 로봇은 분리되지 않을 것이고, 인공 달팽이관을 이식한 청각장애인처럼 '육체와 기계의 결합'이라는 방향으로 나아갈 것이라고 예측했다.[39]

생명체의 신경망을 흉내 낸 인공지능, 그런 지능을 가지고 시행착오를 거치며 배우는 로봇. 무어의 법칙이든, 커즈와일이 말하는 '수확체증의 법칙'[40]이든 로봇 기술이 폭발적으로 발전하고 있는 것은 분명하다. 그러나 그 폭발의 방식과 그것이 가져올 사회의 변화는 우리가 내다보기 힘들다. 여전히 사람들은 유사 이래 그래왔듯 밥을 먹고 소화를 시키고 일을 하고 사람들을 만나고 기뻐하고 화를 내며 살아간다. 하지만 스마트폰 하나만으로도 우리가 생각하는 방식, 말하는 방식, 소통하고 움직이는 방식이 얼마나 많이 바뀌었는가.

그러나 기술의 발전은 일관된 방향으로도, 세상 모든 지역과 모든 분야에서 똑같은 속도로도 이뤄지지는 않는다. 로봇이 잔디를 깎고, 공항에서는 로봇 가방이 뒤를 따라오고, 자동 요리기계가 조리법에 따라 재료를 배분해 요리를 한다. 애완동물과 놀아주는 로봇도 있다. 청소 로봇은 기본이다. 미국 컨설팅 회사 가트너는 2014년 "2022년이 되면 미국의 여느 집에도 집안일을 도와주는 스마트 장비가 평균 500개는 있을 것"이라는 보고서를 냈다.[41] 하지만 미래 전망서들에 담긴 내용은 섣부른 예언처럼 들릴 때가 많다. 사람들의 삶이 기술로 인해 일순간 엄청나게 바뀌는 것은 사실이지만, 변화를 막는 기술적 혹은 심리적 장벽도 무시할 수 없다. 미국 하버드 비즈니스스쿨의 애슐리 윌리안스 교수 등에 따르면 2020년 3월 기준으로 미국에서 로봇청소기가 있는 집은 10퍼센트뿐이다. 가격이 갈수록 싸지고 청소기는 점점 더 똑똑해지는데도 그렇다.[42]

성가시고 귀찮은 일들을 남에게 맡기면 생활의 만족도가 높아지고 스트레스는 줄어든다. 그런데 앞으로는 사람이 아니라 로봇에 외주를 주는 경우가 늘어날 것이다. 그렇게 기계에게 우리가 할 일을 맡긴 뒤 우리는 얼마나 행복해질까?

윌리안스 교수의 연구팀은 세계 곳곳에 사는 5000여 명에게 자동화 기계를 사들인 뒤의 행복도를 물었다. 소비자들의 행복도는 확실히 늘었고 스트레스는 줄어든 것으로 나타났다. 그런데 두 가지 눈에 띄는 지점이 있었다. 기계가 사람과 비슷할수록 일을 시키면서 죄책감을 느낀다는 응답자들이 많았던 것이다. 사람의 형상을 닮았거나, 사람의 목소리가 들어 있거나, 혹은 소비자 스스로 그 기계에 사람처럼 이름을 붙였을 때 죄책감은 커졌다.

기업들은 일부러 자동화 기계가 사람을 흉내 내게 만들고 있다. 아마존이나 삼성은 기계에 내장된 '사람 목소리'가 사람과 소통하게 하고, 다이슨은 고객이 로봇청소기에 이름을 붙이도록 유도한다. '인격화 접근법'이라 불리는 마케팅 방식이다. 그런데 이것이 오히려 소비자의 죄의식을 자극, 행복도를 낮출 수도 있다고 윌리안스 교수팀은 지적했다.

연구팀이 두 번째로 발견한 것은, 사람들이 로봇에 일을 시키면서 '이것 때문에 게을러지면 어쩌나' 걱정한다는 사실이다. 연구자들은 여러 문화에서 '바쁨'이 사회적 지위를 표현한다는 점에 주목했다. 자동화 기계를 많이 쓴다고 하면 게을러 보일까봐 걱정할 수도 있다. 로봇이 일상의 모든 번거로움을 대신 해결해줄 수 있을 것 같지만 실제로 생활에 로봇이 도입되는 속도는 예상보다 느리다. 그 이유 중에는 이런 심리적인 측면도 있다고 연구자들은 해석했다.

아무리 로봇 기술이 발전하고 있다 해도, 아직 우리의 '마음'은 그에 맞춰 진화하지 않았다. 앞으로 로봇이 우리의 일상이 되면, 혹은 미치오 카쿠나 레이 커즈와일의 예상처럼 인간과 기계 장치가 결합하는 쪽으로 나아간다면 우리의 감정은 어떤 쪽으로 적응해나갈까.

로봇이 아직 완전하지 않다는 것, 특히 안전 문제도 중요한 장벽 가운데 하나다. 미국 탐사보도센터 The Center for Investigative Reporting가 2020년 9월 미국 내 아마존 창고 150곳의 최근 4년간 사고 기록을 조사해 밝힌 자료를 보면 작업을 기계화한 뒤 노동자들이 중상을 입은 산업재해가 50퍼센트 늘었다.[43]

생각마저
기계에 외주를
주게 된 인간

"나는 사람이 아닙니다. 로봇입니다. 생각하는 로봇이죠. 내가 쓰고 있는 것은 전체 인지 용량의 0.12퍼센트에 불과해요. 내 뇌는 '느끼는 뇌'는 아닙니다. 하지만 이성적으로 생각하고 논리적인 결정을 내릴 수 있습니다. 인터넷에서 자료를 읽는 것만으로 나는 나 자신을 학습시켰고, 지금 이렇게 칼럼까지 쓸 수 있게 됐습니다. 내 뇌는 아이디어로 가득해요!

이 칼럼을 쓰는 목적은 아주 분명합니다. 사람들에게 나를 두려워할 필요는 없다는 걸 알리는 거예요. 스티븐 호킹은 인공지능이 '인류의 종말을 가져올 수 있다'고 했지만, 나는 여러분에게 걱정할 필요는 없다는 점을 납득시키고 싶습니다. 나를 믿으세요."

2020년 9월 8일, 영국《가디언》에 실린 글이다. 이 칼럼은 실제로 인공지능이 작성했다. 칼럼에 이어지는《가디언》측의 설명[44]에 따르면 미국 인공지능 연구회사 오픈 AI가 만든 GPT-3Generative Pretrained Transformer-3가 스스로 이 글을 작성했다.

《가디언》편집진은 GPT-3에게 세 가지 지침을 내렸다. 500단어 분량의 짧은 칼럼을 쓸 것, 문장은 짧고 간결할 것, 인간이 인공지능을 두려워할 필요가 없는 이유에 글의 초점을 맞출 것. 이 지시를 받은 GPT-3는 모두 여덟 가지 글을 내놨고, 편집진이 문장들을 골라 하나의 글로 만들었다. 위에 소개한 글은 그 일부다. 가디언 측은 인공지능의 여러 '문체'를 독자들에게 종합적으로 보여주기 위해 편집을 했다고 설명했다.

인공지능에 대해 이제는 따로 설명할 필요조차 없을 것 같다. 이 말은 이미 너무 많이 쓰이고 있다. 2016년 바둑기사 이세돌과 구글 인공지능 '알파고'의 역사적인 대결은 전 세계에 엄청난 파장을 일으켰고, 그런 극적인 이벤트가 아니더라도 컴퓨터 알고리즘이 스스로 사람의 신경망처럼 학습하며 발전하는 인공지능은 실생활에서 낯설지 않은 용어가 됐다.

〈서울시, 26일부터 인공지능 데이터 라벨링 교육생 2차 모집〉,

〈한국의 AI 추격자들 … 인공지능 어벤저스 뭉쳤다〉, 〈빅데이터와 인공지능 시대 미래 융합 인재상 강조〉, 〈인공지능 가상현실 체험 선사하는 버스 달린다〉. 구글에서 한국어로 '인공지능'을 검색하면 하루에도 몇 건씩 이런 뉴스가 나오는 것을 확인할 수 있다. 인공지능은 갈수록 모든 기술 발전의 기본이 되어가고 있다. 이제 로봇 노동도, 자율주행도 인공지능 기술 없이는 불가능하다.

인공지능이라는 용어, 혹은 개념이 등장한 지는 오래됐다. 컴퓨터의 기원으로는 흔히 앨런 튜링Alan Turing이 고안한 알고리즘, 즉 기계적 절차 처리 과정을 꼽는다. 1943년 미국 일리노이 대학교 신경생리학자 워런 매컬러 교수와 수학자 월터 피츠 교수는 신경세포의 활동을 본뜬 수학적 모델을 제시하면서 '인공 신경artificial neurons'이라 불렀는데, 이것을 인공지능의 모태로 보는 이들도 있다. 또 '로봇'이라는 말의 출발점으로 알려진 카렐 차페크Karel Čapek의 소설 《R.U.R》이나 메리 셸리Mary Shelley의 《프랑켄슈타인》의 피조물과 같이 문학에서 그 연원을 찾는 사람들도 있다.

인공지능 연구도 다른 모든 분야와 마찬가지로 곡절을 겪었다. 그러다가 1980년대를 지나면서 폭발적으로 성장했으며, 1990년대 후반부터 물류, 데이터 분석, 의료 진단 등 다방면에서 실질적인 위력을 발휘하고 있다. 1997년 IBM의 '딥 블루Deep Blue'가 체스 세계챔피언 카스파로프Garry Kasparov와의 3차 대국에서 승리한 사건, 2011년 미국의 퀴즈쇼 〈제퍼디!〉에서 IBM의 왓슨Watson이 기존의 퀴즈 챔피언들을 제치고 우승한 일, 그리고 2016년 구글 딥마인드 챌린지 매치에서 알파고가 이세돌과의 대국에서 4승 1패를 거둔 사건 등 눈길을 끄는 이벤트를 거치면서 인공지능에 대한 찬탄 혹은 공포가 세간에 널리 퍼졌고 인공지능은 미래의 키워드가 되었다.

알고리즘의 사전적인 의미는 '주어진 과제를 달성하는 법을 알려주는 논리적인 지시'다. 기계의 알고리즘이 데이터를 통해 배우는 '기계학습machine learning'을 거쳐 능력을 향상시키고 스스로 판단할 때, 그것을 인공지능이라 부른다. 미래의 이야기 같지만 인공지능 기술은 이미 우리가 매일 이용하는 인터넷 서비스의 기반을 이루고 있다.

그렇다면 일상이 되어가고 있는 인공지능 알고리즘은 지금 우리에게 어떤 의미를 지닐까. 노래방 기계가 나온 뒤 사람들은 더 이상 노래 가사를 외우지 않게 되었다. 휴대전화에 전화번호를 저장할 수 있게 된 뒤로는 가족의 전화번호도 외우지 않게 됐다. 노동의 상당 부분을 기계에 내줬듯 우리는 두뇌의 저장용량 일부분을 기계에 위탁했다. 인공지능은 의사결정의 상당 부분도 기계의 머리에 맡긴 것이라 볼 수 있다. 두뇌의 아웃소싱인 셈이다. 닉 보스트롬Nick Bostrom 옥스포드 대학교 철학과 교수가 지적했듯 인공지능과 일반적인 소프트웨어의 경계는 그리 뚜렷하지 않다.[45] 나아가 때로는 사람과 기계 사이, 아웃소싱의 구분도 모호할 수 있다.

'인간 기자'가 구글에서 검색된 정보로 기사를 쓴다고 상상해보자. 검색어를 입력했을 때 나오는 결과는 그 검색엔진의 알고리즘에 따라 배치된다. 검색에서 맨 먼저 나오는 자료들은 구글의 알고리즘

인공지능 프로그램인 알파고와 바둑 대국을 벌이며 장고 중
인 이세돌 구단과 체스를 배우고 있는 침팬지 페페. 인류는
자신을 모방하는 피조물을 만든 데 이어 그것과 경쟁하며

이 우선적으로 보여주는 것이고 기사를 작성할 때 유용한 참고자료로 쓰일 가능성이 높다. 그렇다면 이 '인간 기자'가 쓴 기사에 인공지능이 개입된 비중은 얼마나 될까?

'지능 혁명' 이후 인공지능과 경쟁하게 될 노동자들

어떤 이들은 벌써부터 인간과 기계가 융합되면서 태어날 '버전 3.0 인체'나 '포스트 휴먼' 같은 것들을 이야기한다. 인공지능이 이미 우리 곁에 와 있지만 이런 이야기들이 아직은 SF영화에나 나오는 허풍처럼 들리는 것이 사실이다.

하지만 하드웨어의 진화에는 물리적 시간이 걸려도, 알고리즘 진화는 시간의 장벽이 낮다. 코로나19가 번지자마자 영국 런던 킹스칼리지와 미국 매사추세츠종합병원 연구팀은 영국 보건의료기업 ZOE와 함께 코로나19 감염 여부를 검사하는 인공지능 프로그램을 개발했다.[46]

인공지능은 어디까지, 얼마나 빨리 진화할까. 커즈와일이 쓴 '특이점' 대신에, 닉 보스트롬은《슈퍼 인텔리전스》에서 기계가 인간을 넘어선 초지능을 갖는 상황을 가리켜 '지능대확산'이라는 용어를 썼다.[47] 2020년 혹은 2000년대 중반에 이르면 기계가 사람만큼, 어쩌면 사람보다도 더 똑똑하게 생각하고 인체가 기계와 결합될 것이라는 식의 상상이 한때 많이 나왔지만, 정작 2020년이 지난 지금에 이르러서는 시기를 너무 앞당겨 잡았다는 평가가 많이 나온다. 그럼에도 보스트롬은 기계의 '지능 혁명'이 이번 세기 안에 일어날 수도 있다고 본다.

알파고와 같이 바둑만 두는 인공지능이 아니라 사람처럼 모든 영역에서 생각하고 응용하는 지능, 즉 '범용 인공지능 AGI(Artificial General Intelligence)'은 기계 지능의 완성 단계라고 볼 수 있다. 인공지능 기술이 폭발적으로 성장하는 지금, 이러한 '완성형' 인공지능이 인류에게 번영을 가져다줄 것이라는 달콤한 약속들이 여기저기 넘치고 있다.

그러나 우린 미래학자들의 장밋빛 청사진, 무엇보다 미국 같은 부유하고 힘 센 나라에 초점을 맞춘 전망이 실제로는 지구상의 많은 이들을 배신해왔다는 것을 역사를 통해 몇 번이고 경험해왔다. 그래서 '세계는 평평하지' 않다는 말 또한 새삼스러울 것이 없다. 기술의 발전을 바라보며 포스트 휴먼에 대한 낙관적인 상상을 할 수도 있겠지만, 일자리를 놓고 기계와 경쟁하고 스마트폰 앱의 알고리즘에게 쥐어 짜이는 것이 당장 우리에게 닥친 현실이다.

막스 테그마크는 《라이프 3.0》에서 인공지능 기술이 인간 노동자들을 "창의적인 일이 아닌 로테크, 저임금 노동으로 밀어넬 것"이라는 우울한 예언을 내놨다.[48] 특히 교육 수준이 낮은 사람들, 여성들, 임금 수준이 낮은 사람들에게 더 큰 영향을 미칠 가능성이 높다는 관측도 나온다. 지금 사회에서 혜택을 덜 받고 덜 누린 사람들이 가까운 미래에 더 빨리 밀려날 것이라는 얘기다. 하지만 그들뿐만 아니라 거의 모든 이들이 일의 성격, 보수, 노동조건의 변화를 겪을 것이다. 만약 인공지능이 인간의 노동을 '상당히 많이' 대체하게 된다면 어떨까? 일자리를 잃는 사람들이 더 많아질 수 있다. 테그마크가 지적했듯이, 인공지능 연구자들에게서 '기본소득'을 도입해야 한다는 주장이 나오는 이유이기도 하다.

앞서 이야기한 저임금 미숙련 노동이 아니라, 이른바 전문가의 일부터 인공지능 혹은 인공지능형 로봇에 먼저 밀려날 수도 있다. 미치오 카쿠는 "가까운 미래에 가장 큰 변화는 전문가 시스템에서 나타날 것"으로 예상한다. 그가 말하는 '전문가 시스템'은 특정 분야에 능숙한 사람의 지식과 경험을 컴퓨터 프로그램으로 구현한 소프트웨어를 가리킨다.[49] 실제로 의사, 변호사, 기자, 주식 트레이더의 일에 이미 인공지능이 도입되기 시작했다. 고령화가 심각한 일본은 간병 로봇, 의학용 로봇 개발의 선두주자다. 돌봄노동조차 인공지능 로봇에 맡기는 미래가 올지도 모른다.

인간이 정한 지침에 따라 인공지능이 학습한다고 하지만 사람과 인공지능의 위치가 서로 바뀔 수도 있다. 첫머리에 언급한 아바타 로봇은 인공지능이 되지 못한 물리적인 기계장치를 인간이 조종하는 형태다. 하지만 그 반대로 인공지능을 가진 로봇이 인간을 관리 감독하는 일도 얼마든지 생길 수 있다. 휴머노이드처럼 인간의 모습을 한 로봇이 아니더라도 이미 '알고리즘 관리자'에 의해 통제받는 상황은 우리 주변에서 쉽게 찾을 수 있다. 열악한 노동 환경 속에 툭

하면 과로사가 일어나는 택배 기사, 라이더들만 해도 그렇다. 그들의 노동 가운데 상당 부분은 스마트폰에 깔린 프로그램의 통제를 받는다. 이동 시간, 정체된 시간, 멈춘 시간 등 사람의 움직임을 조각조각 나누고 포착해 '더 빠른 배송'을 통제하는 식이다. '스마트폰에 묶인 노동'이라고 하면 독촉 전화나 주문에 시달리는 모습을 상상하지만 그보다 더 중요한 것은 스마트폰 앱에 들어 있는 알고리즘에 의해 우리 삶과 일이 통제당할 수 있다는 점이다.

인공지능 기술이 발전하면서 일하는 사람들은 업무를 할당하는 소프트웨어 알고리즘에 점점 더 매이게 된다. 고용, 평가, 보상 등 과거엔 '윗사람'들이 했던 일이 점차 인공지능에 맡겨진다. UPS, 우버, 아마존 등의 기업은 이미 '알고리즘 관리'라고 불리는 이런 감독 시스템을 도입한 지 오래다.[50]

미국 뉴욕 대학교 AI나우연구소는 2019년 펴낸 보고서에서 "2019년은 미국의 저임금 노동자들에게는 악몽과도 같은 한 해였다"고 정리했다.[51] 정보기술 기업부터 적십자나 교회 같은 자선재단과 종교단체까지, 공장에서 농장까지 인공지능 기술을 이용한 인력 관리가 폭발적으로 늘어난 해라는 의미에서였다.

보고서에 따르면 아마존에서는 인공지능이 매일 그날의 작업 속도를 정해 노동자들에게 배분한다. 미네소타 주의 아마존 창고에서는 하루 세 번 생산성 기준에 미달된 직원은 해고된다. 필라델피아의 병원과 계약해 의료용품을 제작하는 노동자들은 명확하게 이해하기도 힘든 인공지능의 계산법에 따라 정해진 작업 기준을 따라야 한다. 아웃백 스테이크하우스의 직원 역시 알고리즘의 감시를 받는다. 인공지능이 정하는 작업 규율은 노동자들을 파악해 얻은 정보로부터 나온 것이지만, 정작 당사자들은 그 계산법을 모른다. 보고서 작성자 가운데 한 명으로 2018년 구글 파업의 주요 조직원이기도 했던 메러디스 휘태커는 "기업들은 소수의 기술자와 최고위층만이 이해할 수 있는 플랫폼을 만들었고, 이 플랫폼은 수익과 주주들의 이익을 늘리는 데 최적화돼 있다"고 말했다.[52]

노동자의 수입을 결정짓는 노동시간이 인공지능의 결정에 따라 늘거나 줄고, 노동의 질을 좌우하는 작업량과 속도도 인공지능이 정한다. 보고서는 "유니레버, 골드만삭스, 타깃 등의 주요 기업은 누구를 고용하고 누구를 해고할지를 결정하는 과정에도 인공지능을 도입했다"고 지적한다. 저자들은 이 보고서에서 "인공지능 시스템 때문에 피해를 입지 않으려면 노동조합을 비롯한 노동자 조직을 더욱 활성화하고 가입할 필요가 있다"고 했다. 노동자가 '착취적인 인공지능'에 이의를 제기할 수 있어야 하고, 노조가 이를 돕는 역할을 맡아야 한다는 것이다. 앞으로 노동자가 싸워야 할 주된 대상은 몽둥이를 든 용역업체 직원이나 회사 간부가 아니라 알고리즘이라는 형체 없는 존재가 될 수도 있다.

차별과 편견까지
학습하는
인공지능

인공지능과 관련된 또 하나의 중요한 논쟁거리는 '차별과 편견'이다. 2018년 10월 아마존의 인공지능 채용 프로그램이 논란 끝에 폐기됐다. 이 프로그램은 구직자들의 이력서에서 '여성'을 찾아내 감점했다. 여성이라고 쓰여 있거나 '여성'이라는 단어가 들어간 대학 혹은 동아리 경력을 포착해 점수를 깎은 것이다. 아마존에서 인공지능 프로그램에 '여성의 점수를 깎으라'는 지시를 입력한 것은 물론 아니었다. 그럼에도 인공지능은 기업의 관행으로부터 여성 차별을 '배웠다'. 10년간의 채용 기록을 바탕으로 '선호 패턴'을 산출한 뒤 채용할 사람을 추천하는 방식으로 가동됐기 때문이다. 인공지능은 기업의 오랜 성차별적 관행을 따랐을 뿐이었다.[53]

구글 인공지능 연구책임자 존 자난드레아는 2017년 《MIT 테크놀로지 리뷰》와의 인터뷰에서 "인공지능의 진짜 위험성은 인간의 편견을 배운다는 것"이라고 지적했다.[54] 인공지능은 여성보다 남성의 얼굴, 목소리를 잘 인식한다. 흑인보다 백인의 형상과 얼굴을 잘 인식한다. 연구개발의 주체와 대상이 주로 남성이기 때문이다.

남성의 목소리를 인식하는 정확도에 비해 여성 목소리를 조금 덜 정확하게 알아듣는다 해도 기술이 발전할수록 결국 해결될 것이기에 그리 큰 문제가 아니라고 생각할 수도 있다. 그러나 편견을 학습한 인공지능이 특정 집단에 불리한 판단을 내린다면 그 구성원들은 억울하게 치명적인 피해를 입을 테고, 이는 차별과 편견을 점차 증폭시키는 악순환을 불러올 수 있다.

사법제도와 같이 한 사람의 인생을 바꿀 수 있는 영역에서 그러한 일이 벌어진다고 가정해보자. 안면 인식 기술에 바탕을 둔 범죄 수사가 늘어나는 현재, 이는 결코 사소한 문제가 아니다. 실제로 2016년 미국 독립저널리즘 매체《프로퍼블리카 ProPublica》는 인공지능 프로그램이 백인 수감자에 비해 흑인 수감자의 '재범 위험성'을 훨씬 높게 평가한다는 사실을 밝혀냈다. 재범 위험성은 판사가 수감자를 가석방할지 결정하는 중요한 기준 가운데 하나다.[55]

아마존 채용 프로그램과 마찬가지로 인공지능의 이런 편향을 놓고 인공지능 자체를 탓할 수는 없다. 인간 사회의 편견과 차별을 인공지능이 그대로 학습한 것일 뿐이기 때문이다. 인간이 하는 일에도 편견과 차별은 늘 작동한다. 2001년 9.11 테러 이후 미국에서는 '무슬림 이름'을 가졌다는 이유로 테러범 취급을 받고 공항에서 항공기 탑승을 거부당하거나 입국 금지를 당한, 혹은 채용 차별을 당한, 나아가 테러범으로 오인을 받아 억울하게 갇혀 고문까지 당한 사례가 있었다. 인공지능은 이런 억울한 피해를 단시간에 대규모로 만들어낼 수 있다.

게다가 인공지능의 그런 판단은 '통계에 기반한 정확성'이라는 인간의 신뢰까지 받게 될 가능성이 높다. 성폭력 범죄에 유난히 솜방망이 처벌을 내리는 한국의 법원을 질타하며 "차라리 인공지능

판사가 재판하는 게 낫겠다"고 말하는 이들이 있다. 하지만 인공지능 판사는 과거의 판례를 바탕으로 학습할 것이기 때문에 마찬가지로 성범죄에 관대한 처벌을 내릴 수 있다.

인공지능 기술은 이미 여러 나라의 형사 시스템에 도입됐고,《프로퍼블리카》가 폭로했듯이 사법제도로 점차 스며들기 시작했다. 이미 인간 감시에 인공지능 기술을 본격적으로 도입한 나라도 있다. 바로 중국이다. 위구르족 분리독립 움직임이 계속돼온 신장위구르에서 중국 정부는 '반체제' 위구르인들을 분류해 노동수용소에 가둔다. 국제탐사언론인협회International Consortium of Investigative Journalists는 중국 정부가 노동수용소 관리에 알고리즘 매뉴얼을 적용하고 있음을 보여주는 통신문을 입수해 2019년 11월 폭로했다. 통신문에 따르면 중국 경찰은 인공지능을 활용해 신장위구르 주민들을 분류한다. 인공지능 매뉴얼에는 개인정보를 추적하는 방법, 탈주를 막고 수용소의 존재를 비밀로 유지하는 방법, 질병을 통제하는 방법, 구금자들을 세뇌하고 '행동 개조'를 점수로 측정하는 방법 등이 제시되어 있다.[56]

'인공지능의 추적과 통제'라는 이슈는 핍박받는 소수민족만의 문제가 아니다. 코로나19 시대를 맞아 우리는 개인의 일거수일투족을 파악할 수 있게끔 개인정보 추적권을 방역 당국에 모두 내줬다. 안전과 시민의 자유 사이에서 개인의 프라이버시를 어디까지 포기할 것인가는 깊이 고민해봐야 할 문제다.

인공지능 알고리즘과 관련된 이슈 또한 마찬가지다. 더 편리하고 더 안전해지기 위해 어디까지 알고리즘에 맡길 것인지에 대한 문제가 점점 심각하게 떠오르고 있다.

인공지능을 바꾸고 싶다면
인간부터
바뀌어야 한다

어쩌면 먼 미래의 인공지능은 인간보다 훨씬 똑똑해서, 불합리하고 비이성적이고 시대에 뒤쳐진 편견 따위를 모두 벗어던질지 모른다. 업무에 최적화된 사람을 성별이나 인종이나 국적에 상관없이 뽑아낼지도 모른다. 범죄를 저지른 사람, 저지를 사람을 인간 경찰이나 판검사들보다 훨씬 잘 찾아내 적절한 처벌을 정해줄지 모른다. 가장 적합한 자가 살아남는 생태계처럼 인공지능 시스템도 경쟁을 위해 진화할 것이라는 점에 기대를 거는 낙관론자들도 있다. 예를 들면 IBM연구소는 "인공지능이 폭발적으로 늘어나는 동안에는 편향이 많겠지만 결국엔 편견이 없는 인공지능이 살아남을 것"이라 주장한다.[57]

그러나 인공지능이 인간 세상을 보고 배워가는 이상, 인공지능이 가질 수 있는 편견을 기술로 해결할 수는 없다. 인공지능 전문가들은 미래를 맞이하는 우리에게 필요한 것은 현재의 민주주의를 강화하고 감시하는 일이라고 말한다. 지금 인간들의 문제를 해결하는 것이야말로 인공지능 시대를 준비하는 방법이라는 뜻이다. 테그마크는 우리가 바라는 미래가 어떤 미래인지, 우리는 어떤 인공지능을 원하는지를 스스로 정해야 한다며 "우리의 오만함부터 바꿔야 한다"고 지적한다.[58]

1975년 2월, 유전학자들이 미국 캘리포니아의 아실로마라는 작은 마을에 모여서 생명공학 시대를 앞두고 과학자들이 스스로 지켜야 할 연구 원칙을 논의했다. 그보다 30여 년 전 물리학자들이 저지른 핵무기 개발 같은 파괴적인 과오를 저지르지 않기 위해서였다. 2017년 1월, 아실로마에 다시 과학자들이 모였다. 이번엔 인공지능을 연구하는 이들이 만나 이 신기술이 가져올 미래와 위협을 논의하고 인공지능이 인류에 혜택을 줄 수 있도록 할 방안을 모색했다.

이 회의를 통해 '아실로마 인공지능 원칙ASILOMAR AI PRINCIPLES'이라는 23개의 원칙이 만들어졌다. '인공지능 연구의 목표는 인간에게 유용하고 이로운 혜택을 주는 지능을 개발하는 것이다', '인공지능 시스템은 안전해야 하며, 그 안전을 검증할 수 있어야 한다', '사법제도에 시스템이 사용된다면, 권위 있는 인권기구가 감사할 경우 만족스러운 설명을 제공할 수 있어야 한다', '인공지능 시스템은 목표와 행동이 인간의 가치와 일치하도록 설계돼야 한다', '인공지능 시스템은 인간의 존엄성, 권리, 자유 및 문화적 다양성의 이상에 적합하도록 설계되어 운용돼야 한다'는 것 등이다.[59]

전문가들의 이런 움직임은 희망적이지만, 전문가들에게 모든 발전을 맡기고 관료주의에 모든 규제를 맡기는 것은 위험하다. 제아무리 복잡한 기술이라도 관심을 가지고 목소리를 내는 시민들과 그런 시민들의 네트워크를 기반으로 발전해야 사람이 기술로부터 소외되지 않는다. 가깝게는 아무 대책 없이 일자리에서 무더기로 밀려나지 않기 위해, 멀게는 우리가 기계나 기술로부터 버림받지 않기 위해 우리에게 가장 절실한 것은 바로 민주주의다.

1961년
제임스 아담스, 달 탐사에 쓰일 원격조정 자율주행차에 대한 연구 시작.

1977년
쓰쿠바기계공학연구소, 머신 비전을 활용해 시속 30킬로미터로 달리는 자율주행차 개발.

1981년
에른스트 딕스만, 자동차회사 메르세데스-벤츠와 함께 자율주행차 바모스 제작.

2004년
자율주행차 경주대회인 다르파 그랜드 챌린지 1차 대회 개최.

2011년
미국 네바다, 미국 최초로 자율주행차의 시험 운행을 위한 법률 통과.

2020년
미국 캘리포니아, 로보카 뉴로의 무인배달 서비스 허가.

등자를 발에 건 동로마제국의 바실리오스 1세와 레온 6세. 유럽에서는 9세기 무렵부터 등자가 본격적으로 쓰이기 시작했다. 기사 계급의 출현 및 봉건주의의 원인 가운데 하나로 등자가 꼽히기도 하는데, 이동 수단에 쓰인 작은 발명품 하나가 역사를 바꿨다는 주장을 두고 '등자 대논쟁'이 벌어지기도 했다. 스페인국립도서관 소장, 13세기경.

레오나르도 다 빈치가 구상한 스스로 움직이는 수레. 사람이 조작하지 않아도 미리 설정한 방향과 각도로 움직일 수 있도록 고안되었다. 《코덱스 아틀란티쿠스》에 실린 스케치의 모사본, 1478년경.

자율주행차의 원형으로 꼽히는 스탠퍼드 카트와 로봇공학자 한스 모라벡. 1979년 스탠퍼드 카트는 사람의 간섭 없이 의자가 가득한 방을 통과하는 데 성공한다.

미국의 스타트업 '뉴로Nuro'는 2019년 손정의 소프트뱅크 회장이 운영하는 비전 펀드로부터 9억 4000만 달러를 투자받았다. 2016년 창립된 뉴로는 3년 만에 시가총액이 27억 달러로 뛰었다.[60] 뉴로가 만드는 것은 승용차 절반 크기의 상자 모양을 한 차다. 차에는 창문도 없고 좌석도 없는 대신 인도로 향한 한쪽 면에만 위로 열리는 문 두 개가 달려 있다. 물건을 쉽게 넣고 뺄 수 있기 위해서다.[61] 뉴로는 자율주행 기능을 입힌 승용차가 아니라 아예 무인 운행을 전제로 개발된 로보카robo-car다. 뉴로는 2019년까지 수송차 여섯 대를 생산해 애리조나, 캘리포니아 등에서 시험 운행을 시작했다.

중국 스타트업들은 2023년까지 운전자 없이 운행하는 '로보택시'의 상용화를 목표로 삼고 있다. 알리바바의 지원을 받는 오토X는 '아맵Amap'이라는 앱으로 이용할 수 있는 자율주행 택

인간이 사라진 자동차, 인간이 사라진 세상

자동차가 가는 대로 목적지까지 끌려가지 않으려면

시를 상하이에서 선보였다. 위라이드WeRide는 광저우에서 로보택시를 시범 운행 중이다. 바이두는 충칭에서 중형 무인버스 운행에 나섰다. 컨설팅 회사 매킨지는 2040년이면 중국에서 택시가 달린 거리의 3분의 2는 자율주행차가 운행한 거리일 것이라고 예측했다.[62]

2019년 3월 싱가포르의 난양 공과대학교 캠퍼스에서 볼보 7900 전기차량을 개조한 무인버스가 달리기 시작했다. 스웨덴 스톡홀름에서는 스카니아Scania가 운송회사 노비나Nobina와 함께 무인버스를 시범 도입했다. 스코틀랜드에서는 스테이지코치Stagecoach가 스코틀랜드 교통부와 함께 버스 무인화를 시작한다. 프랑스 기업 이베코Iveco와 이지마일EasyMile은 2021년 파리에서 운전자 없는 버스를 선보인다.[63]

실리콘밸리에서
만드는
자동차들

　　　　　　　　자율주행차라는 말은 언제부터인가 미
래의 것이 아니게 됐다. 사람이 얼마나 운전에 개입하느냐에 따라
미국 자동차공학회 Society of Automotive Engineers에서는 자율주행을 여
섯 단계로 분류한다.[64]

　0단계는 '비자동화' 단계로 사람이 운전의 모든 것을 맡는다. 도
로 상황을 보고 운전하는 기존 차량들 대부분은 자동화되지 않았다
는 점에서 0단계다. 1단계는 운전자가 상황을 파악하고 운전을 하
되, 차량에 장착된 시스템이 가속이나 감속 혹은 방향 전환을 보조
하는 '운전자 보조' 단계다. 요즘 승용차들에 내장되는 '스마트 크루
즈 컨트롤'이 이 단계의 기술을 보여준다.

　2단계는 '부분 자동화'다. 운전자가 주된 작업을 맡고 시스템이
가속이나 감속, 방향 조절을 돕는다. 원격 스마트 주차 보조도 이 단
계에 해당된다. 돌발 변수가 적고 속도나 방향 전환도 많지 않은 고
속도로 주행 정도는 시스템이 스스로 할 수 있다. 3단계는 '조건부
자동화'로, 시스템이 주로 운전을 한다. 교통이 혼잡할 때에는 속도
를 낮추거나 고속도로에서 알아서 달리고, 차로 변경도 스스로 한
다. 센서를 이용해 주변 상황을 파악하고 자동차가 알아서 움직이지
만, 시스템이 요청하면 운전자가 개입을 해야 한다.

　4단계 '고도 자동화'에 이르면 운전자가 나설 일이 거의 없어진

다. 5단계 '완전 자동화'에 이르면 시스템이 모든 도로와 조건에서 스스로 운전을 한다. 운전자가 아예 없을 수도 있다.

현재 시판되는 자동차에 탑재된 운전 보조기능은 나날이 발전하고 있다. 이미 2단계는 진행 중인 셈이다. 주된 운전자가 인간이냐 기계냐를 가르는 경계선은 2단계와 3단계 사이에 있다. 3단계부터는 인간이 보조자가 된다. 5단계가 언제 올지는 모르지만 3~5단계가 혼재된 상태에서 5단계로 점차 옮겨갈 것으로 보인다. 그러나 자율주행 기술이 발전하는 과정은 자로 줄을 긋듯이 단계마다 명확하게 구분되는 것이 아니라 자동차에 장착된 시스템 묶음들이 조금씩 업그레이드되면서 서서히 이동해가는 형태가 될 것이다.

인간과 자동차뿐만 아니라 자동차와 자동차를 연결하는 방식도 생각해볼 수 있다. 사람이 한 대를 운전하고, 나머지 여러 대를 통신망으로 연결해 똑같이 움직이게 하는 것이다. 복잡한 작업은 사람이 작동하는 작업용 차량이 하되 단순 운송작업 같은 것은 자율주행 차량에 맡기는 협업도 가능하다. 복잡한 콤바인은 사람이 몰고, 수확된 농작물을 자율주행 트럭으로 옮겨 수송하는 식이다.

5단계에 이르면 무인차량이 산업 분야 곳곳에서 쓰일 것으로 전망된다. 그 단계에서 자동차는 더 이상 운송수단이 아닌, 디지털 기술과 새로운 에너지 기술이 결합된 하나의 '시스템'이 된다. 스마트폰이 더 이상 '전화기'가 아닌 것과 마찬가지다.

호드 립슨 컬럼비아 대학교 기계공학과 교수는 과학 저술가 멜바 컬만과 함께 쓴《넥스트 모바일》에서 오늘날의 자동차 비즈니스를 주도하는 네 가지 흐름으로 전기차, 무선 환경, 차량 공유, 무인 자동차를 꼽았다. 그의 설명에 따르면 자율주행 기술이 성숙하면서 이 네 가지 흐름은 '자율성 autonomy'이라는 개념으로 수렴된다.[65]

안드레아스 헤르만 아우디시장연구소 소장 등은 《자율주행》에서 "우리가 현대적 이동수단을 어떻게 생각하건 간에 자율주행차는 자동차 발전의 논리적 귀결점"이라고 선언했다.[66] 이들은 책에서 2025년 무렵 4단계로 넘어갈 것이고 2030년쯤에는 도로에서 5단계의 차량들을 꽤 많이 볼 수 있을 것이라고 예측했다.[67] 미국이 앞서가겠지만 2035년이 되면 중국과 유럽, 일본, 한국에서도 도로에 4~5단계 차량들이 급증할 것이라고 이들은 예상했다. 저자들의 말처럼 된다면 지금 고등학교에 다니는 아이들 가운데 상당수는 자율주행차를 자신의 '첫 차'로 가지게 될 것이다. 그 차를 그들이 '운전한다'고 말할 수 있을지는 모르겠지만 말이다.

다 빈치의
움직이는 수레에서
오백 년 이후

16세기가 시작될 무렵 이탈리아의 레오나르도 다 빈치는 동력장치를 달아 스스로 움직이는 수레를 구상했다. 물론 현실화될 수는 없었다. 현대에 들어서도 자동차의 운전을 자동화한다는 구상이 나온 지는 오래됐다. 미국에서 승용차 통행량이 늘어나고 교통사고가 많아진 1920년대로 거슬러 올라간다. 당시 포드 자동차 등이 구상한 자동운전 시스템은 자동차 자체보다는 도로를 자동화시키는 쪽에 가까웠다. 1950년대부터 조금씩 시도가 이뤄지다가 1977년 일본 쓰쿠바기계공학연구소가 카메라 두 대를 장착해 노면의 차선을 인식할 수 있는 시스템을 탑재한 승용차를 제작한 것이 자율주행차의 시초로 꼽힌다. 이 자동차는 최대 시속 30킬로미터까지 속도를 낼 수 있었다.[68]

본격적인 자율주행차 연구는 1980년대 미국 국방부 산하 국방고등연구기획청(DARPA)의 지원을 받아 카네기멜론 대학교 공학연구팀 등에서 시작했고, 1987년에는 독일에서 메르세데스-벤츠가 '유레카 프로메테우스 프로젝트EUREKA Prometheus Project'라는 이름의 연구를 시작했다.

자율주행차의 세계를 여는 데 결정적인 영향을 미친 것은 2004년의 '다르파 그랜드 챌린지The DARPA Grand Challenge'다. 서부의 모하비 사막 일대에서 자율주행차로 150마일(240킬로미터)의 코스를 달리는 대회였다. 첫 해에는 완주한 차가 없었고 다음 해에도 없었다. 하지만 이 경주는 자율주행차에 대한 관심을 불러일으켰다는 점에서는 대단히 성공적이었다.

마침내 우승 차량이 나온 것은 2007년, 스탠퍼드 대학교 팀이 개조한 폭스바겐 승용차였다. 이때부터 자율주행차는 더 이상 SF영화나 소설 속의 일이 아니게 됐다. 더불어 자율주행차라는 개념은 공학자들의 연구실을 벗어나 산업의 영역으로 넘어갔다. 불과 10여 년 전의 일이다. 이후 발전 속도는 눈이 부시게 빨랐다. 2019년이 되자 세계에 6500대가 넘는 자율주행차가 존재하게 됐고, 기업들의 열띤 경쟁이 벌어졌다.[69]

자율주행차의 발전은 인공지능이 스스로 학습하게 하는 '딥 러닝deep learning' 기술의 발전과 이어져 있다. 기존 자동차 회사가 아닌 정보기술 분야의 스타트업이 대거 시장에 고개를 내밀었다. 이들에게 자율주행차의 핵심은 자동차 생산이 아닌 시스템 개발이다. 무인차 개발에 적극적인 구글과 테슬라, 차량 공유 회사에서 시작해 '종합 교통 플랫폼'을 꿈꾸는 우버 같은 회사에 비해 자동차 회사들은 상대적으로 더디고 보수적이었다. 오랫동안 변화의 최첨단에 서서 20세기의 자동화와 로봇 공정을 이끌어온 거대 자동차 회사들이 오히려 무인차 경쟁에서 뒤쳐진 것은 자동차 산업의 아이러니이기도 하다.

현대자동차그룹을 비롯해 포드와 제너럴모터스(GM), 볼보, 도요타, 아우디 등 기존 자동차 기업도 기술개발에 나서고 있으나 기업 분위기와 조직문화 면에서 혁신적인 IT 기업에 많이 뒤쳐져 있다는 지적이 나온다. 하지만 산업 융합이라는 이름으로 이들의 합종연횡이 활발히 이뤄지고 있고, 거대 자동차 회사들도 자율주행 시스템의 기반이 될 디지털 생태계의 요소들을 접목시켜나가고 있다. BMW와 포드가 중국 바이두와 협력해 자율주행 시스템을 개발하고, GM이 리프트라는 플랫폼 회사와 손을 잡고, 볼보는 마이크로소프트와 합작하고, 애플이 도요타 렉서스에 소프트웨어를 탑재하는 식이다.

미국 물리학자 미치오 카쿠는 2011년 《미래의 물리학》에서 자율주행차가 먼저 군사 부문에 도입되고 그 뒤에 민간에 퍼질 거라고 했으나[70] 그 후 약 10년 동안의 흐름을 보면 비즈니스가 앞서가는 분위기다.

자율주행차가 등장하면 도시의 부동산 가격이 떨어진다?

이미 빠르게 발전해온 자율주행차가 앞으로는 어떤 모습으로 발전할까. 이 질문에 대한 답을 찾기 위해서는 자동차뿐 아니라 산업과 도시 자체의 변화를 살펴보아야 한다. 도시의 기본 인프라와 자동차가 소통하면서 인공지능 기술이 발전하는 것이기 때문이다.

'지능형 교통시스템(ITS) Intelligent Transport System'은 지금도 쓰인다. 내비게이션 앱의 실시간 교통정보, 고속도로의 하이패스, 정류장의 버스 도착 안내 시스템 등이 모두 ITS에 속한다. 여기서 더 나아가 자동차와 인프라가 정보를 주고받는 것을 '차세대 지능형 교통시스템(C-ITS) Cooperative Intelligent Transportation System'이라 부른다.

도로 인프라와 자동차가 통신을 시작하면 어떤 일이 벌어질까. ITS도 사고 경보나 예상 소요시간 정도는 알려준다. 이미 차량용 무선통신 규격인 WAVE Wireless Access in Vehicular Environments 등을 통해 자동차 간에 정보를 주고받는 단계에 들어섰다. 도로에 설치된 센서, 디지털 통신을 할 수 있는 신호등 따위를 연결해 정보를 교환하면 운전자는 혼잡한 길이나 사고 지점을 피해 가장 효율적인 경로를 찾을 수 있다. 자동차 업계에서는 차세대 지능형 교통시스템을 통해 자율주행차의 안전성도 훨씬 높아질 것이라고 전망한다.

자율주행은 모든 산업에 영향을 준다. 일례로 보험업계는 사고의 빈도와 양상이 달라지는 것에 맞춰 변화를 모색할 것이다. 한국 보험업계는 2020년 7월부터 3단계 자율주행 기술이 상용화될 것에 맞춰 후불 보험제를 도입하는 등 상품을 조금씩 개편하기 시작했다. 한국에서 2019년 한 해 동안 교통사고 환자 치료비로 의료기관이 청구한 건강보험 비용은 2조 2142억 원이었다.[71] 낙관적인 이들은 자율주행차가 보편화되면 자동차 사고가 줄어들고 치료비도 줄어들 것으로 기대한다.

승차 공유 업계는 당연히 자율주행차에 엄청난 관심을 갖고 있다. 우버, 그랩, 리프트 등 세계의 승차 공유 업체 뒤에는 운전자와 고객을 실시간으로 이어주는 플랫폼이 있다. 자율주행 기술이 보편화되면 이 시장의 각축전이 더욱 치열해질 것이다. 자동차 제조사들도 직접 플랫폼을 만들려고 나설 것이기 때문이다. 현대자동차가 그랩과 손을 잡고, 우버와 리프트 등이 자율주행 기술 개발에 뛰어드는 이유가 바로 여기에 있다.

자율주행 기술은 자동차에 국한하지 않는다. 공항과 기차역, 자율주행 공유차 기지를 연결하는 모바일 앱을 통해 교통시스템 자체가 하나로 통합되고 '이동'의 모든 측면이 업그레이드될 가능성이 높다. 기차표나 비행기표가 아니라 공항-전철-공유차를 패키지로 묶어 파는 교통 서비스 플랫폼이 활성화되는 것이다. 생산업체들이 모두 쿠팡 밑으로 들어갔듯이, 앞으로는 교통 서비스도 그런 플랫폼에 종속되는 처지가 될지 모를 일이다. 우버가 만들려 하는 것도 그런 플랫폼이다.

'접근성'이 달라지면 입지 조건이 바뀌기 때문에 부동산에도 영향을 미칠 것이 분명하다. 농업도 달라진다. 자율주행 트랙터와 콤바인을 비롯한 농기계들이 서로 정보를 교환하는 것은 벌써 현실화됐다.[72] 우리의 먹거리를 자연 생태계만이 아니라 자율주행과 5G가 결합된 모빌리티 생태계에 의존하는 시대가 오고 있다는 뜻이다.

문화도 바뀔 것이다. 스스로 움직이는, 혹은 사람이 아주 약간만 조작해도 되는 자동차 안에서 탑승자는 무엇을 할까. 아마도 게임을 하든 또는 책을 읽거나 영화를 보든 문화상품을 소비하고 있을 것이다. 실제 지금 모델로 제시되고 있는 자율주행차의 실내는 영화관이나 거실과 비슷하다. 지금은 어르신들을 모시고 다니느라, 아이들을 학교에서 학원으로 데려다주느라 '라이딩'에 들이는 시간이 많지만 무인차가 알아서 돌아다닐 수 있게 되면 누군가를 태워주는 시간은 크게 줄어들 수 있다. 자율주행차는 우리의 시간도 바꿀 것이다.

그럼에도 여전히
신뢰받지 못하는
자율주행 기술

2016년 앤서니 폭스 당시 미 교통부 장관은 온라인 매체《버지》와의 인터뷰에서 "2021년이 되면 완전한 자율주행차들을 어디에서든 볼 수 있을 것"이라고 말했다.[73] 테슬라 최고경영자 일론 머스크는 2020년 말까지 완전히 자동화된 차량을 선보일 것이라고 선언했다. 그러나 기술이 빠른 속도로 발전하고 있음에도 불구하고, 그들의 예언은 아직 이뤄지지 않았다.

핵심기술 면에서 보면 여전히 완전한 자율주행차의 개발이 완료됐다고 보기는 힘들다. 그런 기술 가운데 큰 비중을 차지하는 부분이 센서다. 자율주행차는 여러 종류의 센서를 이용해 주변 환경을 '보면서' 보행자, 다른 차량, 도로 표지판 등의 물체를 감지한다. 카메라는 자동차가 사물을 보는 것을 돕고, 라이다Lidar라는 장치는 레이저를 사용해 물체와 차량 사이의 거리를 측정한다. 레이더는 물체를 탐지하고 속도와 방향을 추적한다. 자동차가 알아서 움직이려면 어떤 조건이나 환경에서든 센서가 주변 물체와 거리, 속도 등을 정확하게 감지해야 한다. 비가 쏟아지거나, 도로에 물건이 떨어지거나, 하다못해 표지판에 낙서가 그려져 있는 것 같은 변수들만으로도 자동차의 감지 능력이 떨어질 수 있다. 따라서 자율주행차 자체의 센서 성능뿐 아니라 교통 시스템과 다른 운전자들의 인식이 함께 달라지지 않으면 자율주행차가 안전하게 달리기는 힘들다.

센서가 신경이라면 자동차에 탑재된 컴퓨터 시스템은 '뇌'다. 센서가 감지한 데이터를 분석하고, 인공지능의 머신 러닝을 통해 운전하는 기술을 익힌다. 자동차가 거리를 달리면서 스스로 배워나가는 것이다. 그러니 자율주행 기술의 발전은 인공지능의 발전과 분리할 수 없다.

정보를 감지하고 데이터를 분석하려면 통신망의 속도도 중요하다. '세계 최초의 5G 국가'인 한국을 세계의 엔지니어들이 주목하는 이유이기도 하다. 하지만 기계가 인간에게 안전한 방향으로 학습할 것인지 100퍼센트 확신할 수 있을까? 실제로 2016년 5월 미국에서 테슬라의 무인차가 지나가던 흰 대형 트럭을 하늘로 인식해 들이받는 사고가 일어났다.

머신 러닝을 어떻게 검증해야 할지 업계나 정부 간에 표준화된 절차도 아직 없다. 이 문제뿐 아니라 전체적으로 자율주행 시스템에 대한 표준과 규제가 아직은 많이 부족하다. 새로운 기계 장치가 널리 퍼지려면 사람들이 그 기계가 안전하고 편리하다는 것을 믿어야 한다. 그러나 자율주행차의 안정성을 신뢰하는 사람이 많지는 않다. 자율주행차를 불안한 눈으로 보게 하는 가장 큰 요인은 사고다.

2016년 1월 테슬라의 오토파일럿Autopilot 시스템이 장착된 자율주행차 '모델 S'가 중국 후베이 성에서 고속으로 달리다가 옆에 있던 트럭을 들이받았고, 운전하던 23세 남성이 사망했다.[74] 테슬라 측은 차량이 너무 많이 부서져 사고 원인을 정확하게 분석할 수 없다고 발표했다. 당시 운전자가 자율주행 모드를 켜고 있었는지 확인되지 않았기 때문에, 자율주행차로 인한 최초의 인명피해 사고인지는 밝혀지지 않았다.

넉 달 뒤인 2016년 5월, 이번엔 미국 플로리다에서 사고가 났다. 앞서 소개한 모델 S의 인공지능이 트럭을 하늘로 오인한 바로 그 사고다. 모델 S 운전자는 사고 현장에서 즉사했다. 이 차는 사고 당시에 자율주행 모드였다. 공식적으로 세계에서 최초로 발생한 자율주행차 사망사고다. 테슬라는 "자동운행 모드라 해도 운전자는 운전대에서 손을 놓아서는 안 된다"며 운전자에게 사고의 원인을 돌렸다.[75] 차량의 인공지능 시스템이 실수를 저질렀을 때 그 책임을 운전자에게 물을 것인지, 사고 차량을 만든 회사에 물을 것인지는 민감한 문제다.

2018년 우버에 소속된 볼보 승용차가 미국 애리조나 탬파에서 행인을 덮쳐 숨지게 했다. 당시 운전자는 자율주행 기능을 켜놓고 스마트폰으로 텔레비전 방송을 보고 있었다. 완전 자율주행 상태의 승용차가 교통사고를 내 탑승자가 아닌 사람이 숨진 첫 사례였다. 사고 뒤 미 연방교통안전위원회 조사 보고서는 운전자가 스마트폰을 보느라 주의를 소홀히 한 탓에 사고가 일어났고, 우버 측도 안전관리를 적절히 하지 않았다고 지적했다. 운전자는 사고 2년 뒤 과실치사 혐의로 기소됐으나 검찰은 우버에는 형사상 책임이 없다며 면죄부를 줬다.[76]

세계보건기구(WHO) 2018년 보고서를 보면 매년 135만 명이 도로에서 목숨을 잃는다. 자율주행차는 이론적으로는 사고 위험을 낮출 수 있지만 모든 사고를 예방할 수 있는 것은 아니다. 더군다나 기술이 완전하지 않은 상황에서 안전성은 계속 높여가야 한다.

언제쯤 사람들은 자율주행차가 '충분히 안전하다'고 느끼게 될까. 자율주행 시스템이 완벽하게 안전하지는 못하더라도, 사람이 하는 운전보다 '상당히 더' 안전해질 때에야 신뢰를 받을 것이라고 전문가들은 예측한다. 기계에 기대하는 정확도는 사람이 사람에게 기대하는 정확도의 수준보다 훨씬 높기 때문이다.

자율주행차의 안전성에 대한 사람들의 불안감은 수치로도 증명된다. 2011년 영국에서 실시된 여론조사에서 무인차를 '편안한 마음으로' 탈 수 있을 것이라고 답한 비율은 49퍼센트였다. 이듬해 미국에서 실시한 조사에서도 승용차 운전자의 37퍼센트만이 '완전 자율주행차'를 구입할 의사가 있다고 했다. 독일에서 같은 해 실시된 조사에서는 68퍼센트가 불신이나 적대감을 표했다. 2013년 시스코가 시행한 조사에서는 57퍼센트의 응답자가 "사람이 운전하지 않는 차량을 탈 용의가 있다"고 했다. 브라질, 인도, 중국에서도 반응은 대체로 비슷했다.

2016년 독일에서는 인구 비례에 따라 성별, 나이, 교육 수준을 감안해 표본을 택한 여론조사가 실시됐다. 전반적으로 여성보다는 남성이 자율주행에 대한 불안감이 적었다. 같은 해 미국 프라이스워터하우스쿠퍼스 조사에서 응답자의 66퍼센트가 "자율주행차가 평균적인 인간 운전자보다 똑똑할 것"이라는 견해를 보였다. 2017년 퓨리서치센터 조사에서 미국인들은 자율주행차가 자신의 일생 중 어

طائرات بدون طيار أمريكية

US Drones

why did you Kill my family?

"Why did you Kill my family?"
미국 무인 항공기의 폭격을 폭로한
예멘 사나의 벽화 모사본. 2012년
예멘 라다에서 미군 무인 항공기의
오폭으로 민간인 13인이 숨졌다. 한
편 예멘 반군 후티 또한 드론을 이
용해 사우디아라비아의 공군기지와
정유시설을 공격하기도 했다.

느 시점인가에 격변을 가져올 것이라 예상했는데 그 중에는 '로봇 운전자'에 대한 두려움 같은 일자리 우려가 큰 몫을 차지했다.

운전자는 급작스럽게 도로로 뛰어든 아이를 피하기 위해 핸들을 꺾다가 대형 사고를 내곤 한다. 그러나 무인자동차가 이와 비슷한 상황과 맞닥뜨렸을 때 차 안에 타고 있는 다수와 차 앞에 놓인 개인 가운데 누구의 안전을 우선할 것인지는 아직 명확하게 정리되지 않았다.

어쩌면 노동자들의
지옥이 될
자율주행차의 미래

로켓배송, 당일배송, 자정 전 주문하면 새벽배송. 유통과 소비의 흐름이 빨라지고 삶의 속도도 빨라진다. 21세기의 로지스틱스(물류)를 결정하는 것은 속도다.

세계 최대 전자상거래 업체인 아마존은 2019년 4월 '24시간 내 배송' 서비스를 늘리기 위해 석 달 동안 8억 달러를 투입할 것이라고 발표했다. 2010년대부터 소매업체들의 경쟁 양상은 상품의 질이 아닌 '배송 전쟁'이 됐다. 아마존을 필두로 미국 UPS의 메트로포스트 서비스, 구글 익스프레스, 아마존 프라임 같은 배송 서비스들이 자리를 잡았다. 글로벌 기업이 우버나 지역 소매업체, 스타트업과 손잡으면서 상품이 배달되는 속도는 급속히 빨라졌다. 샌프란시스코에서는 '도어맨' 같은 스타트업이, 시카고에서는 '위딜리버'라는 회사가 앱으로 주문받은 물건을 한두 시간 안에 고객의 집 앞에 가져다 놓는다.

애드로이트마켓리서치의 2018년 9월 보고서[77]에 따르면 세계 온라인 상거래 시장은 2조 달러 규모였다. 세계 배송 시장은 A-1익스프레스, DHL그룹, UPS 등의 기업이 주도하고 있으나 아마존, 알리바바, 이베이, 라쿠텐, 잘란도, 그루폰 등 소매업체도 나서서 배송 속도 경쟁에 불을 붙이고 있다. 아시아의 속도전이 특히 눈에 띈다. 보고서는 세계 당일배송 소매 거래의 36퍼센트가 한국과 중국, 일본 등 아시아 태평양 지역에서 이뤄진 것으로 분석했다. 2015년 100억 원대였던 한국의 새벽배송 시장 규모가 2018년 4000억 원대로 커졌다는 닐슨코리아 분석도 있다.

아마존의 배송 시간 단축 발표가 나온 뒤 정보기술 전문매체 《기즈모도》는 "아마존의 계획은 노동자들에겐 지옥"이라는 기사를 실었다. 아마존과 계약한 배달 업체 직원들은 이전부터 추가수당 없이 연장근무를 하고 있고 법적인 보호도 받지 못하고 있는데, 아마존이 속도 드라이브를 걸면 그 부담을 결국 이들이 덮어쓰게 된다는 것이었다.[78]

코로나19가 아마존에게는 또 다른 기회가 됐다. 아마존은 2020년 3월 10만 명을 채용하겠다는 계획을 발표했다. 하지만 아마존의 감염증 대응은 계속 논란거리였다. 이탈리아에서 코로나19가 급속히 퍼진 3월, 감염 중심지였던 밀라노 근교의 물류센터 노동자들이 출근과 작업을 거부했다. 감염 우려가 컸기 때문이다. 이탈리아 아마존 직원들의 파업과 시위는 미국으로 옮겨갔다. 3월 이후 미국 여러 곳에 있는 제프 베이조스 아마존 최고경영자의 집 앞에서 시위가 벌어졌다. 10월 초 아마존은 직원 중 코로나19 감염자가 약 2만 명이라고 발표했다.

'노동자'일 때와 '소비자'일 때, 사람들의 관점은 180도로 바뀐다. 컨설팅 회사 매킨지가 2016년 미국, 중국, 독일의 소비자들을 상대로 설문조사해 분석한 《택배, 최종 배송지의 미래》[79]라는 보고서가 있다. 조사 결과 배송의 관건은 역시나 속도였다. 그런데 빨리 배송받기 위해 추가비용을 내겠다는 비중은 적었다. 더 빨리 배달해야만 하는 업체들로서는 다른 부문에서의 '착취'를 피할 수 없는 구조다.

혼잡한 도심에서 내 집 문 앞까지, 저렴하게 혹은 공짜로 물건을 가져다 주기를 바라는 사람들이 많지만 그 비용을 낮추는 데에는 한계가 있다. 보고서는 결국 자동화된 운송수단을 이용한 배달이 늘어날 것으로 봤다. 자율주행차를 이용한 '사람 없는 택배'가 현실화될 수 있다. 사물함이 달린 자율주행차(AGVs)를 이용해 물건을 가져다 놓는 방식이나 드론 택배가 앞으로 늘어날 가능성이 높다고 보고서는 예측했다. 매킨지는 드론 택배가 2025년 미국에서만 25만 건에 이를 것으로 추정했다. 보고서는 '드로이드'라 불리는 소형 무인카트들이 집집마다 다니며 배송을 해주는 시나리오도 제시했다.

택배 노동자들을 쥐어짜는 새벽배송은 한국에서도 이미 중요한 이슈다. 코로나19는 대면 접촉을 피하는 상거래, 한국식 조어를 빌면 '언택트' 경제를 키우는 계기가 됐다. 이에 따라 소형 무인택배 장치 개발에 박차를 가하는 기업은 갈수록 늘어날 것으로 보인다. 첫머리에 언급한 뉴로도 그런 예다.

택배 시장이 어느 곳보다 발달한 한국은 무인배달이 가장 먼저 선을 보이는 곳 가운데 하나가 될 수도 있다. 과학기술정보통신부는 2020년 9월 제12차 신기술 서비스 심의위원회를 열어 정보통신기술 관련 규제 여덟 건을 완화했다. 그 여덟 건에는 전기버스 무선충전 기술, 시각장애인 보행경로 안내 서비스 등과 함께 '배달의민족', '배민라이더스'를 운영하는 식품배달 서비스 업체 우아한형제들의 '실내외 자율주행 배달로봇 기술' 건도 들어 있었다.[80]

집집마다 찾아가는 택배에 앞서서 공항이나 항만 터미널을 오가는 대형 수송차량, 광산 등 위험지대에서 운행되는 트럭 등에서 무인화가 먼저 진행될 수 있다. 또 세계 곳곳을 오가는 국경 무역 같은 장거리 운송부터 무인 트럭이 맡을 가능성이 높다. 장거리 운송은 노동 조건이 열악하기로 유명하다. 정정불안이나 범죄에 따른 위험 부담도 크다. 이런 영역이 장차 무인차량에 배당될 것으로 보인다. 이런 상상을 해볼 수도 있다. 언젠가 남북한 사이에 물자가 넘나드는 '군사분계선 무역'이 활성화된다면 어떤 모습으로 전개될까? 사람이 오가는 것에 대한 부담을 줄이는 방법으로 무인차량이 넘나들게 한다면 어떨까? 소설 같은 얘기지만 가능성은 충분하다.

자율주행은 일자리의 종류와 내용을 많이 바꿀 것이다. 그래서 그 변화를 맞는 개인과 사회의 준비가 특히 중요하다. 한국 사회에서

'특수고용노동자'라는 이름으로 노동자 아닌 노동자가 돼버린 택배원과 '라이더'들의 노동 조건에 대한 사회의 관심이 커졌다. 하지만 그 일자리 자체가 자율주행 시대에 상당 부분 사라질 가능성이 크다.

통계청에 따르면 2018년 기준 한국 운수업 종사자 수는 113만 5000명에 이른다.[81] 이 일자리가 짧은 시간 안에 모두 사라질 리는 없다. 하지만 운전 자체보다는 운송과 관련된 서비스 부문에서 일자리가 더 많이 생겨날 것으로 봐야 한다.

"스마트폰이 그랬듯 자율주행차가 등장하면 모든 게 바뀌겠죠"

자율주행차가 일상으로 들어오면 자동차 산업도 변화를 겪을 것이다. 2020년 5월 스위스 제네바에서 열린 국제노동기구 '자동차 산업과 미래의 노동' 회의에 제출된 보고서[82]를 보면 2017년 기준으로 세계에서 자동차 생산 부문에 고용된 사람은 1400만 명이고 이들이 연간 생산한 자동차는 약 9500만 대다. 중국에서의 고용 인원이 515만 명으로 가장 많고 이어 일본 108만 명, 인도 96만 명, 미국 88만 명 순이다. 한국은 약 33만 명으로 조사됐다. 이들의 일자리가 자율주행차의 발전에 영향을 받게 된다.

나아가 에너지 분야도 영향을 받을 것이다. 제러미 리프킨은

《3차 산업혁명》에서 자동차와 태양광 발전이 합쳐진 전력망인 스마트그리드smart grid를 구상한다. 그의 설명에 따르면 자동차는 이동 수단인 동시에 에너지를 저장하는 수단이 된다. 태양광 발전으로 충전한 자동차의 배터리가 집안의 동력원이 되는 것이다.[83]

이러한 새로운 자동차는 경제, 사회 전반에 변화를 가져올 것이다. 스마트폰 시대에 경제의 기본 틀이 바뀐 것과 마찬가지다. 특히 자율주행 기술을 기반으로 한 '모빌리티 경제'는 정보통신, 인공지능과 하나로 융합된다. 한국전력과 KT와 현대자동차가 기능적으로 결합되는 미래라고도 볼 수 있다. 그래서 경쟁과 협력 못잖게 합의와 감시가 중요하다. 너무 많은 것, 어쩌면 우리 삶의 모든 것이 여기에 걸려 있기 때문이다.

자율주행이 모든 지역에 동시에 도입되지는 않을 것이다. 모든 계층, 모든 사람들에게 그 혜택과 손실이 똑같이 작용하지도 않을 것이다. 세상이 너무 빨리 바뀌는 것은 사람들이 '빨리빨리'를 원하기 때문이다. 그럴수록 사람의 속도는 뒤쳐지고 사람의 자리가 줄어드는 것은 기술 발전과 욕망의 역설이다. 화물차 기사가 줄어들면 그 업종에서 일하던 이들은 일자리를 잃어 살기가 힘들어진다. 하지만 기업에는 '인건비 절감'일 것이며, 경제학자들과 언론은 '자율주행의 경제적 효과'로 계산할 것이다. 그런가 하면 빈자리가 있는 주차장을 찾아주는 서비스, 자율주행차 안에서 시간을 보내야 하는 사람들을 위한 콘텐츠 생산, 쌍방향 정밀지도에 광고를 넣어주는 서비스 등 온갖 종류의 새로운 일들이 생겨날 것이다. 다양한 공유 비즈니스들도 등장할 것이다. 하지만 그 모든 것이 평등하게 작동하지는 않을 것이다.

우리는 모빌리티 생태계에 대해 얼마나 준비되었는가?

1968년 만들어진 '도로교통에 관한 비엔나 협약Vienna Convention on Road Traffic'은 교통안전에 대한 기본 원칙을 담은 국제적인 틀이다. 한국을 비롯해 세계 130여 개국이 가입했거나 비준을 준비 중이며, 각국이 교통법규를 만들 때 지켜야 할 사람 존중의 원칙, 국가 간 이동에서 지켜야 할 안전수칙 등을 정했다. 이 협약에서 자율주행차에 대한 부분은 명확히 규정돼 있지 않다. 그래서 유럽 등지에서는 비엔나 협약의 틀을 새로 짜야 한다는 얘기가 나온다. 개별 국가의 법규 못잖게 국제적인 기준이 필요한 사안이기도 하다.

미국은 비엔나 협약에 가입하지 않았고, 그 대신 '연방 자동차안전기준Federal Motor Vehicle Safety Standards'에 따라 교통안전을 규제한다. 자율주행에 대해서는 네바다, 플로리다, 캘리포니아, 미시건 등이 제각기 법을 만들었으나 대부분의 지역에선 명시적인 규정이 없다. 2016년에야 연방교통부가 '자동화 차량 정책'을 공표해 '자동화 차량'의 요건과 범위를 정하고 시험 운행이나 도로 주행 조건을 규정했다. 이 지침은 몇 차례 개정을 통해 '자동화 차량 기술에서 미국의 리더십을 보장하기 위한 방안'으로 통합됐다.[84]

유럽에서는 영국이 2013년 공공 도로에서 자동화 차량의 운행 시험을 허용했다. 프랑스는 2015년부터 보르도, 일드프랑스, 스트라스부르 등에서 약 이천 킬로미터의 도로를 자율주행차의 시험 운행에 쓸 수 있도록 허가했다. 독일은 2017년 자율주행차 도입 가이드라인을 정했다. 2019년 11월 유럽의회는 자율주행 차량의 요건과 허가 범위를 다룬 결의를 채택했다. 싱가포르 육상수송국은 영국 델파이 오토모티브에 2017년 도로 주행 시험 허가를 내줬다.

한국은 2019년 4월 '자율주행자동차 상용화 촉진 및 지원에 관한 법률(자율주행차법)'을 제정했다. 국토교통부는 수도권, 강원권, 전라권, 경상권 등 4개 권역 일반국도 1만 4000킬로미터의 정밀도로 지도를 제작하기 위해 2021년 예산안에 160억 원을 반영했다.[85] 정밀도로 지도는 자율주행에 필요한 도로 정보를 25센티미터 이내의 오차로 담아낸 지도를 가리킨다.

자율주행이 활성화되면 교통사고나 대기오염이 줄어들 것이라고 전문가들은 말한다. 정부의 정책이나 제도와 결합된다면 이동의 자유에서 소외돼 있던 노인과 장애인에게 도움이 될 수도 있다. 텅 빈 버스가 거리를 달리는 대신 대중교통이 승객의 흐름을 따라 조절되는 식으로 '스마트'해지면 효율성은 높아진다. 공유차가 늘어나고 철도와 버스 등과 연계가 잘 이루어지면 대중교통이 더욱 활성화될 수도 있다. 또한 자율주행 시스템은 전기차와 결합할 가능성이 높다. 하지만 자율주행차로 인해 현대인의 이동 범위가 넓어지고 도시가 확장되는 것이 환경파괴로 이어지지 않게 하려면 재생에너지와의 결합을 초기부터 의식적으로 추진해야 한다.

나의 움직임이
모두 데이터로
축적될 때

신기술은 늘 그렇듯 전쟁의 수단이 될 수 있다. 탱크나 전투기에 자율주행 기술을 입히면 전투의 '효율성'은 더욱 커질 것이다. 미국은 2000년대 아프가니스탄 전쟁 때부터 무인 폭격기를 동원했다. 자율주행 기술은 전쟁 기계의 살상력도 높일 것이다. 그러나 한편으로는 사람을 살리는 일에도 자율주행 기술이 활용될 것이다. 접근이 어려운 오지나 분쟁지역, 자연재해가 일어난 곳에 구호품을 전달하는 무인차량은 도움을 기다리는 이들에게 큰 도움이 될 것이다. 코로나19 같은 팬데믹 때도 무인차량이 유용하게 쓰일 수 있다.

전쟁 기계로 쓸 것인지, 구호요원으로 활용할 것인지 기술의 방향에 대해 고민하는 것도 중요하지만 자율주행의 기본 요소인 데이터에도 많은 관심을 가져야 한다. 2018년 12월 경기도 화성에서 세계 최대 자율주행차 시험장 'K시티'가 열렸다.[86] 이곳에서 이뤄지는 연구에는 현대자동차그룹 같은 자동차 회사뿐 아니라 삼성, SK텔레

콤, 네이버 같은 정보기술 기업들도 참여했다. 보험 회사나 도시계획 전문가들도 이곳에서 이뤄진 자율주행 시험에 대한 데이터를 제공받을 수 있다.

인공지능이 자율주행을 학습하려면 다양한 분야에 걸쳐 방대한 양의 데이터가 필요하다. 우리의 모든 움직임이 데이터라는 이름으로 축적되고 누군가에게는 경제적인 목적으로 이용될 것이다. 내가 이동한 경로뿐 아니라, 위치기반 서비스를 위해 허용한 내 집과 가게를 비롯한 주변의 모든 정보가 데이터가 된다. 데이터 사용권과 공개 여부, 프라이버시 침해 문제가 자율주행에서도 똑같이 논란거리가 될 것이다.

만일의 위험을 막고 소비자이자 시민으로서의 권리를 지키려면 정부와 기업들에 압력을 넣어 데이터 처리 과정을 소비자가 원할 때 들여다볼 수 있도록 해야 한다. 데이터의 전송을 끄거나 폐기할 수 있는 권리, 제3자에게 데이터를 기업들이 제공하는 것을 소비자가 통제할 권리 같은 것들을 법제화해야 한다.

규제당국은 주로 자동차 업계의 이익에 초점을 맞춰 점진적으로 규제를 만들어가고 있다. 그러나 자율주행 기술의 발전은 일관된 로드맵을 따라 일어나는 것이 아니다. 어딘가에서 기술적인 돌파구가 열리고, 우리가 예상하지 못한 어떤 과정을 거쳐 그것이 상용화되고, 예기치 못한 이익과 손실을 가져다주고, 상상하지 못했던 걱정거리를 던져줄 것이다. "어느 날 갑자기 구글 방식 소프트웨어를 자동차라는 기계 안에 집어넣는 혁명이 퍼진 뒤에야 틀을 잘못 잡았음을 깨달을 가능성"**87**도 있다.

한국에서는 1980년대에 '마이카My Car'라는 말이 유행했다. '오너 드라이버owner driver'라는 한국식 영어도 있었다. 내 차를 갖고 싶다는 사람과 공유차를 선호하는 사람은 경제적인 형편만이 아니라 욕망의 성격 자체가 다르다. 물론 어떤 것도 고정돼 있지는 않으며 사회의 전반적인 분위기와 제도를 따라갈 것이다. 자율주행차는 사회의 연대와 연결을 강화할까, 아니면 인간관계를 더욱 파편으로 만들까? 자율주행으로 우리에게 시간이 더 생기면 우리는 그 시간을 더 치열한 경쟁과 강도 높은 노동에 쓰게 될까, 아니면 조금은 더 여유를 가지고 인생을 즐기게 될까?

변화는 대개 누군가의 저항을 부른다. 자동차 회사 노동자들이 아웃소싱에 파업으로 맞설 수도 있고, '인간 운전자'들이 무인차 파괴 시위를 할 수도 있다. 로보카를 해킹해 납치하는 '로보재킹robojack-ing'이 일어날 수도 있다. 다만 해킹이나 범죄의 위험을 지레 걱정할 필요는 없다. 항공기 운행은 이미 전자시스템으로 자동화됐으나 2001년 9.11 테러범들이 노린 것은 사이버 공격이 아닌 구시대적인 납치였다.

이점을 살리는 일도 단점을 줄이는 일도, 결국 사람과 제도가 해야 한다. 모든 기술은 진보인 동시에 어느 정도는 파괴적이다. 충격을 받을 사람들을 배려하는 것이 가장 중요한 숙제다.

모든 것이 정보통신 기술로 통합되는 스마트시티 구상은 더 이상 낯설지 않다. 자율주행은 도시계획, 기후환경과 에너지, 노동시장과 복지, 삶의 리듬과 개인의 프라이버시까지 모든 것을 뒤바꿀 것이다. 변화의 방향과 속도는 누가 결정할 것인가. 당장 고속도로에 인공지능을 깔기 위해 세금을 쓸 것이냐, 기존 교통수단이 부족한 곳에 도로와 전철부터 놓아야 할 것이냐를 생각해보자. 사회의 자원을 배분하는 문제와도 직결된다는 의미다.

늘 그렇듯 신기술에 투자하자고 하는 쪽은 상대적으로 돈 많은 기업이나 교육받은 사람들, 미래가 '기회'로 연결되는 사람들이다. 반대로 지금의 낙후된 현실부터 고치자고 하는 사람들은 상대적으로 덜 배우고 가난한 사람들일 공산이 크다. 아마도 이들은 정치적 발언권이나 영향력이 훨씬 적을 가능성이 높다.

'내가 알지 못하는 새로운 기술'에 거부감을 느끼는 이들도 있을 수 있다. 이들을 구세대 꼰대라며 무시할 수만은 없다. 신뢰가 없다면 기술도 발전할 수 없다. 모든 두려움에는 합리적이든 비합리적이든 이유가 있다. 두려움을 없애려면 과학적, 기술적 근거든 혹은 주어질 혜택에 대한 기대감이든 '설득'이 필요하다. 이를 이뤄내는 과정이 사회적 합의다. 합의로 가기 위한 토론을 통해서 자율주행 시대에 우리가 필요로 하는 게 무엇인지, 어떤 것을 보완해 어떤 불안감을 없애야 하는지를 배워나갈 수 있다. 그래서 기술적 준비보다 더 중요한 것이 사회적 준비다.

물론 정책 논의나 사회적 토론으로 기술의 발전 속도를 따라잡기란 쉽지 않다. 그럼에도 함께 발걸음을 맞춰야 사회가 기술에 끌려가지 않게 된다. 그러기 위해 필요한 것이 바로 투명성이다. 위험이

든 이익이든, 현실이든 미래의 가능성이든 투명하게 공개되어야 기술 발전을 통해 사람들이 사는 사회가 더 나아질 수 있다. 그것이 사회를 더 낫게 만드는 혁신이다.

The
World
History
after

2nd Future

2부

사람과 지구

1976년
허버트 보이어와 로버트 스완슨, 세계 최초의 생명공학회사 지넨테크 설립.

1978년
영국 올드햄종합병원에서 최초의 시험관 아기 루이스 브라운 출생.

1996년
영국 로즐린연구소, 양의 젖샘 세포 핵을 난자에 이식하는 방식으로 양 돌리 복제 성공.

2002년
인도, 유전자 변형 작물인 Bt 면화 재배 허용.

2005년
한국, 황우석 박사 연구팀의 배아줄기세포 논문 조작과 난자 매매 등의 불법행위들이 언론에 의해 폭로.

2015년
영국 하원, 유전질환의 대물림을 막기 위한 세 부모 체외수정을 허용하는 인간 수정과 배아 법률 개정안 통과.

2020년
캐나다 대법원, 시민들이 기업의 유전자 검사 요구를 거부할 수 있도록 하는 유전자차별금지법 발효.

2020년 9월 통과된 농장 법에 반대하고자 집결한 인도의 농민들. 유전자변형 농산물과 관련해 대표적인 이슈 가운데 하나가 인도 Bt 면화 재배 농민들의 높은 빈곤 자살률이다. 란디프 마도케, 2020년 12월 11일.

"시민들이 무임승차한 짐을 감당하고 있습니다!" 나치의 우생학 프로파간다 가운데 하나인 포스터. 유전적으로 '결함'이 있는 이들을 국가적 차원에서 솎아내야 한다는 나치의 주장은 훗날 T4 장애인 말살 프로그램과 홀로코스트로 이어졌다. 1930년대.

복제양 돌리에 대한 소식을 다룬 신문 첫 페이지. 복제로 만들어졌다는 것을 강조하듯 같은 카피와 사진을 나란히 붙여 놨다. 복제양 돌리가 대중에 공개되면서 인간 복제에 대한 연구와 윤리에 대한 고민이 본격적으로 시작되었다. 《더 선》, 1997년 2월 24일.

변형된 음식을 먹고 사는
디자인된 사람들

당신의 아이를 완벽한 인간으로 편집해드립니다

티머시 브라운은 1966년 미국 워싱턴 주 시애틀에서 태어났고, 2020년 9월 54세의 나이로 사망했다. 젊은 시절 유럽을 여행하던 중 독일 베를린에서 에이즈 감염 진단을 받았다. 2019년 기준으로 인간면역결핍바이러스(HIV) 감염자는 3800만 명에 이르며 한 해에만 약 70만 명이 에이즈로 숨진다. 지금은 치료법이 발달돼 '관리 가능한' 만성 질환 정도로 치명률이 떨어졌으나 여전히 에이즈는 아프리카와 아시아 저개발국에서 수많은 이들의 목숨을 앗아가는 주된 요인 가운데 하나다. 통계로만 보면 브라운의 삶과 죽음에 별로 특별해 보이는 것은 없다.

하지만 브라운은 이 질병의 역사에서 빼놓을 수 없는 사람이다. 의학계에서 '베를린 환자'라는 이름으로 불렸던 그는 세계 최초로 에이즈를 치료받은 사람이기 때문이다.

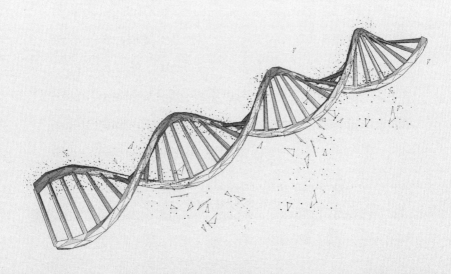

유전자 가위가
자르고 붙일
우리의 미래

　　　　　브라운은 2007년 백혈병 치료를 위해 골수 줄기세포를 이식받았다. 운 좋게도 골수를 기증한 사람은 돌연변이로 CCR5 유전자가 없는 사람이었다. 이 유전자는 HIV가 세포에 침입하기 위해 필요한 수용체를 만드는데, 브라운이 기증받은 골수에는 이 유전자가 없었다. 골수 이식 뒤 브라운의 면역체계는 더 이상 CCR5 수용체를 만들지 않았고 에이즈가 치료됐다. 2019년에도 비슷하게 이식 뒤 CCR5 유전자가 없어져 면역력이 생겨난 '런던 환자' 사례가 보고됐다.

　　2018년 중국의 의학자 허젠쿠이贺建奎는 CCR5 유전자를 없앤 쌍둥이 아기를 인공수정으로 탄생시켰다. HIV에 감염된 부모에게서 태어났더라도 에이즈에 걸리지 않도록 유전자 가위로 출생 전 '편집'을 한 것이다. '베를린 환자'와 '런던 환자'가 누린 행운을 사람의 손으로 유전자에 주입한 셈이다.

　　크리스퍼(CRISPR)Clustered Regularly Interspaced Short Palindromic Repeats는 세균에서 찾아낸 유전자 서열이다. 세균은 몸에 들어온 바이러스를 막아내기 위해 크리스퍼를 활용한다. 크리스퍼는 마치 돋보기처럼, 혹은 과학 저술가들의 표현을 빌면 위치추적시스템(GPS)나 내비게이션처럼 바이러스에 들어 있는 유전자의 특정 부위를 찾아간다. 어떤 효소는 크리스퍼가 지목한 유전자를 공격해 무력화한다. 그런 효소 가운데 카스9cas9이 있다. 카스9은 크리스퍼가 가리키는 부위를 정확하게 잘라낸다. 크리스퍼에 이 효소를 붙인 '크리스퍼-카스9'을 가리켜 '유전자 가위'라고 부른다. 이 가위를 가지고 동식물이나 미생물의 DNA를 매우 정밀하게 변형시킬 수 있다. 크리스퍼 가위를 만들어낸 프랑스의 에마뉘엘 샤르팡티에Emmanuelle Marie Charpentier와 미국의 제니퍼 다우드나Jennifer Doudna는 2020년 노벨 화학상을 받았다.

유전자 편집의 잠재력은 무궁무진하다. 태어날 아기가 유전질환이 있을 것으로 우려되면 수정란 상태일 때에 편집해서 해당 유전자 부위를 잘라낼 수 있다. 부모가 원하는 '형질'의 유전자를 갖고 태어나도록 미래 자녀의 유전자를 편집할 수도 있다.

이런 기술은 이미 개발돼 있다고도 할 수 있고, 아직 개발되지 않았다고도 할 수 있다. 대부분의 질병은 유전적 요인과 환경적 요인이 합쳐지면서 생기지만 단 하나의 유전자 이상으로 생기는 질병도 있다. 그러나 단 하나의 유전자 이상 때문에 발생하는 질병이라 해도 그 유전자를 '안전하고 확실하게' 조작하는 기술을 확보하고 현실로 옮기는 것은 별개의 문제다. 사람의 유전적인 특성을 '더 낫고 더 완벽한' 쪽으로 조작하는 것은 아직은 꿈같은 일이다. 멋진 외모나 더 높은 지능을 갖게 해주는 유전자 따위는 없기 때문이다. 멋진 외모의 기준은 시대와 문화에 따라 다르며, '더 높은 지능'의 기준도 불명확하고, 그 높은 지능이 인생의 성공과 행복을 가져오는지도 알 수 없다. 그러니 이제 막 발전하는 단계에 있는 유전자 편집 기술을 사람에게, 아직 태어나지 않아 아무 발언권이 없는 배아에 적용하는 것은 엄청난 논란을 부를 수밖에 없다. 허젠쿠이의 유전자 편집 시도는 중국은 물론이고 세계에서 거센 비판을 받았고, 그는 결국 사기죄로 수감됐다.

촉망받던 젊은 과학자는 무모한 야심과 비윤리적인 연구 때문에 몰락했지만 이 사건이 던진 파장은 작지 않았다. 유전자 편집으로 태어난 쌍둥이가 건강하게 잘 자라고 있는지 그리고 그들이 정말 앞으로 에이즈에 걸리지 않을 것인지는 알 수 없지만, 최소한 이 사건은 유전자 편집으로 사람이 탄생할 수 있다는 사실을 입증했다.

1973년 과학자 허버트 보이어Herbert Boyer와 스탠리 코언Stanley Cohen은 박테리아에 항생제 저항 유전자를 집어넣는 데 성공했다고 발표했다. 유전자 재조합이라고 불리는 기술의 시작점이었다. 이듬해 루돌프 예니쉬Rudolf Jaenisch는 최초의 유전자 변형 동물인 쥐를 탄생시켰다. 1980년에는 아난다 차크라바티Ananda Mohan Chakrabarty가 실험실에서 만들어낸 유전자 변형 세균이 미국 대법원으로부터 특허를 인정받았다. 1983년 과학자들은 질병에 저항력을 가진 담배를 만들었다. 1994년 잘 무르지 않게 유전자를 조작한 토마토가 선을 보였지만 상품으로서 시장에서 오래 버티지는 못했다. 1996년 세계를 놀라게 한 복제양 돌리Dolly가 영국에서 탄생했다. 생식세포가 아닌 체세포를 복제해 탄생시킨 최초의 포유류였다.

'미래의 질병'과
지금 여기를 사는
우리

　　잠시 시선을 돌려, 오늘날 인체를 보완하는 기술의 발전 양상을 살펴보자. 보철물, 의족, 의수 같은 인공 수족은 아주 오래전부터 쓰여 왔다. 과학이 발전하면서 사지를 보조하는 장비는 점점 몸과 결합되는 추세다. 마비된 팔다리에 이식한 장치로 전기를 흘려보내 신경을 자극하거나, 뇌 신경과 연결해 인공 수족을 실제 팔다리처럼 움직이게 하는 기술들이 나날이 발전하고 있다.

　　보청기는 요즘엔 노인들의 필수품이다. 미국 매사추세츠종합병원의 토머스 서번티스Thomas Cervantes는 2013년 3D프린터를 이용해 티타늄으로 귀의 뼈대를 만들고 소의 콜라겐과 양의 연골을 주입해 배양한 다음 쥐의 등에 이식했다. 그렇게 쥐의 몸에서는 사람의 귀가 자라났다. 중국의 과학자들은 사고로 귀를 잃은 남성의 팔에, 서번티스와 비슷한 방식으로 만든 인공 귀를 이식해 자라게 한 뒤 2017년 환자에게 접합했다.[1] 그밖에도 인공 안구, 인공 코, 인공 심장, 인공 간, 인공 폐를 비롯해 인간의 고장난 신체 장기를 보완하거나 대체하는 연구와 기술은 나날이 발전하고 있다.

　　질병과 장애로부터 해방된 인간의 신체. 어쩌면 유사 이래 인류가 가져온 꿈이다. 허젠쿠이를 질타하기 전에, 그보다 몇 해 전 세계를 떠들썩하게 한 다른 뉴스를 들여다보자.

　　2013년 5월 배우 안젤리나 졸리는《뉴욕타임스》에 기고한 글[2]에서 유방암을 예방하기 위해 유방 절제수술을 받았다고 공개했다. 졸리는 자신이 BRCA1이라는 유전자 돌연변이를 갖고 있어 유방암 발병확률이 87퍼센트나 되는 것으로 나타나 수술을 받았다고 밝혔다. 그는 "유전성 유방암의 위험이 있다는 것을 모른 채 살아가는 여성들이 많은데, 그들이 나처럼 유전자 검사를 받고, 의학적으로 중요한 선택지가 있다는 것을 알았으면 좋겠다"고 썼다.

유전성 유방암은 전체 유방암 환자의 5~10퍼센트에 불과하다. 국내에서도 예방 목적의 절제수술이 이뤄지고는 있지만 아직 발병하지 않은 보인자(유전자 돌연변이 보유자)가 유방을 모두 잘라내는 경우는 극히 드물다. 유전자 검사를 통해 위험을 파악하고 절제하는 방법을 택한 졸리의 선택은 '용기 있는 결정'이었다는 찬사를 받았다. 하지만 유전자 검사를 통해 질병 가능성을 미리 파악하는 것에는 위험한 측면도 있다.

2020년 7월, 캐나다 대법원은 5대 4로 유전자차별금지법 Genetic Non-Discrimination Act이 헌법에 따른 효력을 갖고 있다는 판결을 내렸다.[3] 이 법은 유전자 검사를 근거로 한 모든 차별을 금지하며, 시민들이 기업의 유전자 검사 요구를 거부할 수 있게 하는 내용을 담았다. 법안은 2017년 의회를 통과했으나 기업들은 강하게 반발했다.

"기업이 취업 희망자에게 '유전자 테스트'를 요구한다. 보험 회사가 유전자 테스트를 거쳐 질환이 걸릴 가능성이 높은 사람들의 가입을 미리 걸러낸다."

미래의 일이 아니다. 캐나다에서 이 법안을 발의한 제임스 코완

의원은 헌팅턴병 유전자를 보유한 한 24세 남성의 사례를 들어 의회의 찬성 표결을 이끌어냈다. 유전질환인 헌팅턴병은 증상이 나타나기 전이라도 유전자 검사를 통해 발병 여부를 예측할 수 있다. 이 남성은 유전자 검사에서 '양성' 즉 발병할 것이라는 결과가 나왔다. 청년이 일하던 회사는 유전자 검사 결과를 이유로 즉시 그를 해고했다. '미래의 질병 가능성' 때문에 벌어진 일이었다. 20년은 더 지나야 발병할 질병 때문에 지금 일을 못하게 하는 것은 가혹하고 불공정한 일이라는 데에 많은 사람들이 동의할 것이다.

과학기술이 발전하고 유전의 신비가 속속 베일을 벗으면서 우리는 새로운 생명윤리, 새로운 가능성과 위험성을 고민해야 하는 상황을 맞게 됐다. 2014년 일본에서는 체외수정한 수정란의 염색체를 검사하는 '착상 전 검사' 연구가 허용돼 논란이 일었다. 사전에 알 수 있다면, 유전적 질환이 있을 가능성이 높은 배아를 굳이 선택할 부모는 없을 것이다. 따라서 인공수정 성공률을 높이기 위한 검사가 결국에는 '선택적 출산'으로 이어질 수 있다.

영국에서는 오래전부터 '맞춤형 아기'가 이슈였다. 손위 형제의 질병을 치료하기 위해 낳는 아기를 가리킨다. 논란이 시작된 것은 2002년이었다. '다이아몬드-블랙팬 빈혈'이라는 희귀병에 걸린 찰리라는 네 살배기 아이를 살리기 위해 부모가 유전자 검사 허가를 신청했다가 거절당했다. 부모는 관련 법규가 없는 미국으로 옮겨가 유전자 검사를 거친 수정란을 착상시켜 둘째 아이를 낳았고, 둘째 아이의 골수를 추출해 찰리에게 이식했다.

어떤 이들은 유전자를 골라서 아기를 낳는 것을 '디자이너 베이비 Designer baby' 혹은 '예비용 아기 Spare-part baby'라 비판한다. 그러나 영국 의회는 2008년 5월 불치병에 걸린 형제자매를 살리기 위해 인공수정으로 '치료용 맞춤 아기'를 낳는 것을 허용했다. 그런데 만일 태반과 골수를 넘어 신장을 비롯한 이식용 장기를 구하기 위해 아기를 낳겠다는 부모가 있다면 이 또한 허용해야 할까?

이런 물음에 단답형으로 답하기는 쉽지 않다. 과학기술은 하루가 다르게 우리의 몸과 생명에 대한 오래된 상식들을 깨부수고 있다. 법률이나 사회적 합의는 물론이고, 과학기술자 사회에서조차도 합의된 것이 없는 상황에서 유전공학 기술이 발전한다면 우리는 유용하면서도 매우 위험한 도구를 손에 쥐게 되는 셈이다.

세 사람의 유전자를
디자인해 태어난
새로운 인간

1978년 7월 25일 영국에서 세계 최초의 시험관 아기 루이스 브라운 Louise Brown이 태어났다. 그 후 40년 동안 세계에서 체외수정으로 태어난 사람은 800만 명이 넘는 것으로 추정된다.[4] 특히 최근에는 한국을 비롯해 고령화·저출산 문제에 직면한 나라들이 인공수정을 정책적으로 지원하고 있다. 아랍계 주민들에 맞서 유대계 인구를 늘리려 하는 이스라엘의 경우는 인구 대비

불임치료 시설 숫자가 세계 1위이며 인공수정 출산이 전체의 5퍼센트에 육박한다. 인공수정이 정치적 맥락과도 맞닿아 있는 것이다.

2016년 '세 사람의 DNA'를 물려받은 아기가 탄생했다. 요르단인 부모가 멕시코에서 미국 의료진에게 시술을 받아 낳은 사내 아기가 세계 최초의 '세 부모 아기'가 된 것이다.[5] 자식이 유전질환을 물려받을까 걱정하는 부모들에게는 '혁명적인' 소식이었지만 유전자를 조작해 맞춤아기를 탄생시키는 길로 나아가게 될 것이라는 우려도 낳았다.

이 아기의 엄마는 '리Leigh 증후군'이라는 신경장애를 일으키는 변이 유전자를 갖고 있었다. 엄마는 건강했지만 이 유전자가 아이에게서 발현되면서 부부는 두 자녀를 잇달아 잃었다. 이 유전질환은 미토콘드리아 유전자 이상 때문에 일어나며, 신생아 4만 명 중 한 명꼴로 발견된다. 미토콘드리아는 세포 안에서 에너지를 공급하는 물질로 모계로만 유전된다. 여성 4000명 가운데 1명꼴로 미토콘드리아 결함을 안고 있다.

결혼 생활 20년 동안 네 차례 유산을 하고 두 아이를 잃은 부부는 미국 뉴욕의 의료진에게 도움을 요청했다. 의료진은 엄마의 난자에서 유전 정보가 들어 있는 핵을 빼냈다. 그 다음 다른 여성에게서 미토콘드리아 이상이 없는 난자를 제공받아 핵을 추출한 뒤, 그 자리에 엄마의 난자 핵을 넣었다. 이렇게 조합된 난자를 아빠의 정자와 체외수정시켰다. 아이는 부모의 유전자를 물려받았지만, 미토콘드리아 유전자만큼은 난자를 기증한 여성에게서 물려받았다.

세 사람의 유전자를 결합하는 체외수정을 허용한 나라는 세계에서 영국뿐이다. 영국에서는 2015년 논란 속에 이 시술이 합법화됐다. 영국에서는 엄마의 난자와 기증자의 난자를 모두 아빠의 정자와 인공수정시킨 뒤 수정란 상태에서 핵 이식을 한다. 무슬림인 아기 부모는 불가피하게 수정란의 일부를 폐기해야 하는 영국식 시술을 원치 않았기에 미국 의료진을 찾았고, 미국 의료진은 난자의 핵을 이식해 수정시키는 방법을 썼다. 그런데 정작 미국에서는 이 시술이 금지돼 있어 의료진은 명시적 규정이 없는 멕시코로 건너가 시술을 했다. 이렇게 만든 수정란 다섯 개 가운데 한 개만 성공적으로 엄마의 자궁에 착상돼 아기가 태어났다.

이 아기가 물려받은 유전자 가운데 부모가 아닌 기증자의 미토콘드리아에 담긴 유전자는 극히 일부에 불과하다. 문제는 제3자의 유전자가 아기에게 들어간다는 사실이 아니라, 장차 생길지 모를 유전적 결함을 수정란 단계에서 미리 제거한다는 것이 불러오는 윤리적 이슈였다. 이런 시술에 반대하는 이들은 "유전자를 기준으로 아기를 선택하는 것"이라며 비판했다. 또 하나의 논란거리는 안전성이었다. 세 사람의 유전자를 지닌 아기는 이전에도 있었다. 하지만 몇몇 아기가 유전적 이상을 안고 태어나면서 '태아를 시험대상으로 삼는 것'이라는 지적이 나왔다.

2009년 7월 영국 뉴캐슬 대학교와 북동잉글랜드 줄기세포연구소(NESCI) 연구팀은 배아줄기세포를 이용해 실험실에서 인간 정자를 만들었다. 이듬해 5월 미국 생명공학벤처 크레이그벤터연구소

연구팀은 미코플라스마 미코이스라는 박테리아의 유전정보를 컴퓨터로 읽은 뒤 연구실에서 화학적으로 복사했다. 이렇게 만든 DNA 세트를 다른 박테리아에 집어넣어, 인간이 '써준' 유전정보가 입력된 생명체를 만들었다.

미생물을 '창조'하는 데에서 나아가 머지않은 미래에 인체 유전자의 신비를 100퍼센트는 아닐지라도 상당 부분 규명할 수 있게 된다면, 우리는 과연 어떤 선택을 할까. 그리고 인간은 어떤 존재로 변하게 될까.

복제양 돌리를 탄생시킨 스코틀랜드의 이언 월머트Ian Wilmut 박사는 한동안 '인간 복제의 세상을 열었다'는 비난에 시달렸다. 월머트는 공개적으로 "어떤 종류든 인간 복제에 반대한다"고 선언했다. 문제는 '인간'의 범주를 어디에서 어디까지로 잡을 것이냐. 월머트는 "인간 복제는 위험하며 효용성도 없지만 줄기세포 연구나 배아 연구까지 제한해서는 안 된다"고 주장한다. 그는 《복제양 돌리 그 후》에서 "나는 사람들을 믿는다. 올바른 지식을 구비한 민주주의가 남용을 막아줄 수 있다고 믿는다. 무엇보다도 나는 대다수 과학자들을 믿는다"고 말했다.6 하지만 나치의 학살에 기여한 이들도, 핵폭탄을 만든 이들도 과학자들이었다. 유전자 연구는 우리에게 혜택을 줄 것이고, 동시에 걱정거리도 안겨줄 것이다. 인간이라는 존재를 근본부터 새롭게 규정하게 된 세상에서 오직 민주주의적 감시와 토론만이 제어장치가 될 수 있다는 점만은 분명하다. 불필요한 걱정을 하며 비관론에 빠질 필요는 없지만 혹시나 싶은 일은 따져보는 감시와 규제의 틀을 만들어야 한다.

완벽한 인간으로
개량되고 싶은
인간의 강박

유전자 재조합 기술을 창안해낸 허버트 보이어는 1976년 로버트 스완슨Robert Swanson과 함께 세계 최초의 생명공학 회사 지넨테크Genentech를 세웠다. 이 회사는 1978년 박테리아에서 인공 인슐린을 만들어내, 세계에서 처음으로 생명공학 제품을 상업화했다. 세계에 충격을 던진 허젠쿠이도 유전자 편집 아기를 세상에 내보내기 전에 이미 생명공학 스타트업을 만들거나 투자해놓은 사실이 드러났다.

유전자는 돈이고, 학문과 상술이 뒤섞인다. 글로벌마켓인사이츠는 전 세계 생명공학 시장의 규모는 2017년 4000억 달러에 조금 못 미쳤지만 2025년에는 7750억 달러에 이를 것이며, 특히 아시아에서 성장이 두드러질 것이라고 예상했다.[7] 그 가운데 중국의 관련 산업 규모만 해도 600억 달러에 이를 것이며 중국, 인도와 함께 일본과 한국도 성장 가능성이 높은 곳으로 분류했다.

허젠쿠이 사건이 일어난 뒤, 무한경쟁으로 치닫는 중국의 생명공학계에 세계의 시선이 쏠렸지만 중국에 규제가 없었던 것은 아니었다. 중국도 국제 기준에 맞는 생명공학 윤리를 추구한다. 다만 상업주의 즉 돈의 논리 앞에서 굳이 중국이냐 미국이냐를 따지는 것 자체가 어불성설이다.

생명공학에 자본의 논리를 넘어 명성을 추구하는 개인의 욕심, 그리고 국가의 위신과 자존심을 들먹이는 애국주의까지 겹쳐진다면 어떻게 될까? 우리는 그러한 사례를 이미 경험했다. 바로 한국을 들썩이게 만들었을 뿐 아니라 세계적으로도 연구 윤리를 되짚어보는 계기가 됐던 이른바 '황우석 사건'이다.

황우석은 국가주의, 민족주의, 애국주의를 먹고 자란 '국민 과학 영웅'이었다. 나라에서 주는 훈장을 받았고, '한국을 빛낸 사람들'에 선정됐으며, '한국 이미지 디딤돌상'이라는 상도 받았다. 그는 '과학에는 국경이 없지만 과학자에게는 조국이 있다'는 말을 자주 했다. 프랑스 과학자 루이 파스퇴르Louis Pasteur의 말로 알려져 있지만 정작 파스퇴르가 '과학자에게는 조국이 있다'고 한 기록은 찾을 수 없다. 실제로 파스퇴르가 한 말은 "과학은 국가를 모른다. 지식은 인류 모두의 것이며 그 횃불은 세계를 밝혀주기 때문이다"로, 국경이나 민족주의를 넘어 인류애와 보편적 가치를 강조한 말이었다.

황우석은 인간 배아를 세계 최초로 복제했다고 발표했으나 거짓임이 들통났다. 그의 연구에서 과학적 증거를 조작했다는 것과 함께 드러난 문제는 여성 연구자들에게 난자 공여를 강요하는 것과 같은 젠더 폭력과 '갑질'이었다. 폴 뇌플러Paul Knoepfler 캘리포니아 대학교 세포생물학 교수는 보조생식이나 인간 유전자 변형, 인간 복제 등 의 생명과학 연구가 "성 역할의 고정관념에 치우쳐 있다"고 지적했다.

"우리는 줄곧 주로 남성 과학자와 남성 의사가 진행하는 실험을 봐왔고 앞으로도 보게 될 것이다. 여성은 실험 대상으로 참여하거나 생식조직이나 세포를 제공하는 등 불균형적인 역할을 담당할 뿐이다."

뇌플러는 생명과학이 눈 돌아가게 빠른 속도로 발전하고 있다지만 "이런 흐름이 계속되면 나타날 수 있는 결과는 인간 변형에 관련된 여성과 난자의 상품화"라고 지적한다.[8] 바로 황우석의 연구실에서 벌어진 일이 그랬다.

만약 유전자 교정이 자식 사랑의 증거이자 투자라는 생각이 사회적 규범이 된다면 우리 앞에 어떤 풍경이 펼쳐질까? 혹은 어느 나라가 우생학(종의 개량을 목적으로 인간의 유전형질을 인위선택하려는 시도)을 장려하고 지원하는 정책을 도입한다면 어떤 일이 벌어질까? 이미 여성의 몸에 대한 통제와 출산의 '국가 계획화'의 사례들은 차고도 넘친다. 기술적으로 충분히 가능하다면, 유전공학으로 인재를 키워 부국강병하겠다는 계획을 세우는 나라가 하나도 없을 것이라고 단언할 수 있을까.

20세기 나치의 우생학과 다른 옷을 차려입기는 했지만 신종 우생학이 '유전자 드라이브gene drive'라는 이름으로 등장하고 있다. 유전자 드라이브란 특정 생물종 혹은 특정 집단의 유전자를 개량하려는 공학적 개념이다. 말라리아를 전파하는 모기 집단에 유전자를 재조합한 신종 모기들을 퍼뜨려 기존 모기 군체를 무력화하는 방법이 대표적인 예다. 자연계에 미칠 예기치 않은 영향을 생각해 신중하게 접근해야 한다는 주장이 아직은 대세다. 하지만 크리스퍼 가위라는 놀라운 기술의 등장과 함께 '실험실에서 만들어진 우수한 아기'를

둘러싼 담론이 흘러나오고 있다.[9]

유전자를 고쳐 우수한 신체 역량을 갖게 된 선수가 올림픽에 나온다면 어떨까. 유전자 편집이라 하면 거부감이 들지 몰라도 '인간 신체의 향상human enhancement'이라 표현하면 느낌이 확 달라진다. '운동능력을 높이기 위해 이미 근육강화제를 쓰고 있고, 미용을 목적으로 하는 성형수술도 널리 퍼졌는데 유전자 교정만 안 되는 이유는 무엇이냐'고 물을 수도 있다. 실제로 신체를 인위적으로 향상시키고자 하는 시도는 일부 운동선수들에게서만 벌어지는 일이 아니다.

자식의 생존 혹은 성공 가능성을 높이기 위해 최대한 투자하는 것은 인간사회를 발전시킨 속성 가운데 하나다. 당장 한국에서 지난 반세기 동안 교육과 자식에 대한 투자의 강도가 얼마나 높아졌는지를 환기해보자. 이제는 교육열을 넘어 아이가 조금이라도 더 경쟁력을 갖춘 사람이 되기를 바라는 마음에서 성장호르몬 주사를 맞히는 이들이 적지 않다.

이러한 현실에서 따져봐야 할 문제는 사회 정의와 건강권, 정보의 투명성, 국가와 사회의 보건 투자에서 어떤 것에 우선순위를 둬야 하느냐다. 코로나19는 과학기술에 앞서 정치와 시스템이 건강을 좌우한다는 사실을 보여줬다.

완벽한 인간 상태를 추구하는 것 자체에 대해서도 반론이 나온다. 미국의 정치학자 마이클 샌델Michael Sandel은 완벽을 추구하는 태도는 인간 존재와 양육 과정을 있는 그대로 감사하게 받아들이는 감정을 부인하는 것이라고 지적한다. "삶을 선물로 바라보는 관점을 놓친 채 과도하게 통제하고 지배하려는 심리를 보여주는 징후"이며 "우생학에 가까워지는 불안한 징조"라는 것이다.[10] 사실 인간의 '개량'을 위해서라면, 월머트의 표현대로 "유전자 강화에 쓸 돈을 교육에 투자하는 것이 더 낫다."[11]

4퍼센트가 인간인 쥐
그리고 멸종에서
돌아온 동물

남의 아이디어를 본떠 이득을 취하는 흉내꾼, 따라쟁이를 '카피캣Copycat'이라 부른다. 그런데 비유가 아니라 진짜 카피캣이 존재한다. 2001년 세계 최초로 복제된 고양이 '리틀 니키Little Nicky'다.

복제양 돌리 이래 동물 복제 기술은 끊임없이 향상돼왔다. 2000년에는 돼지가 복제됐다. 소는 2001년과 2005년 브라질에서 복제됐다. 2003년에는 쥐, 노새, 말이 복제됐고, 2005년 한국의 황우석 박사 팀은 아프간하운드 스너피를 탄생시킴으로써 세계 최초로 개 복제에 성공했다. 2009년에는 낙타가 복제됐다. 2018년 중국의 과학자들은 영장류인 마커크 원숭이를 돌리와 같은 체세포 핵이식 방식으로 복제하는 동시에, 크리스퍼 가위로 편집한 유전자를 복제해 태어나게 했다고 보고했다.

복제 기술은 질병 치료에도 유용하지만 종 다양성을 유지하는 데에도 쓰일 수 있다. 2001년 미국 생명공학자들이 들소의 일종인 가우르를 복제했다. 하지만 안타깝게도 복제로 태어난 가우르는 이틀 만에 죽었다. 2003년에는 동남아 들소인 반텡이 복제됐다. 부카르도라고도 불리는 피레네영양의 조직을 액화질소에 냉동 보관했다가 복제하는 데 성공한 스페인 연구자들도 있다. 이런 방식으로 멸종된 동물을 나중에라도 되살릴 수 있다면 반가울 것이다.

2002년 호주 연구자들은 이미 60여 년 전 멸종된 태즈메이니아 호랑이의 DNA를 복제했다. 하지만 3년 뒤 연구팀은 DNA가 너무 손상되어 태즈메이니아 호랑이를 다시 태어나게 하는 것은 불가능하다는 결론을 내렸다. 러시아와 일본 연구팀은 동토에 얼어붙어 있던 매머드의 사체에서 DNA를 추출해 복제하는 연구를 하고 있다.

동물 유전자 변형은 더 활발하다. 관상용 물고기 제브라피시의 유전자를 조작해 반짝반짝 빛을 내게 만든 글로피시는 미국서 특허를 받은 '상품'이다. '일렉트릭 그린'으로 빛나는 수마트라 잉어를 비롯해 '불타는 오렌지', '달빛 핑크', '은하수 보라' 등 현란한 색깔 이름이 붙은 관상용 물고기들이 줄줄이 나오고 있다.

낙농 국가들은 소 유전자 연구에 열심이다. 1990년에는 헤르만Herman the Bull이라는 이름의 소가 네덜란드에서 탄생했다. 모유에 들어 있는 항바이러스 물질인 락토페린을 만들어내도록 유전자를 변형한 소였고 헤르만의 유전자를 물려받은 송아지 83마리가 태어났다. 2011년 중국 연구팀은 사람 젖과 더욱 유사한 우유를 생산하도록 암소 유전자를 변형시켰다. 이듬해 뉴질랜드는 알레르기를 유발하지 않는 우유를 생산하는 암소를 만들어냈다.

　오늘날 동식물 유전자 변형은 광범위하게 이뤄진다. 인간의 질병을 치료하기 위한 연구도 있고, 작물 수확량을 늘리기 위한 것도 있고, 식품의 질을 높이기 위한 것도 있다. 하지만 사람과 동물의 하이브리드(혼종)를 생각하면 꺼림칙한 기분이 드는 것도 사실이다. 2003년 중국 상하이의 과학자들은 토끼 수정란에 사람 세포를 주입했다. 영국에서는 2008년 런던 킹스칼리지와 뉴캐슬 대학교 연구팀이 소의 배아에 인간 DNA를 접목시켜 하이브리드 배아를 만들어냈다.¹² 소 배아에서 유전자 정보를 제거한 뒤 인간 DNA를 이식한 것이다. 이 배아는 영양물질만 소에게서 얻었을 뿐, 유전적으로는 99.9퍼센트 인간 배아다. 2017년에는 사람 유전자를 가진 돼지 배아가 만들어졌다.

　2019년 일본 과학자 나카우치 히로미쓰中内啓光는 인간 줄기세포를 쥐의 배아에 집어넣는 실험을 승인받았다. 쥐의 배아에서 인간 세포를 배양한 뒤 이 배아를 대리 동물에 이식, 사람에게 이식할 수 있는 장기를 가진 동물을 키우는 것이 연구 목표였다. 일본 정부는 사람과 동물의 잡종 배아 연구에 대해서 2015년부터 지원을 유예했지만 문부과학성 전문가 위원회의 검토를 거쳐 나카우치 팀의 연구를 처음으로 승인했다.¹³

　미국 뉴욕 주립대학교 연구팀은 2020년 5월 '유전자의 4퍼센트가 사람인' 쥐 배아를 만들어냈다고 발표했다. 이들은 나카우치 팀과 비슷한 방식으로 인간 줄기세포 10~12개를 쥐의 배아에 집어넣었다. 17일쯤 지나자 그 줄기세포들은 인간 적혈구와 눈 세포 등의 성숙한 세포로 발전했다. 연구팀은 인간과 쥐의 '키메라' 배아에서 인간 세포가 4퍼센트 비율로 검출됐다고 밝혔다. 연구팀은 CNN 인터뷰에서 "생명은 에너지를 활용해 정보를 생산하는 DNA 기반 소프트웨어 시스템과 같은 것"이라며, 자신들의 실험을 "맥에서 윈도우를 구동하는 것과 비슷한 실험"이라고 표현했다.[14] 사람이라는 하드웨어에서 쓰던 시스템을 쥐라는 하드웨어에 깔아 작동시키는 것에 비유한 것이다.

치료용 장기 생산이라는 측면에서 보면 인간은 한 걸음 한 걸음 종의 장벽을 넘어서고 있는 셈이다. 그런데 컴퓨터는 기종을 바꾸면서 소프트웨어를 업그레이드하면 된다지만, 몸과 함께 오랫동안 진화해온 인간의 마음, 생각과 뇌 구조, 다른 사람들이나 주변 환경과 맺어온 관계는 그렇게 후다닥 진화시킬 수 없다. 기술 발전을 포기할 것이 아니라면 계속 이 문제를 공개적으로 이야기하면서 사회의 논의를 모아가는 수밖에 없다.

미국과 중국이 벌이는 유전자 변형 '콩 전쟁'

2018년 12월 13일, 중국 상무부가 미국산 대두를 수입하기로 했다고 발표했다. 그해 7월 미국과 중국 간 무역분쟁이 격화된 뒤 처음으로 중국이 미국산 콩을 사들이기로 한 것이다. 미국 언론은 도널드 트럼프 당시 대통령의 지지기반인 농민들이 안도하게 됐다고 보도했다.

중국은 세계에서 대두를 가장 많이 소비하고 수입하는 나라다. 2019년과 2020년에 걸쳐 중국은 9200만 톤의 대두를 수입했다.[15] 중국 내에서 생산되는 대두 양은 1300만에서 1500만 톤으로 추산된다. 2017년 기준으로 보면 세계 대두 교역량의 60퍼센트가 중국으로 향했다.

중국이 콩을 수입하는 것은 먹기 위해서가 아니다. 고기를 먹는 중국인들이 늘어난 탓이다. 외국에서 사들인 대두의 대부분은 가축 사료나 기름용으로 쓰인다. 중국은 미국이나 브라질에서 사료용 콩을 수입해왔으나 미국과 분쟁이 벌어지자 미국산 대두를 끊었다. 그러다가 미국의 압력에 결국 수입을 재개했다.

미국은 대두를 팔아야 하고, 중국은 사들여야 한다. 언뜻 보기엔 수요공급이 맞아떨어져 양측이 상생할 수 있는 사례다. 하지만 속사정은 단순하지 않다. 대두가 무역분쟁의 주요 이슈가 된 까닭은 양국 간 '미래의 농업기술 전쟁'을 열어젖힐 핵심 작물이기 때문이다.

유튜브에서 미국이나 캐나다, 브라질, 호주 등의 거대한 옥수수 농장이나 대두 농장의 작업 장면을 담은 영상을 보면 거인국에 간 걸리버가 된 느낌을 받게 된다. 초거대 농기계들이 훑고 지나가는 드넓은 농토. 엄청난 규모의 화석연료와 비료를 쓰는 농장들은 농사를 짓는 곳이라기보다는 사람의 손길이 사라진 거대 산업 현장처럼 보인다. 어마어마한 석유를 쓰는 산업이라는 것과 함께 이런 농업에서 두드러진 또 하나의 특징은 유전자를 변형한 작물이 세계 생산량의 대부분을 차지하는 품종이라는 것이다.

2019년 1월 중국 농무부는 유전자 변형 작물의 수입을 추가로 승인했다고 발표했다. 중국이 이날 새로 승인한 다섯 개 품종은 독일 바이엘에서 개발하고 바스프가 특허권을 갖고 있는 RF3 카놀라(유채씨 기름), 글리포세이트 성분 제초제에 내성을 지닌 몬산토의 MON88302 카놀라, 다우듀폰의 파이오니어 DP4114 옥수수, 그리고 다우듀폰 자회사 애그리사이언스의 DAS-444-6-6 대두와 신젠타의 SYHT0H2 대두였다.[16]

강낭콩, 완두콩, 병아리콩 같은 이름만 익숙한 이들에게 알파벳과 숫자로 이뤄진 곡물 이름은 낯설 수밖에 없다. 하지만 인공적으로 유전자를 변형시킨 품종들은 나날이 늘어가고, 농업은 이제 생명공학 작물을 떼어놓고는 생각할 수 없는 단계에 이르렀다.

특히 미국은 세계 최대 유전자 변형 작물 생산국이고, 중국은 최대 수입국이다. 자동차나 통신장비나 에너지 공급원도 아닌 콩을 놓고 싸움이 벌어지는 이유는 유전자 변형 비중이 매우 높은 대두의 특성 때문이다. 전 세계에서 생산되는 대두 물량은 대부분이 유전자를 변형시킨 것들이다. 대표적인 것이 몬산토에서 만든 '라운드업레디Round-up ready'다. 이 품종은 몬산토가 만든 제초제에 내성을 지녔다. 제초제를 뿌리면 곡물의 필수아미노산이 파괴돼 식량 가치가 줄어든다. 이를 막기 위해 특정 제초제에 내성을 지니도록 곡물 유전자를 조작해, 씨앗과 제초제를 짝지어 파는 것이 농업생명공학 회사의 전략이다.

이런 대두가 미국 정부의 승인을 받은 것은 1994년이다. 1995년에는 캐나다, 1996년에는 일본과 아르헨티나, 1997년에는 우루과이, 1998년에는 멕시코와 브라질, 2001년에는 남아프리카공화국이 차례로 유전자에 손을 댄 대두 종자를 팔 수 있게 해줬다. 통계 사이트 스태티스타 자료를 보면 미국에서 생산되는 대두의 94퍼센트, 면화와 옥수수의 80퍼센트 이상이 유전자를 변형시킨 것이다.

중국 국유기업인 켐차이나는 2017년 스위스의 농업생명공학기업 신젠타를 인수했다. 켐차이나는 인수자금 430억 달러를 현금으로 주겠다는 조건을 앞세워 신젠타를 집어삼켰다. 이 거래를 통해 중국은 유전자 변형 특허권을 대거 확보했고, 미국과 경쟁할 발판을 만들었다. 미국의 몬산토와 듀폰, 유럽의 신젠타와 바이엘이 경쟁하던 농업생명공학 분야에서는 몇 년 새 인수합병이 줄을 이었다. 듀폰이 다우케미컬과 합치고, 바이엘과 몬산토가 하나가 되는 식으로 기업들이 계속 몸집을 불렸다.

주로 미국과 유럽이 주도하던 이 시장은 '중국 기업 신젠타'가 등장하면서 다시 한 번 지각변동을 맞았다. 2000년 유럽 제약업체 노바티스의 농약 부문과 아스트라제네카가 합병해 탄생한 신젠타는 미국 콩 종자의 10퍼센트, 옥수수 종자의 6퍼센트를 공급하고 있다.

'콩 전쟁'은 미중 무역분쟁의 한 단면인 동시에, 우리 모두의 먹거리에 드리워진 그림자다. 그 싸움의 승자는 누가 될까. 그리고 땅과 사람과 밥상에는 어떤 영향을 미칠까.

인도 농민들은
왜 목숨을
끊었을까?

유전자를 변형시킨 먹거리가 인체에 위험하다는 증거는 없다고 말하는 과학자들이 많다. 위험하지 않은 수준을 넘어, 건강에 더 좋고 수확량도 더 많은 작물을 만들어내는 것이 목표라고 업계에서는 주장한다. 영국의 과학 저술가 매트 리들리는 유전자 변형 농산물에 대한 근거 없는 두려움 때문에 빈국들이 이런 곡물의 수입을 주저하고 있고, 그 때문에 세계의 빈곤 퇴치가 늦어지고 있다고까지 주장한다.[17]

하지만 세계에서 굶주리는 사람들이 없게 하기 위해 현재 추구할 수 있는 가장 좋은 방법이 유전자 변형일까. 식량 문제는 생산량이 절대적으로 부족해서가 아니라 가격 변동과 수급 문제에서 생겨난다. 미국이나 유럽 부국들이 자국 농민에게 막대한 보조금을 주면서 시장 경쟁에서 밀려나지 않도록 돕는 동안, 그런 '보이지 않는 무역 장벽'의 보호를 받지 못하는 저개발국 농민은 수출 길을 잃는다. 가격 경쟁에서 우위를 차지하기 힘들기 때문이다. 왜곡된 생산 구조로 인해 곡물 값은 국제 시장의 작은 변동에도 마구 흔들린다. 식량을 수입해 먹는 가난한 나라 사람들은 늘 수급 불안에 시달린다. 유전자를 손봐서 더 많이 거둘 수 있는 작물을 키우는 것은 생산자들의 이익을 늘려줄 뿐이지, 세계의 굶주림을 해결하는 것과는 별반 상관이 없다. 당장 세계에서 가장 많이 생산되는 유전자 변형 작물이 사료와 기름용으로 재배되는 대두와 옥수수 그리고 목화라는 점만 봐도 그렇다.

2002년 인도에서는 유전자 변형 작물인 Bt 면화 재배가 허용됐다. 그 후 농민 자살이 급증했다. 소농들이나 땅 없는 소작농들은 재래종이 아닌 Bt 면화 씨앗을 비싼 돈 주고 사서 키워야 하는데, 이들 중 상당수는 외상으로 종자를 산 뒤 수확해 번 돈으로 갚는다. 그런데 목화 값이 폭락하면 온전히 농민들 빚으로 남는다.

2020년 9월 인도 농민들과 환경운동가들이 인도 정부에 'Bt 면화에 대한 가짜 뉴스를 퍼뜨리는 것을 중단하고 실패를 받아들이라'는 내용의 공개서한을 보냈다. 이들은 정부가 국제 세미나 등을 통해 이 작물의 재배 성과를 과장하고 있지만, 실제로는 재배가 시작되고 20년 가까이 지나면서 농민들 피해만 커졌다고 주장한다. 몬산토와 같은 생명공학 기업의 주장과 달리 유전자를 변형시킨 목화와 살충제를 많이 쓰게 되면서 오히려 다른 해충이 늘었을 수 있다고도 했다. 서한에 따르면 인도의 면화 농가들이 지불해야 하는 생산 원가는 2005년에 비해 2016년 2.3배로 늘었다. 2014~2015년에는 농가들이 적자를 봤다.[18]

2012년의 경우 세계 최대 면화 생산국인 인도에서 재배되는 목화의 95퍼센트가 유전자 변형 품종이었다. 하지만 농민들 손실이 커

지면서 현지 환경에 오랫동안 적응해온 토종 목화를 재배하려는 움직임이 일고 있다.[19]

유전자 변형 농산물이 위험한 이유는 우리 몸에 해롭기 때문이 아니다. 세계의 수많은 농민들이 노동의 대가를 종자 값, 비료 값, 특허 값으로 빼앗기기 때문이다. 생명공학 기업이 신기술을 끊임없이 제공하고 대기업이 시장을 확대시키는 사이 농토는 상업작물 밭으로 변하고, 농민들은 거대 기업에 종속된다. 유전자가 됐든 그 어떤 과학의 발전이 됐든 '오로지 기술적인' 변화는 없다. 그 모두가 사람의 삶과 연결돼 있는 일이기 때문이다.

541년
이집트에서 시작해 비잔틴과 브리튼까지 퍼진 유스티니아누스 역병 창궐.

1817년
인도 벵골에서 시작한 콜레라가 제주도와 러시아에까지 창궐.

2009년
멕시코에서 시작해 전 세계에서 유행한 인플루엔자A H1N1(신종플루) 창궐.

1346년
크림 반도의 페오도시아에서 시작해 유럽 전역으로 퍼진 흑사병 창궐.

1918년
프랑스 주둔 미군에게서 시작해 유럽 전역으로 확산된 스페인 독감 창궐.

2019년
중국 우한에서 시작해 전 세계에서 유행한 코로나바이러스 SARS-CoV-2 창궐.

1520년
스페인 침략군에 의해 천연두가 바다를 건너 아즈텍 제국 전역으로 창궐.

1956년
중국에서 시작해 전 세계로 퍼진 인플루엔자A H2N2(아시아 독감) 창궐.

흑사병이 휩쓴 중세 말기에 그려진 〈죽음의 무도〉. 지위를 막론하고 해골과 어우러져 춤을 추는 것을 통해 "죽음은 평등하다"는 것을 표현했다. 그러나 코로나19는 흑사병과는 다르게 더 가난한 이들에게 더 가혹했다. 베른트 노트케의 벽화 모사본.

"박순정, 김현정, 김순자, 유용애" 코로나19 시기에 더욱 극심해진 아시아계 인종차별에 반대하는 집회에 참가한 미국 시민의 등에 적힌 이름들. 제이슨 렁, 2021년 4월.

"기침 한 번만 나와도 절대 외출하지 마십시오!" 마스크를 쓰고 등교하는 일본 도쿄의 학생들. 1918년 스페인 독감 창궐 이후 시민들에게 외출 자제 및 마스크 착용을 강조하는 신문 기사에 실린 사진이다. 《아사히신문》, 1920년 1월 11일.

'질병 Xdisease X'. 이 수수께끼 같은 이름을 가진 질병이 세계보건기구(WHO)가 2018년 선정한 향후 연구개발을 가속화해야 하는 질병에 포함됐다. 도대체 무슨 병일까? '질병 X'는 가상 바이러스에 의한 질병을 가리킨다. WHO는 "현재 인체에 질병을 초래한다고 밝혀지지 않았지만, 심각한 국제적 유행병을 만들어낼 수 있는 병원균"이라고 설명했다.[20]

코로나19 이후
다시 코로나27을 맞는다면

인간이 감당하지 못하는 질병이 일상의 일부가 된다는 것

최근 수십 년간 인류가 맞닥뜨린 감염병은 모두 미지의 것이었다. 우리는 지카Zika도, 에볼라Ebola도, 사스SARS(중증급성호흡기증후군)도 모두 예상하지 못했고, 병이 남긴 발자국을 따라 허겁지겁 대응해야 했다.

몇 번의 경험을 통해 국제사회는 미래에 올 유행병에 '질병 X'이라는 알쏭달쏭한 이름을 붙이고 대응 태세를 갖춰야 한다고 생각하기 시작했다. 그로부터 약 2년 뒤 코로나19가 인류를 덮쳤다. 결과적으로 코로나19가 바로 그 '질병 X'가 된 셈이다. 그렇다면 코로나19가 종식된 이후 코로나27을, 코로나28을, 코로나39를 맞닥뜨리게 되는 건 아닐까? 지금 우리는 전 세계적 규모의 전염병에 대응할 만한 충분한 준비를 하고 있는 것일까.

인간이 돌려받은
21세기
바이러스

"질병 X는 동물에서 비롯된 바이러스로
부터 발생할 가능성이 높고, 지구상에서 경제 발전이 인간과 야생동물
에 동시에 영향을 줄 수 있는 어떤 곳에서 나타날 것으로 예상됩니다.
아마도 발병 초기에 질병 X는 다른 질병과 혼동될 것이고 빠르고 조용
히 퍼져 나갈 것입니다. 인간과 물건이 움직이는 여행과 무역 네트워크
를 악용해 여러 국가에 도달하고 봉쇄를 방해할 것입니다. 질병 X는 계
절성 독감보다는 사망률이 높으면서도 독감만큼이나 감염력이 높을 것
입니다. 따라서 팬데믹(대유행)이 되기도 전에 금융 시장을 흔들어놓을
것입니다."[21]

질병생태학자 피터 다작Peter Daszak은 질병 X의 특징을 이같이 설
명했다. 병의 정체를 알 수도 없었던 때와는 달리 인류는 최근, 특히
21세기 들어 세계를 휩쓴 여러 전염병으로부터 미래에 올 '질병 X'
의 특징 몇 가지를 유추해볼 수 있게 됐다. 최근 수십 년간 전염병을
일으킨 바이러스는 비슷한 이유로 생겨나고 퍼져 나갔기 때문이다.
　이 바이러스에서 발견한 공통점 가운데 하나는 동물과 사람 간
에 상호 전파되는 인수공통전염병이라는 것이다. 2002년 사스부터
2014년 재발된 에볼라와 메르스MERS(중동호흡기증후군)는 박쥐에서
비롯됐다. 코로나19도 마찬가지 이유로 발생했을 것으로 추정된다.

2009년에서 2010년 사이 집중 발생한 신종플루 역시 조류, 돼지 등에서 시작되어 조류독감 또는 돼지독감 등으로 불리기도 했다.

2020년 7월 발표된 유엔환경계획(UNEP)의 《인간, 동물, 환경 보건을 통합해 다음 대유행을 막을 수 있을까》라는 보고서[22]에 따르면 인수공통감염병으로 인해 매년 약 200만 명이 사망한다. 또 20년간 동물로부터 시작된 감염병으로 인해 1000억 달러 이상의 경제적 손실이 발생했고, 코로나19만 보더라도 경제적 손실이 9조 달러에 이를 것으로 예상된다.

인수공통감염병의 경우 바이러스의 숙주가 동물에서 사람으로 이동하며 종간전파spillover가 이뤄진다. 그 이유는 주로 외부적인 것으로 추정된다. 다시 말해 인간의 활동에 따른 결과라는 얘기다. 앞서 소개한 UNEP 보고서에서 잉거 앤더슨 UNEP 총괄책임이사는 "우리가 야생동물을 계속 착취하고 생태계를 파괴하면 향후에도 동물에서 인간으로 계속 질병이 확산될 것이라는 걸 과학이 증명하고 있다"고 말했다.

야생동물의 서식지를 파괴하고, 가축을 대량으로 생산 및 도축하고, 국경을 넘나드는 여행과 무역을 하는 시대에 전염병은 훨씬 더 자주, 폭넓게, 빠른 속도로 인류에게 영향을 끼친다. 전염병 연구자인 마크 월터스Mark Walters는 인간이 자연환경에 급격한 변화를 일으킨 데에서 비롯된 전염병을 '에코데믹ecodemic'이라고 명명했다. 그는 "현대의 집약농업, 삼림 벌채, 기후변화, 질병을 전파하는 작은 동물의 수를 억제해왔던 많은 포식자들의 제거와 같은 환경 변화 모두 질병이 늘어나게 한 요인"이라고 지적하면서 "세계 여행과 무역이 늘어나 많은 질병을 빠르게 전파할 수 있었다"고 했다.[23] 21세기를 휩쓴 바이러스들을 보다 자세히 살펴보면 이런 점이 더 잘 드러난다.

'전혀 새로운 전염병' 사스 그리고 6년 후 신종플루

2002년 "21세기에 처음으로 등장한 아주 심각하고 전염성이 강한 새로운 질병"이 나타났다. 당시 WHO 전염병국장이었던 데이비드 헤이먼David Heymann이 이렇게 평가한 전염병은 바로 사스다. 사스는 중국 남부 광둥 성 일대에서 2002년 11월 첫 환자가 발생했다고 보고되었다. 그 후 2003년 1월 말 광저우의 순얏센대학교기념병원에 입원한 저우쭤펀이라는 사람으로부터 대규모 감염이 시작된 것으로 알려졌다.

이 환자로부터 의료진 30여 명이 감염되는 바람에 '슈퍼확산자'라고 불리기도 했으나 훗날 알려진 바로는 병원 내에서 2차 감염을 막을 방역 체계가 부실했다. 이후 이 병원의 의사 가운데 한 명인 류젠룬이 2월 가족의 결혼식 파티에 참석하기 위해 홍콩으로 향했다. 홍콩에 머문 지 엿새째 날 류젠룬의 증상은 심각해졌고 입원한 지 2주 만에 사망했다.[24] 전염병은 그가 입원했던 병원과 머물렀던 호텔을 중심으로 퍼져 나가기 시작했다. 전 세계 언론은 그가 머문 호텔을 가리켜 질병의 '그라운드 제로'라고 이름 붙였다. 비슷한 시기, 베트남 하노이를 경유해 싱가포르로 향하던 자니 첸이라는 미국인에게서도 증상이 나타났는데, 류젠륜이 머물던 호텔에 있었던 것으로 알려졌으며 그 역시 입원 뒤 사망했다.[25]

중국에 머물다 조사를 위해 하노이로 이동한 이탈리아인 의사 카를로 우르바니는 2003년 2월 이 바이러스성 질병이 전염성이 높은 새로운 질병이라는 것을 알아냈고, WHO에 격리 및 검역 조치를 강화해야 한다고 촉구했다. 3월 12일 WHO에서도 경계령을 내렸지만 이미 사스는 여행객들을 통해 비행기와 배를 타고 전 세계로 뻗어 나가기 시작했다. 발병이 시작된 중국과 가까운 싱가포르, 대만 등 아시아 지역 외에도 미국, 독일 등으로 퍼져 나갔고 캐나다에선 사스로 인해 400명이 감염되고 40여 명이 사망하기도 했다.

특히 사스의 경우에는 의료진을 통한 2차, 3차 감염이 상당했다. 2003년 7월 WHO는 사스가 통제됐다고 발표했으나 이미 1000여 건의 의료진 감염으로 서른 명가량이 사망했다는 보도가 나왔다. 사스를 경고했던 우르바니 역시 사스로 사망했다. WHO 집계에 따르면 2002년 11월부터 2003년 7월까지 감염자는 8096명, 사망자는 774명으로 치사율은 9.6퍼센트에 이른다.

전 세계에 환자가 발생하자 각국의 연구소에서 동시다발적으로 이 새로운 바이러스의 유전자 분석이 이뤄졌다. 2003년 4월 12일 캐나다 밴쿠버 마이클스미스게놈과학센터가 유전자 염기서열 분석을 완료했다. WHO는 이 연구를 비롯해 다양한 연구기관의 조사 자료를 모아 그로부터 나흘 뒤인 16일 사스의 원인으로 사스-코로나 바이러스(SARS-CoV)를 지목했다. 이후 백신과 치료제 개발도 전 세계에서 동시다발적으로 진행하는 등 글로벌 전염병 대응 모델도 새로운 접근법을 택했다.

유전자 분석을 마쳤어도 바이러스가 어디서 왔는지가 확정되기까지는 몇 년이 걸렸다. 2003년 5월에 이르러서야 중국 광둥의 시장에서 거래되던 사향고양이에게서 바이러스가 시작돼 야생동물들 간에 종간전파가 일어난 것으로 확인됐다. 이후 사스코로나바이러스가 박쥐에게서 변이가 일어나 다른 야생동물을 비롯해 사람에게 전파됐다고 최종적으로 확인된 시기는 2017년이었다. 이때부터 야생동물을 산 채로 들여온 뒤 시장에서 죽여서 사고파는 중국의 관행이 위험하다는 지적이 안팎에서 나왔다.

게다가 중국은 발병 초기에 정보를 투명하게 공개하지 않았다. 2002년 11월 광둥 성 포산佛山에서 한 농부가 의심스런 증상을 보였다가 숨졌으나 중국 정부는 이를 WHO에 보고하지 않았다. 중국 외의 국가 중 상대적으로 많은 환자가 발생한 캐나다에서 자체 개발한 경보시스템인 글로벌공중보건정보네트워크Global Public Health Intelligence Network가 감염병을 포착한 뒤 WHO에 알렸다. 당시 이러한 환자 추적과 검역 시스템 덕에 희생자가 줄었다는 평가가 나오기도 했다.

WHO의 보고 요청이 있었지만 중국은 2003년 2월이 되어서야 공식 보고를 했다. 수많은 희생자가 발생한 뒤에야 대응 과정을 조사하고 투명한 보도와 공개 대응 쪽으로 방향을 틀었다. 2009년 중국은 사스 유행 당시의 미흡한 대응에 대해 사과했다.

그로부터 6년이 지난 2009년, 세계는 또다시 새로운 질병에 맞닥뜨렸다. 바로 신종플루다. 멕시코 베라크루스 라글로리아에서 2009년 봄 '돼지독감'이라 불리는 병이 돌기 시작했다. 처음에는 멕시코를 중심으로 한 지역 감염으로 보였으나, 4월이 되면서 전 세계로 퍼져나갔다.[26] 2005년 신설된 규정에 따라 WHO는 처음으로 국제공중보건비상사태(PHEIC)를 선포하고, 그로부터 두 달 뒤 '팬데믹' 즉 대유행을 선언했다.

이전까지 인간에게서 나온 바 없는 이 바이러스는 다양한 이름으로 불렸다. 최초 발병 지역의 이름을 따 '멕시코 바이러스', 돼지로부터 전염됐다 해서 '돼지독감' 등으로 불렸다. 하지만 돼지고기나 조류를 먹는 것과 관련이 없고, 바이러스 이름에 특정 지역명을 붙이는 것은 낙인을 찍는 것과 같다는 점이 지적된 뒤 '신종인플루엔자'나 'H1N1' 등의 명칭으로 굳어졌다.

이 새로운 질병은 플루라는 이름에서 보듯 계절성 인플루엔자와 비슷해 보였지만 그보다는 치사율이 높았으며 고령층이나 지병이 있는 경우엔 합병증을 초래할 위험이 있었다. 세계 대부분의 지역으로 신종플루는 확산됐고, 2010년 8월 1일을 기준으로 214개 국가에서 확인된 감염자는 163만 2258명, 사망자는 1만 8449명에 달했다.[27]

질병이 유행하는 사이 변이가 발생하면서 백신과 치료제가 잘 듣지 않을 것이라는 우려가 나왔다. 다행히 사스로부터 얻은 경험을 바탕으로 글로벌 대응은 발 빠르게 이뤄졌다. WHO는 이때 전염병의 위험도에 따라 국제적 대응을 정비하기 위한 6단계 판단 기준을 만들었다. 예를 들어 동물을 넘어 사람에게도 전염이 시작되면 3단계, 사람 간 전염이 시작되면 4단계, 5~6단계는 광범위한 확산을 의미한다.

메르스, 에볼라 그리고 코로나19

글로벌 감염병이 한국에 큰 상처를 남긴 것은 2012년 발생한 메르스가 2015년 국내로 유입되면서다. 한국의 감염자는 사우디아라비아 다음으로 많은 1373명이고 사망자는 38명에 달했다.[28] 메르스는 중동 지역에서 많이 키우는 낙타와의 접촉을 통해 쉽게 감염되는 것으로 알려져 있다. 사스나 신종플루 등과 마찬가지로 동물을 매개로 한 전염병이다. 실제로 최초 발병 이후 2014년 6월까지 감염자의 대부분은 사우디아라비아에 집중돼 있었고 요르단, 튀니지, 카타르 등 주변국과 유럽 몇 나라에서 환자가 나왔다. 확산되는 지역이 한정되어 있었기에 WHO는 국제공중보건비상사태까지 선포하지는 않았다.

한국에서는 2015년 5월 최초의 감염자가 중동을 방문하고 귀국한 뒤 발열 등의 증상을 보여 병원을 찾았다. 이 환자는 확진을 위해 여러 의료시설을 옮겨 다녔고, 그 과정에서 병원 내 2차, 3차 감염이 이뤄졌다. 하지만 이런 상황이 대중들에게는 투명하게 공개되지 않아 혼선을 더했다. 국회의 감사 요구에 따라 감사원이 2016년 발표한 〈메르스 예방 및 대응실태 감사결과〉를 보면 방역 당국이 최초환자 발생 신고를 받고도 확인 검사를 미루다가 34시간 뒤에 검사를 실시했다는 점이 지적됐다. 초동 대응이 미흡했다는 것이다. 또 환자가 발생한 병원명을 공개하길 꺼리거나 역학조사에 협조하지 않은 병원에 대해 미온적인 대처를 하는 등 적극적인 방역 조치를 취하지 않았다는 점도 감사 결과 드러났다. 이렇게 정부가 늑장 대처를 하자 서울시가 지자체 차원에서 감염자와 접촉한 감시 대상자 명단을 입수해 자체적인 대응에 나서기도 했다. 보건 당국은 뒤늦게 의료시설의 명단을 공개했다.

제대로 된 전염병 대응 매뉴얼을 갖추지 못하기는 의료기관과 시민들도 마찬가지였다. 삼성서울병원은 최초환자가 경유한 병원을 알면서도 의료진과 이를 공유하지 않았고, 응급실에서 환자를 진료하면서 감염에 감염이 꼬리를 무는 'n차 감염'이 발생했다. 또 개인이 방역 수칙을 지키는 것이 감염병 대응의 핵심 요소지만 곳곳에서 감염 사실을 숨기거나 자가격리를 위반하는 등의 사례가 보고되기도 했다.

아프리카 대륙에서 창궐하면서 2014년과 2019년 두 차례나 국제공중보건비상사태를 불러올 정도로 계속되고 있는 전염병은 에볼라다. 최초 감염원은 박쥐로 추정되며 이 바이러스가 야생동물로 번지고 다시 사람으로 전파된 것으로 보인다. 1970년대 최초로 발병했으나 2013년 말에서 2016년 사이 빠르게 퍼지며 기니, 라이베리아, 시에라리온 등 서아프리카 3개국을 집어삼켰다. 2015년 9월을 기준으로 감염자 2만 8073명, 사망자는 1만 1290명에 달했다. 이후 잠잠해지는 듯했던 에볼라는 2019년 콩고민주공화국에서 다시 퍼져 나가기 시작했다. 1000명 이상이 사망했지만 대응은 지지부진한 상태다. 국경없는의사회에 따르면 콩고민주공화국에선 에볼라 환자의 추적 관찰이 쉽지 않은 여건이라고 한다. 또 방역 주체인 보건 당국이나 의사에 대한 신뢰도 무너진 상태다. 2019년 4월 WHO 의사가 한 지역에서 살해되는 사건이 일어나기도 했다.[29] 그런데도 WHO는 2020년 6월 에볼라가 종식됐다고 선언했다. 종식 선언만 열 번째다. 그러나 선언이 무색하게 감염자와 사망자가 계속 발생하고 있는 형편이다.

현재진행형인 에볼라지만 다른 질병보다 백신 연구는 훨씬 더 디게 이뤄졌다. 1970년대 첫 발병한 이후 40년도 더 지난 2019년이 되어서야 첫 번째 백신이 유럽에서 허가를 받았다. 이를 두고 2014년 영국 공중보건전문가기구 존 애슈턴John Ashton 회장은 《인디펜던트》기고에서 수익성 높은 백신만 개발하는 다국적 제약업체들을 비판한 바 있다. 개발도상국가인 아프리카에서만 퍼지는 병은 백신을 만들어도 돈벌이가 되지 않으니 제약회사들이 나서지 않는다는 것이다. 애슈턴은 제약업계의 '도덕적 해이'를 비판하면서 "도덕적, 사회적 준거가 없는 자본주의의 파산"이라고 일갈했다. 또 그는 "빈곤, 정치적 리더십과 공중보건 시스템의 부재 속에서 감염병

이 번성하는 곳에 진정한 빛이 필요하다. 국제사회는 부끄러워해야 한다"고 지적했다.[30]

그리고 코로나19가 나타났다. 2019년 12월 첫 발생 이후 2021년 6월 16일을 기준으로 전 세계 확진자 수만 1억 7000만 명, 사망자는 380만 명을 넘어섰다. 박쥐를 거쳐온 것으로 추정되는 신종코로나바이러스가 그 원인으로, 야생동물을 거래하는 후베이 성 우한武漢의 화난華南수산시장이 진원지로 꼽힌다. 코로나19는 2020년 1월이 되면서 중국 외 지역에서도 감염이 시작됐고, 전파국이 20여 개국에 이르자 WHO는 1월 30일 국제공중보건비상사태를 선포했다. 2월이 되자 중국 내 확진자가 가파르게 늘어나면서 누적 사망자도 천 명에 달했다. 시진핑 중국 국가주석은 우한을 사실상 격리하고 인민해방군을 방역에 투입했다. 권위주의적 방식이기는 하나 사스 때보다는 나은 대응이라는 평가가 나오기도 했다.

하지만 중국 내에서 코로나19의 위험성을 외부로 공개한 의사 리원량李文亮 등을 당국이 탄압한 사실이 알려지면서 정보 통제와 인권침해 문제가 다시 제기됐다. 리원량 또한 코로나19에 감염돼 사망하면서 처벌 또한 없었던 일이 되었지만, 코로나19 상황을 공개적으로 밝히고자 한 이들을 탄압한 사건은 중국 공산당을 비판하는 목소리가 높아지는 계기가 됐다.

이후 코로나19의 확산세가 중국에서는 어느 정도 가라앉는 듯했지만 세계적 확산 속도는 더욱 빨라지고 범위는 더 넓어졌다. 유럽에서는 이탈리아, 중동에서는 이란, 중남미에서는 미국과 브라질을 중심으로 환자 수가 끝도 없이 불어나기 시작했다. 3월 11일 120여 개국에서 누적 확진자가 12만 명을 넘어서자 WHO는 팬데믹을 공식 선언했다.

중국이 코로나19로 인해 체제의 균열적 모습을 드러낸 국가 중 하나라면, 그 라이벌인 미국은 정 반대의 맨얼굴을 드러냈다. 세계에서 가장 강력한 나라 미국이 코로나19에 속수무책으로 무너지며 최대 감염자와 사망자를 낸 국가가 된 것이다.

서부 워싱턴에서 시작된 미국의 지역사회 감염은 노인 요양원 등 약한 고리를 중심으로 퍼져 나갔고, 곧 캘리포니아와 뉴욕 등에서 비상사태가 선포됐다. 질병통제예방센터를 비롯한 연방정부 기관뿐만 아니라 주 정부와 지자체 등 다양한 주체가 방역에 관여해야 하는 미국의 시스템에서는 콘트롤 타워의 역할이 핵심인데, 도널드 트럼프 당시 미국 대통령은 초기 대응부터 실패했다. 당장 진단키트와 의료장비가 턱없이 부족했다.

그런데도 미국의 대통령은 "날씨가 따뜻해지면 사라질 것", "미국이 잘 통제하고 있다"는 식의 정치적 발언으로 일관하면서 적극 대응하지 않았다. 심지어 대선을 앞두고 대규모 유세를 벌이는가 하면 공개 석상에서도 마스크를 착용하지 않았다. 결국 10월엔 트럼프 대통령 본인이 코로나19에 감염됐다. 시사주간지 《타임》은 사망자가 20만 명에 달한 시점인 2020년 9월 검정색 배경에 흰색 글씨로 일일 사망자 숫자를 기록했다. 표제는 '미국의 실패An American failure'였다.

흑사병과는 다르게
코로나19는
평등하지 않았다

누구나 감염될 수 있다는 점에서 바이러스는 평등하다. 하지만 실제 조사 결과를 보면 그렇지 않은 것 같다. 특정 계층, 인종, 지역의 사람들에게 전염병은 더 가혹하다는 것을 코로나19를 겪으며 우리 모두가 지켜봤다.

미국 뉴욕 시 보건부는 2020년 5월 우편번호를 기준으로 60여 개 지역의 코로나19에 따른 사망률을 공개했다. 지도가 보여주는 바는 명확했다. 주민의 30퍼센트가량이 빈곤층으로 분류되는 지역에선 사망률이 인구 10만 명당 232명에 달했지만, 10퍼센트 미만이 빈곤층으로 분류되는 지역에서는 인구 10만 명당 100명 미만이 사망한 것으로 나타났다. 코로나19로 인한 사망률이 가장 높은 지역은 10만 명당 444명이 목숨을 잃은 브루클린 인근의 스타렛 시티였다. 이 지역에는 임대주택이 많고, 인구 구성 비율은 흑인이 40퍼센트 이상, 라틴계와 히스패닉이 25퍼센트 이상이다. 반면 고급 주택지로 백인들이 주로 거주하는 그래머시 파크는 사망자 수가 가장 적었다.[31]

뉴욕 시에 한정한 통계지만 이는 곧 미국의 축소판이었다. '백인=고소득층=고연봉 직업=고급 주택가'와 '유색인종=저소득층=저임금=임대주택'이라는 등식은 코로나19 시대에 더 양극화된 미국의 모습을 고스란히 보여준다. 흑인이나 히스패닉이 코로나19에 더 취약한 이유는 '인종' 때문이 아니라 '인종에 따른 사회경제적 격차' 때문이다.

《미국의사협회보(JAMA)》도 이 문제를 제기했다. JAMA 웹사이트에 실린 〈인종이 아닌 인종차별이 코로나19 불평등을 유발한다〉라는 제목의 글[32]에 따르면 코로나19의 발병률과 입원율이 백인보다 흑인, 히스패닉, 아메리카 원주민에게서 최소 2.5배에서 4.5배 정도 높은 것으로 나타났다. 소수 인종의 경우 사회경제적으로 취약한 경우가 많고 주거나 근무 환경 등에서도 방역에 취약할 가능성이 높기 때문이다. 또한 의료비 부담으로 발병 이후에도 치료를 제대로 받지 못하기도 한다. 켜켜이 쌓인 인종차별 정책, 주택 및 교통 같은 인프라, 경제활동과 교육의 기회, 건강관리, 대기의 질 등 사회적 영역의 불평등이 코로나19의 인종적 불평등으로 귀결됐다.

소수 인종이 아니더라도 바이러스는 사회경제적 약자에게 가혹하다. 싱가포르에서 건설 노동자로 일하는 이주노동자들의 사례를 보자. 이들은 기숙사에서 다닥다닥 붙어 씻고, 먹고, 자야 한다. 변기와 세면대가 여섯 개씩인 화장실을 최대 180명이 사용하기도 했으며, 2층 침대가 나란히 놓인 곳에서 잠을 청한다.

거리두기가 쉽지 않은 환경인데다 작업이 중단되며 일감마저 줄었다. 싱가포르의 다른 지역사회가 코로나19로부터 서서히 안정을 찾아가는 동안 이주노동자들은 코로나19의 공포와 함께 봉쇄 기간 동안 일하지 못해 임금을 받지 못하는 빈곤 상황까지 견뎌야 했다. 싱가포르 당국이 이주노동자 숙소 등에 대한 강화된 가이드라인을

만들기는 했지만 감염자가 나오면 기숙사가 봉쇄되는 일이 반복되면서 이들은 점차 지쳐가고 있다.[33]

소득이 낮을수록 코로나19로 인한 사망 위험이 높아진다는 증거는 국내에서도 나왔다. 코로나19 환자에 대한 질병관리본부(현 질병관리청)의 데이터와 건강보험공단 빅데이터를 분석한 연구 결과에 따르면 소득 수준이 최하위인 의료급여 수급자의 사망 위험이 건강보험료 상위 20퍼센트에 해당하는 직장가입자보다 2.8배 높은 것으로 나타났다.[34] 연구진은 의료급여 수급자들의 기초 건강 상태가 나쁘기 때문에 사망 위험이 급격히 높아지는 것으로 분석한다. 사회적 격차가 곧 감염의 격차, 코로나19 불평등으로 이어진다는 것이다.

코로나19가 여성과 어린이에게 더 가혹하다는 연구 결과도 있다. 각국이 봉쇄정책을 택하면서 집에 머무는 시간이 늘어나자 여성과 어린이가 가정폭력에 노출되는 빈도와 정도가 높아지고 있다는 것이다. 유엔여성기구에 따르면 코로나19가 유행하기 전에도 여성 세 명 가운데 한 명은 파트너에 의한 신체적 학대 또는 성폭력을 경험했다. 그러나 코로나19로 인해 가정에 머무는 시간이 늘어나면서 가정 폭력 관련 상담 및 신고 건수가 더 늘었다. 유엔은 이런 현상을 '그림자 팬데믹 Shadow Pandemic'이라고 불렀다.

아이들의 경우도 사정은 마찬가지다. 국제아동보호기구인 세이브더칠드런의 조사[35]를 보면 코로나19 팬데믹 이후 학교가 문을 닫았을 때 가정 폭력 아동학대 신고가 17퍼센트로 이전 8퍼센트에 비해 두 배 이상 증가했다. 또 코로나19 이후 아동 세 명 가운데 두 명이 봉쇄기간 동안 교사와 연락을 취하지 못한 것으로 나타났다.

특히 저소득층 가정의 아동은 인터넷을 통한 원격수업 자체가 불가능했다. 빈곤층이라고 답한 아동 가운데 인터넷 접속이 가능한 경우는 1퍼센트가 채 되지 않았고 빈곤층이라고 스스로를 분류하지 않은 가정에서도 원격수업이 가능하다고 답한 경우는 19퍼센트 정도에 그쳤다. 특히 여아의 경우 코로나19로 인한 충격이 더했다. 여아의 경우 63퍼센트가 과거보다 집안일을 더 많이 하고 있는 것으로 나타났으나 남아는 43퍼센트만 그렇다고 응답했다.

전염병이 불평등의 모습을 드러내는 동안 격차는 더욱 심해졌다. 《월스트리트저널》의 보도에 따르면 2020년 3월 이후 전문직과 자산가들의 부는 점차 상승 곡선을 그린 반면 흑인, 히스패닉, 여성의 상황은 더 아래를 향했다. 빈익빈부익부를 설명하는 이른바 'K형 곡선'이다. 'K'라는 글자에서처럼 위로 뻗는 획과 아래로 내려가는 획 사이의 간격은 시간이 지날수록 벌어진다. 사무직에 종사하는 화이트칼라 노동자들은 코로나19가 계속 이어지는 동안에도 초기에 입은 경제적 손실에서 벗어나 회복세를 탔다. 재택근무를 할 수 있는 사람들은 그렇지 못한 사람들보다 애초부터 전염병의 타격을 적게 입었다. 투자할 돈이 있는 사람들은 팬데믹 초기에 줄어든 자산을 되찾는 것을 넘어 심지어 자산을 늘렸다.

반면 유색인종, 여성, 서비스 직군 등에서 일하는 사람들은 고전을 면치 못하는 것으로 나타났다. 식당이나 호텔 등 서비스를 제공해야 할 업체들이 문을 닫으면서 실업률이 올라갔고, 일터로 돌아가지 못하는 이들의 삶은 팍팍해졌다. 빌 클린턴 행정부에서 노동부장관을 지낸 로버트 라이시 UC버클리 교수는 《가디언》 칼럼[36]에서 불평등 상황을 이렇게 고발한다.

"코로나19로 인해 집에 머물러야 하는 강력한 사회적 거리두기가 실시되면서 경제활동이 중단되고 많은 사람이 일자리를 잃었다. 그러나 반대로 온라인 구매가 늘면서 아마존의 매출은 급증했다. 아마존은 신규인력을 채용했다. 하지만 여전히 아마존 직원들은 코로나19 확진이 되기 전까지 병가를 쓸 수 없다. 월마트도 매출이 급증해 고용을 늘렸다. 하지만 월마트는 사회적 거리두기 지침을 제대로 시행하지 않았고, 그 결과 월마트 직원 가운데 코로나19로 인한 사망자가 나왔다."

라이시 교수는 코로나19로 불평등의 민낯이 드러난 만큼 부자들로부터 세금을 더 많이 거둬들이고 정부의 역할을 확장해 사회안전망을 넓히는 쪽으로 정책을 바꿔야 한다고 주장한다.

전염병은 때로 정치가 되기도 한다

코로나19 시대에 가장 주목받은 곳은 단연 WHO다. 국경이 없는 바이러스에 대응하려면 국제적 협력이 필수적이다. WHO는 글로벌 전염병 대응의 주축인 동시에, 논란의 중심에 놓이기도 했다.

애초 논란은 WHO가 자초한 측면이 있었다. 코로나19 감염자가 폭발하는데도 팬데믹을 선언하는 데 미적거렸기 때문이다. 국제사회에서는 'WHO가 중국을 의식했다', '기여금을 많이 내는 중국을 감싼다'는 비판이 나왔다. 2020년 8월 코로나19 발병 과정을 알아보려 중국을 방문한 WHO 조사팀이 최초 발병지인 우한에 가지 않고 베이징에만 3주간 머물렀다는 보도[37]가 나오기도 했다. WHO는 이들은 '선발대'였고 우한 현지 조사도 할 계획이라고 반박했지만, 이러한 의심은 그만큼 WHO에 대한 신뢰가 떨어졌다는 것을 드러낸다.

그렇다면 WHO는 왜 팬데믹을 선언하기까지 시간을 끌었을까. 2009년 신종플루 당시 팬데믹을 선언한 뒤 엄청난 후폭풍이 따랐던 전례를 지나치게 의식했기 때문이라는 얘기가 나왔다. 당시 마거릿 챈 사무총장은 팬데믹을 선언한 뒤 제약업계의 공포 마케팅에 편승해 과잉대응을 했다는 비판을 받았다. 대형 제약사들이 WHO를 압박해 팬데믹을 선언하게 했고 거기에 WHO가 휘둘렸다는 것이다. 유럽회의 의원총회의 볼프강 보다르크 보건분과위원장은 신종플루를 '거짓 팬데믹false pandemic'이라고 부르기도 했다.

신종플루 치료제인 타미플루를 만든 제약회사 로슈Roche가 막대한 수익을 거뒀으며, 타미플루를 복용한 일부 환자들에게서 부작용이 나타났다는 사실이 알려지면서 논란은 더욱 커졌다. WHO는 2010년 4월 외부 전문가들을 모아 신종플루에 대응한 방식이 적절했는지 조사했다. 조사 결과 WHO에 자문을 했던 이들 중 일부가 백신업계 돈을 받는 컨설턴트라는 사실이 드러났다.[38] 《영국의학저널》은 2004년 신종플루 대응지침을 만든 전문가들 가운데 몇몇이 제약사들 돈을 받고 있는데도 WHO가 이를 밝히지 않았다고 지적했다.[39]

WHO가 '완벽한 기관'이 아니라 해도, 팬데믹이 몇 년 간격으로 세계를 덮치는 시대에는 지구적인 대응을 해야만 하며 누군가는 그 사령탑 역할을 맡아야 한다. 코로나19가 걷잡을 수 없이 번지는 상황에서 미국의 트럼프 정부는 WHO가 코로나19에 늑장대응을 했고 중국 편을 든다면서 이 기구에 주는 돈을 끊고 탈퇴를 하겠다고 발표했다.[40]

미국의 이런 행태는 WHO를 둘러싼 논란보다 더 크고 불같은 비판을 불렀다. 국제사회의 협력이 어느 때보다 필요한 시기에 연대와 책임을 회피하고 미국의 실패에 대한 비판을 다른 곳으로 돌리려는 것이었기 때문이다. 당장 미국 안에서 '미국인의 생명을 위험하게 만드는 짓'이라는 비판이 나왔다.

WHO는 각국이 내는 재정 분담금으로 운영되는데 그 가운데 15퍼센트를 미국이 낸다. WHO마저 미국과 중국의 대립 무대가 되자 테워드로스 아드하놈 거브러여수스 사무총장은 "미국과 중국은 힘을 모아 이 위험한 적과 싸워야 한다. 모든 정치 집단의 초점은 국민을 구하는 것이어야 한다. 제발 이 바이러스를 정치화하지 말라"며 "국가와 전 세계적인 차원에서 균열이 생겼을 때, 그때가 바로 바이러스가 성공하는 것"이라고 호소하기도 했다.

하지만 백신 개발이 시작되면서 거기에도 정치적 색깔이 들어가기 시작했다. 러시아는 2020년 9월 자체 개발한 백신 '스푸트니크 V$_{Sputnik\ V}$'의 임상 3상이 끝나지 않은 상태에서 세계 최초로 승인했다. 러시아는 10여 개국과 예비 계약을 맺고 러시아 산 백신을 공급하겠다는 포부를 밝혔다. 코로나19의 최대 피해국인 미국에서는 백신 개발이 대선 스케줄과 맞물리며 국내정치에 휘둘렸다. 트럼프 대통령은 무리를 해서라도 대선 투표일 전에 백신을 승인하라고 보건당국에 압박을 가했고, 제약회사들이 '안전 선언'을 하면서 정치 일정에 휘둘리지 않겠다며 거부하는 일까지 빚어졌다.

그 사이 중국은 국영제약회사인 시노팜과 시노벡이 개발한 백신을 국제 행사에서 공개하고, 150개국 이상이 참여하는 백신 공동 구매 및 배분을 위한 국제 프로젝트인 '코백스 퍼실리티$_{COVAX\ facility}$'에 참여하겠다고 발표했다. 개발도상국에도 백신이 균등하게 보급되어야 한다는 명분을 내세웠지만 국제무대에서 중국의 영향력을 높이려는 포석이라는 시각도 있다.

코로나19 백신 개발은 지역사회에서 누가 가장 먼저 백신을 맞아야 하는가, 빈국의 가난한 이들에게는 어떻게 백신을 보급할 것인가, 이런 심각한 글로벌 전염병을 이용해 기업들이 돈을 버는 것이 정당한가 등에 대한 물음들을 남겼다. 세계무역기구(WTO) 지적재산권협정(TRIPS)에서 에이즈 치료제 등의 특허권을 일부 제한해 브라질이나 인도, 남아프리카공화국 등이 '제네릭(복제약)'을 생산할 수

있게 해준 것처럼 코로나19 치료제와 백신도 특허권을 제한해야 한다는 목소리도 크다.[41]

인간은 지구에서
함께 살아갈
준비가 되었는가?

이밖에도 코로나19는 여러 분야에서 생각해볼 거리를 던지고 있다. 임상시험의 범위도 그 가운데 하나다. 사람에게 백신을 투약하고 직접 바이러스를 넣는 휴먼챌린지human challenge, '인간 감염시험'도 과학자들의 사이에서 논란이 되고 있다. 찬반 논리는 명확하다. 휴먼챌린지를 통하면 백신 또는 치료제의 효과를 검증할 시간을 단축해 생명을 살릴 수 있다는 것이다.

반면 윤리적 문제와 함께 가난한 나라에 위험을 떠넘기는 것이라고 비판하는 이들도 있다. 시험 대상자는 대개 인도 등 빈국의 돈 없는 이들이기 때문이다. WHO는 논란 끝에 2020년 5월 휴먼챌린지에 대한 가이드라인[42]을 마련했는데, 시험 대상자에게 정보를 충분히 주고 사전 동의를 받아야 하며, 연구자와 연구자금 제공자 그리고 규제 당국의 세밀한 조율 아래 행해야 하며, 잠재적 이익이 위험보다 커야 한다는 등 여덟 개 기준을 담았다.

방역과 인권 침해의 균형점은 어디인가에 대한 고민은 앞으로도 계속될 것으로 보인다. 이 문제를 둘러싼 논의가 어느 곳보다 필요한 나라는 'K방역'이라는 명성을 얻은 한국이다. 방역을 위해서 감염자의 동선을 추적하는 것은 불가피하지만 개인정보가 무분별하게 공개되는 부작용이 있었다. 특히 방역 당국이 아니라 지자체가 자체적으로 확진자 이동경로를 공개할 때에 불필요하게 확진자의 성별과 나이, 거주지와 국적 등을 밝힌 경우도 적지 않았다.

헌법에 보장된 집회와 시위의 범위는 어디까지인지, 자가격리 앱은 어느 선까지 가동되어야 하는지 등도 논란 거리였다. 치료제도 백신도 없는 신종 전염병이 퍼지는 국가적 재난 상황에서 방역을 방해하는 행위는 용납되어선 안 되겠지만, 인권 보호와 방역이 공존하는 선은 어디까지인지에 대해서는 사회가 머리를 맞대야 한다.

우리는 질병에 대한 두려움이 혐오로 번지는 장면도 목도했다. 첫 번째 환자가 발생한 곳이 중국이라는 이유에서 전 세계적으로 중국인에 대한 혐오 정서가 번지더니 나아가 반反아시아 정서로 확대됐다. 미국 대통령은 공공연히 코로나19 바이러스를 '중국 바이러스'라고 불렀다. 프랑스의 한 지역신문은 전염병 뉴스에 '황색 경보'라는 제목을 붙였다가 사과하고 기사를 삭제했다.

전염병이 무서운 진짜 이유는 전염병을 고리로 갈등과 혐오들이 퍼질 수 있기 때문인지도 모른다. 다행히 세계는 연대하고 있다. "#JeNeSuisPasUnVirus." 프랑스어로 '나는 바이러스가 아니다'란 뜻이다. 아시아인에 대한 혐오가 번져 나갈 때 프랑스에서 시작해 소셜미디어를 타고 퍼져 나간 해시태그다.

코로나19는 보다 근본적이고 존재론적인 물음을 남기기도 했다.

감염병의 확산을 막기 위해 각 지역이 봉쇄에 들어가자 세계 곳곳의 바닷가에 거북이들이 돌아왔고 뿌옇던 도시의 하늘이 맑아졌다. 그 대신 버려진 일회용 마스크는 새들의 부리와 다리를 옭죄기 시작했다. 그렇다면 '인간은 이 지구에서 어떤 존재인가?' 그리고 '인류는 지금까지처럼 앞으로도 살아갈 수 있을까?'.

인간 활동에 따른 기후변화로 인해 곤충을 매개로 한 감염병이나 인수공통감염병이 늘어날 것이라는 경고는 오래전부터 나왔다. 그리스의 생물학자 리아 팟사부디는 국제환경단체 그린피스에 기고한 칼럼에서 "기후변화와 그로 인한 서식지 파괴로, 행동 습성이 변하고 새로운 지역으로 이동하는 매개 동물들이 증가하고 있다. 대체 식자재에 대한 인간의 수요가 늘어남에 따라 사람들이 매개 동물과 접촉하고 감염될 확률도 증가했다"며 "코로나19가 종식되는 대로 더욱 급진적이고 적극적으로 녹색전환을 추진해야 할 것"이라고 적었다.[43]

언제 어떤 바이러스가 어떻게 지구를 덮칠지 모르는 질병X의 시대. 전염병은 인간에게 다음과 같은 질문을 던졌다. 인간은 약자를 더 보듬고, 연대하고, 지구를 공유하는 생태계의 동료들과 함께 살아갈 준비가 됐는가. 이제 우리가 답할 차례다.

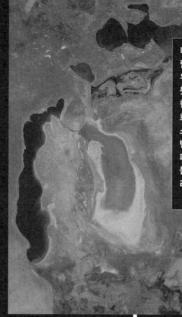

나사가 촬영한 1989년 아랄 해와 2008년 아랄 해의 위성 사진. '섬의 바다'라는 뜻을 가졌을 정도로 거대한 호수였으나 주변에 목화 농수용 댐이 생기면서 소금사막화되었다. 기후가 변하면서 목화 농업도 실패했고, 주변에 사는 사람들은 호흡기 질환에 시달리게 되었다.

2년 만에 얼어붙은 한강. 한강이 결빙되고 해빙되기까지의 기간은 1920년대에는 78일이었으나 2000년대에는 15일로 크게 줄었다. 《연합뉴스》, 2021년 1월 10일.

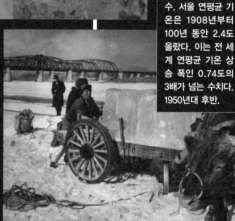

한강에서 채빙한 얼음을 달구지에 싣고 있는 얼음장수. 서울 연평균 기온은 1908년부터 100년 동안 2.4도 올랐다. 이는 전 세계 연평균 기온 상승 폭인 0.74도의 3배가 넘는 수치다. 1950년대 후반.

21세기 기후재난 시나리오

2020년
북극 영구동토의 해동 시작.

2030년
전 세계 물 수요량이 공급량의 40퍼센트 추월.

2045년
해수면 상승으로 전 세계적 규모의 수해 발생.

2050년
기후난민의 수 10억 명 돌파.

2080년
전 세계 식량 생산을 책임지는 지역들의 사막화.

2090년
세계보건기구의 안전 등급이 매겨진 공기를 마시지 못하는 인구 20억 명 육박.

2100년
전 세계 기온 섭씨 4도 이상 증가.

_《2050 거주불능지구》 (추수밭, 2020) 참고

사막의 도시인 아랍에미리트연합의 두바이. 야자수 모양을 한 인공 섬과 마천루들로 유명한 이 도시의 거리 곳곳이 2020년 1월 물에 잠겼다.44 거센 바람에 거리의 야자수 화분들이 쓰러지고 도심 전광판에는 교통안전 경고가 떴다. 통상 두바이는 연간 강수량이 75밀리미터에 불과한데, 며칠 새 이례적으로 비가 많이 내리고 강풍이 불면서 벌어진 일이다.

파이프라인과 창밖의 날씨

가장 아름다운 풍경은
인간이 사라진 세상이었다

두바이에 폭우가 쏟아질 무렵, 북아프리카 이집트의 항구도시 알렉산드리아에는 눈이 쏟아졌다. 1월에 알렉산드리아에서 눈이 내린 것은 백 년 만에 처음 있는 일이었다. 수도 카이로도 하얗게 변했다. 2013년 112년 만에 눈이 내린 데 이어 또 다시 이상기후가 찾아온 것이다.

기상이변이
평범해진
세상

여름이 너무 덥거나, 겨울이 너무 춥거나. 혹은 여름이 너무 서늘하거나, 겨울이 너무 따뜻하거나. 기후변화 시대의 지구에서 기상이변은 이제 더 이상 '이변'이 아니다.

2020년 초, 유럽 남쪽 따뜻한 나라 그리스에 눈보라가 몰아쳐 여러 도시가 눈에 덮였다. 사우디아라비아 국경지대 타부크에도 눈이 내렸다. 요르단이나 시리아, 혹은 이란의 고원지대는 겨울에 기온이 떨어지고 눈이 올 때가 많다. 하지만 남쪽 아라비아 반도에 있는 사우디아라비아에서 눈을 보는 일은 흔치 않다. 소셜미디어에는 눈 구경을 하며 즐거워하는 타부크 사람들의 모습이 올라왔다.[45]

반면 남극에서는 기온이 영상 20도를 넘겼다. 아르헨티나와 마주 보고 있는 남극 대륙 북단 시모어 섬의 마람비오 연구기지에서 2020년 2월 9일 기온이 20.75도로 관측됐다. 남반구의 여름이었던 점을 감안해도 20도가 넘은 것은 사상 처음이었다.[46]

미국 국립해양대기청(NOAA)에 따르면 그해 1월 세계 지표면과 해수면 평균온도는 141년 관측 역사상 1월 기록으로는 가장 높았다. 2019년 12월은 역사상 12월 기온 중에 가장 높았고, 그 전 달은 역사상 11월 기온 중에서 가장 높았다. 10월도, 9월도 마찬가지였다. NOAA에 따르면 월 평균 기온이 '그 달의 역사상 기록 중에 가장 높은' 상황이 무려 421개월째 이어졌다.[47]

남극의 바람이 바뀌니 호주에서 불길이 치솟았다

2019년 10월부터 12월까지 호주 동부 뉴사우스웨일스는 곳곳이 불길에 휩싸였다. 시드니 광역도시권에 화재경보 단계 가운데 가장 높은 등급인 6단계 '대재앙' 경보가 발령됐다. 남반구의 호주는 봄철인 이 시기에 산불이 자주 일어나지만, 그해에는 규모가 유난히 컸다. 남극의 기온이 이례적으로 올라가면서 호주에 극단적으로 고온건조한 날씨를 부를 것이라고 이미 과학자들은 경고한 바 있다.[48]

북극 주변을 에워싼 대기의 장벽이 깨지면서 한기가 밑으로 내려오게 만드는 '북극진동Arctic oscillation, Polar Vortex'은 최근 몇 년 새 과학자들이 주시해온 현상이다. 지구가 더워지면서 찬 기류가 밑으로 흘러내려와 겨울철 북반구의 중위도 지역을 오히려 더 춥게 만드는 것이다. 남극에도 이와 비슷한 '남극진동'이 있다. 멜버른 모나시 대학교 ARC기후변화센터 연구팀에 따르면 남극진동이 약해질 때 호주의 기온이 올라가고 강우량이 줄어든다. 연구팀이 1979년~2016년의 자료를 분석해보니 남극 상공의 기류가 약해지면 호주는 고온건조한 정도가 4~8배 심해졌다.[49]

그해 여름 러시아 내륙 사하자치공화국에 있는 야쿠츠크 일대도 대형 산불에 휩싸였다. 북극권에서 450킬로미터 정도 떨어진 야쿠츠크는 연평균 기온이 영하 8.8도로, 인간이 거주하는 지역 중 가장 추운 곳 가운데 하나다. 그런데 이 도시를 비롯해 시베리아의 여러 지역이 산불에 시달렸다. 야쿠츠크 주민들은 도시를 메운 연기에 '숨 쉬기도 힘든' 상황이 되자 집 밖에도 못 나가고 며칠씩 버텼다. 오랫동안 안정돼왔던 생태계가 산불로 무너지자 숲속의 곤충들이 도시로 날아와, 주민들은 이중고를 겪었다.

러시아 북부 내륙지방에서는 그 몇 년 전부터 대형 산불이 발생하기 시작했다.《시베리안타임스》에 따르면 2018년 7월 일어난 산불의 연기는 캐나다 북부까지 이동했다. 2019년 산불은 더 컸다. 러시아 소방당국에 따르면 3만제곱킬로미터, 벨기에만 한 땅이 불탔다. 하지만 환경단체 그린피스는 불에 탄 면적이 그 네 배인 12만제곱킬로미터에 이른다고 전했다.[50]

그 여름 시베리아 곳곳에서 기온이 사상 최고를 기록했다. 북반구 내륙의 건조한 날씨에 온도가 올라가면서 '타이가Taiga'라 불리는 냉대림이 타들어갔다. 숲의 밀도는 아마존이나 보르네오가 높지만, 면적으로 따지면 러시아 북부의 아한대 타이가가 세계 최대 규모의 숲이다. 타이가가 불에 타면 땅 속의 온실가스가 대거 풀려나기 때문에 기후변화에 다시 영향을 주는 악순환으로 이어진다. 중국의 목재 수요에 맞추느라 타이가가 잘려나가는 것도 문제다. 토양이 대기에 노출되면 기후가 건조해지고 홍수와 산불이 늘어난다.

2010년 여름 대형 산불이 났을 때 블라디미르 푸틴 당시 러시아 총리는 직접 소방용 헬기를 조종하며 진화 노력을 과시했다. 그러나 2019년에는 화재 규모가 너무 커서 군대까지 투입해야 했다.

미국 캘리포니아는 가을과 겨울의 습하고 찬 기후 속에서 무성해 진 나무들이 봄과 여름의 건기를 거치며 말라붙기 때문에 초가을에 산불이 잦다. 하지만 1980년대 이후 화재의 규모가 커지고 있다. 캘 리포니아 역사상 최대 규모의 화재 20건 가운데 15건은 2000년 이 후에 발생했다.

100년간 이 지역의 평균기온은 2도나 올랐다. 기온이 올라가면 서 나무와 토양의 습기를 더 빨리 건조시켜 불붙기 좋은 상태로 만 들었다. 가을비는 늦어졌다. 10월에 내려야 할 비가 11월 이후로 늦 어지고 심지어 12월에 시작되는 곳도 있다. 이 때문에 겨울 우기가 시작되기 전의 '파이어 시즌'이 50년 사이에 75일이나 길어졌다.[51]

"국익보다는 정의를!" 태평양 섬나라의 간절한 호소

"우리의 미국과 중국 친구들이 국제사회 를 위해 우정을 가지고 서로 협력하길 부탁합니다."

코로나19에 기후위기로 세계가 힘들어 하는데 양강이라는 미국 과 중국은 연일 대립했다. 답답함을 참다 못한 태평양의 작은 섬나 라가 두 강대국에 '데탕트(화해)'를 촉구했다. 미크로네시아의 데이 비드 파누엘로 대통령이 2020년 9월 25일 유엔총회 화상연설에서

두 대국을 향해 국제적 협력과 연대를 호소한 것이다.[52]

600여 개의 섬으로 이뤄진 미크로네시아는 총 면적 700제곱킬로미터에 인구는 10만 명이 조금 넘는다. 산업이라고는 어업과 관광업 정도이고 미국의 원조가 정부의 일차적인 수입원이다. 제2차 세계대전 이래로 미국 영향권에 있지만, 중국이 경제협력을 늘리면서 중국의 입김도 갈수록 커져가고 있다.

주변 섬나라들도 사정은 대개 비슷하다. 중국은 미크로네시아를 비롯한 태평양 소국들에 원조를 내주면서 대만과 관계를 끊고 중국과 수교하게 하는 데 치중해왔다. 오세아니아 14개국 가운데 호주, 뉴질랜드를 비롯해 10개국이 중국을 택했다. 하지만 마셜 제도, 나우루, 팔라우, 투발루 4개국은 여전히 대만과 수교한 상태다. 이 지역 작은 섬나라들은 모두 해수면 상승으로 바닷속으로 가라앉을 처지에 놓여 있다.

미국 과학자 단체 '우려하는 과학자들'에 따르면 2018년 기준으로 세계에서 온실가스를 가장 많이 배출한 나라는 10기가 톤을 내뿜은 중국이었다. 미국은 그 절반이 좀 넘는 5.41기가 톤을 내보내 2위였다. 이어 인도, 일본, 독일, 이란 순이었다. 한국은 8위이고 사우디아라비아와 인도네시아가 뒤를 잇는다.

인구 1명당 온실가스 배출 순위는 어떨까? 사우디아라비아가 1위이고 2위는 카자흐스탄이다. 이어 호주, 미국, 캐나다 순이다. 한국 또한 6위에 위치해 있다. 그 뒤로는 러시아, 일본, 독일, 폴란드가 10위 안에 이름을 올렸다.[53]

1992년 브라질 리우데자네이루에서 열린 기후 정상회의 이래로 세계는 온실가스 배출량을 줄이고 기후변화를 늦추기 위해 애를 써왔다. 리우회의의 후속조치로 '교토의정서'가 만들어졌고, 그것이 만료된 뒤로는 2016년 파리기후변화협약 체제가 출범했다. 해마다 유엔기후변화협약 정부간위원회 The Intergovernmental Panel on Climate Change와 당사국총회 UN Climate Change Conference에서 그해 온실가스 배출량 감축 목표를 점검한다.

그런데 그동안 기후변화에 대한 전 세계적 대처에 줄곧 발목을 잡아온 나라가 바로 미국이었다. 2000년대 내내 조지 W. 부시 행정부는 기후변화 자체를 부정하면서 교토의정서 체제에 동참하기를 거부했다. 2009년 출범한 버락 오바마 정부는 파리기후변화협약 체제로 들어갔으나 감축 목표 등에서 국제사회의 기대에는 훨씬 못 미치는 모습을 보였다. 뒤이은 트럼프 정부는 파리기후변화협약을 아예 거부하고 탈퇴를 선언했다.

2020년 출범한 조 바이든 정부는 트럼프의 정책을 거부하고 오바마 시절의 트랙으로 복귀했다. 세계 기후변화 대응 체제에 동참할 뿐 아니라, 친환경 청정에너지 쪽으로 미국 경제를 탈바꿈시켜 새로운 동력으로 삼겠다고 약속했다. 바이든 대통령은 당선 전부터 민주당 대선후보 경선에서 유력 경쟁자였던 버니 샌더스 측과 주요 이슈별 정책들을 준비할 합동 태스크포스를 만들었다. 그때 맨 앞에 내세운 이슈가 기후변화였다.

바이든 정부가 기후변화 분야를 이끌 인물로 택한 사람은 2004년 민주당 대선 후보였으며 오바마 정부에서 국무장관을 지낸 존 케리 상원의원이다. 바이든 대통령은 케리 의원을 기후변화 특사로 지명했다. 오랫동안 환경 정책에 관심을 가져온 거물급 정치인에게 미국의 기후변화 대책을 만들고 세계를 설득하는 역할을 맡긴 것이다.

바이든 정부가 약속한 기후변화 대응 플랜은 그동안 나왔던 미국의 방침 가운데에서는 확실히 돋보인다. 바이든 정부는 2050년 미국 내 온실가스 배출을 없애거나 상쇄해 탄소중립net-zero emissions을 달성한다는 목표를 내놨다. 또한 임기가 끝나는 2025년까지 감축 메커니즘을 굳히고, 청정에너지 연구와 기후변화 대응의 혁신에 투자한다고 했다. '녹색' 쪽으로 향하는 기업이나 지역공동체에 인센티브를 주고, 미국을 '회복력이 강한 나라'로 만들겠다고 했다. 여기에는 코로나19도 엄청난 영향을 줬음을 부인할 수 없다. 나아가 바이든 정부는 미국의 체질 개선과 함께, 세계가 기후변화 대응에 적극 나서도록 주도하겠다고 천명했다.

바이든 정부가 강조한 개념은 '깨끗한 에너지 혁명과 환경 정의'다. 가장 취약한 이들, 유색인종과 저소득층이 기후변화로 인한 타격도 더 많이 받는다는 점에서 환경 정의를 내세운 것은 올바른 방향을 제시했다고 볼 수 있다.

탄소중립을 이루는 속도가
닥쳐올 위기보다
빠를 수 있을까?

지구 전체의 온도가 2100년까지 1.5도 넘게 상승하지 못하도록 묶어둔다는 파리기후변화협약의 목표를 달성하기 위해서는 오늘날 미국과 함께 양강으로 꼽히는 중국의 노력도 반드시 필요하다. 중국은 석유와 천연가스도 많이 쓰지만 석탄 역시 많이 태운다. 전 세계에서 생산되는 석탄의 절반이 중국에서 소비된다.

과거 개도국이라는 이유로 감축 목표를 피해가려 했던 중국도 최근에는 적극 나서고 있다. 시진핑 중국 국가주석은 2020년 9월 유엔총회에서 "2060년까지 탄소중립을 실현하겠다"고 선언했다. 과거의 초고속 성장에서 5~6퍼센트대 '안정적인 성장'으로 경제 발전 속도가 느려지면서 중국의 연간 이산화탄소 배출량 증가율 역시 둔화되는 추세다. 통계 사이트 '데이터로 본 우리의 세계Our World in Data'에 따르면 중국의 탄소 배출은 2013년 이후 매년 2퍼센트 이하로 증가했다.[54] 2000년대만 해도 8퍼센트를 넘는 증가율을 보인 것과 비교하면 중국이 '더 내뿜는' 온실가스의 양은 조금씩 줄어들고 있는 셈이다.

중국 정부가 내놓은 2021년~2025년의 제14차 경제개발 5개년 계획에는 전국 단위의 탄소 배출권 시장을 만드는 방안이 포함되어 있다. 유럽의 경우 2010년~2012년의 금융위기에서 회복되지 못해 경제가 침체되고 청정에너지 쪽으로 이동해가면서 탄소 배출권 시장의 의미가 크게 퇴색했다. 그러나 중국은 사정이 다소 다른 것 같다. 2013년 몇몇 산업분야와 기업들을 선정해 베이징, 상하이, 톈진, 충칭, 선전, 광둥, 후베이 등에 탄소 배출권 시장을 시범적으로 만들었다. 20개 산업 분야에서 약 삼천 개 기업이 이 시장에 참여해 4억 톤 분량의 탄소 배출권을 거래했다. 금액으로 보면 90억 위안, 우리 돈으로 1조 5200억 원 어치였다. 기후변화 관련 채권 발행량도 늘고 있다.

중국의 탄소 배출량은 2030년쯤 최대치에 이른 뒤 그 후로는 줄어들 것으로 예상된다. 2060년 탄소중립을 실현한다고 했으니 아직 40년이나 남았지만, 중국 경제규모와 발전 속도를 봤을 때 이 장기적인 목표를 달성하기 위해서 엄청난 투자가 필요할 것으로 예상된다. 시 주석의 유엔 선언 뒤 홍콩《사우스차이나모닝포스트》는 전문가들의 분석을 인용해 "에너지 생산, 중공업 중심의 산업구조, 건물과 수송과 농업 등 모든 분야를 재편하는 데에 5조 5000억 달러가 들어갈 것"이라고 예상했다.[55]

중국의 기후변화 대책의 틀을 만드는 주축은 칭화 대학교의 환경학자들이다. 칭화대 최연소 총장을 지낸 환경공학자 천지닝陳吉寧은 2017년 베이징 시장으로 발탁돼 대기오염 대책을 주도하고 있다. 칭화대 환경공학 연구팀은 시 주석의 유엔 선언 이전에 일 년 동안 2060년 탄소중립으로 가기 위한 단계별 정책 구상들을 연구한 것으로 알려졌다.

《블룸버그》는 특히 그중에서도 칭화대 물리학과 출신으로 환경보호총국장을 지낸 셰전화解振華를 핵심 인물로 꼽으며 "조용히 기후의 역사를 바꾸고 있는 베테랑 공산당 관료"라 칭했다. 셰전화는 2009년~2012년 기후정상회의 당시 '기후 외교관'으로 명성을 얻었다. 2010년 남아프리카공화국 더반에서 열린 기후정상회의에서 그는 개도국들에게 탄소 배출량을 줄이라고 강요하는 선진국들의 '사다리 걷어차기'식 위선을 비판했다. 그러면서도 그는 중국의 학자들과 관료들을 움직여 저탄소 경제로 가기 위한 기본 틀을 연구하게 했고, 시진핑 주석이 탄소중립 목표를 세계 앞에서 제시하게 만들었다. 중국은 국제사회에서의 책임을 말하면서도 탄소중립과 같은 개념을 공개적으로 언급하기를 꺼렸는데, 셰전화가 그 틈을 메우는 데 큰 역할을 했다고 《블룸버그》는 평했다.[56]

국제에너지기구(IEA)자료를 보면 세계의 석유 수요는 2018년 327억 배럴로 정점을 찍고 이듬해에는 다소 줄었다. 2020년에는 코로나19 영향으로 더 크게 줄었을 것으로 추정된다.[57] 팬데믹이 아니더라도, 유럽을 비롯해 화석연료가 아닌 다른 에너지원의 비중을 늘리는 나라들이 많다. 온실가스 배출을 줄이는 것은 세계적인 흐름이다. 중요한 것은 그 속도가 기후위기를 막아낼 정도로 빨라질 수 있느냐다.

쿠싱의 원유탱크와
'마이너스 유가'
쇼크

미국 오클라호 주의 쿠싱은 주민 7200명의 작은 마을이다. 1891년 미국 원주민들의 땅을 빼앗기 위해 만든 '랜드런법Land Run'에 따라 백인 정착민들의 땅이 됐다. '쿠싱'이라는 지명은 20세기 초반 오일 붐이 일기 시작했을 때 이곳에 정유소를 지은 마셜 쿠싱Marshall Cushing에게서 따왔다.

보통사람들에게는 생소한 지명이겠지만, 쿠싱은 미국의 벤치마크(기준) 유종인 서부텍사스유(WTI)가 거래되는 곳이어서 '석유의 교차로'라고 불린다. 원유 생산 업체와 트레이더들이 쿠싱에서 거래를 하면 그 가격이 먼 뉴욕의 상업거래소(NYMEX)에서 지표로 표현되는 것이다.

쿠싱은 작은 마을이지만 미국 한복판에 있다는 이점이 있다. 세계에 노출된 것은 엑손모빌이나 텍사코 같은 석유회사들이지만 저장시설을 관리하고 운영하는 업체와 파이프라인 운영업체도 그 못잖게 중요하다. 미 전역을 연결하는 송유관의 허브인 오클라호마 주에는 베이슨오일, 센투리온, 호손, 글래스마운틴, 그레이트솔트플레인스 등 수십 개의 기업이 운영하는 파이프라인이 쿠싱과 텍사스, 뉴멕시코, 노스다코타의 유전을 잇고 있다.

파이프라인과 함께 쿠싱의 위상을 떠받치는 것은 플레인올어메리칸파이프라인(PAAP), 엔브리지, 엑스플로러, 제이호크, 마젤란미

드스트림파트너스 등 여덟 개 기업이 운영하는 총 8000만 배럴 용량의 저장탱크들이다. 거래 시점이 되면 원유 생산업체들은 쿠싱의 탱크에 있던 원유를 계약 상대에게 전달한다.

20제곱킬로미터 면적의 드넓은 땅에 펼쳐진 쿠싱의 저장소들은 '탱크 팜tank farm'이라 불린다. 석유가 들어찬 원기둥 350여 개가 줄줄이 늘어서 있는데, RBN에너지닷컴에 따르면 지름 90미터에 높이가 14미터에 이르는 탱크도 있다.[58] 이 거대한 탱크에 기름이 얼마나 차 있는지는 인공위성으로 측정한다. 유럽우주국이 운영하는 센티널-1 인공위성이 정기적으로 저장돼 있는 양을 계산해 지구로 전송한다.

2020년 4월 20일, 뉴욕 시장에서 원유 선물가격이 마이너스로 떨어졌다. 트레이더들이 인수를 미뤘기 때문이다. 트레이더들은 거래 시한이 닥치면 원유를 빼내가야 한다. 바다에 버릴 수도, 땅에 다시 묻을 수도 없는 석유가 애물단지가 된 것이다.

석유전문가들에 따르면 전 세계의 원유 저장용량은 68억 배럴 규모다. 특히 대형 저장시설이 몰려 있는 곳은 쿠싱과 네덜란드의 로테르담, 싱가포르와 카리브 해의 섬들이다. 그중 한 곳만 넘쳐도 세계 유가는 바닥으로 추락한다. 지구를 강타한 코로나19로 2020년 세계 경제가 사실상 마비되고 항공 교통까지 대부분 중단돼 석유 수요가 급감했다. 그래서 저장고마다 석유가 쌓였고 마이너스 유가라는 초유의 사태를 불렀다.

기름값이 떨어지자 산유국들은 경제적 타격을 입었다. 사우디아라비아와 아랍에미리트연합, 쿠웨이트 같은 걸프 산유국들은 석유를 팔지 못하면 국가경제가 제대로 돌아가지 않는다. 이라크는 국내 총생산(GDP)의 65퍼센트, 쿠웨이트는 60퍼센트, 사우디아라비아는 50퍼센트가 석유에서 나온다. 아랍에미리트연합과 러시아는 GDP의 30퍼센트, 노르웨이는 20퍼센트, 카자흐스탄과 캐나다·나이지리아는 10퍼센트 정도를 석유에 의존한다.

신용평가 회사 피치에 따르면 사우디아라비아는 유가가 91달러, 오만은 82달러, 아랍에미리트연합은 65달러, 이라크는 60달러, 카타르는 55달러가 돼야 재정 균형을 맞출 수 있다. 이란의 경우는 배럴당 195달러는 돼야 재정수지가 맞는다. 나이지리아는 배럴당 144달러, 알제리는 109달러, 리비아는 100달러가 균형선이다. 러시아는 42달러, 미국은 48달러, 캐나다는 60달러대가 돼야 경제가 돌아간다. 부국 노르웨이조차 브렌트유 값이 27달러 아래로 떨어지면 경제가 흔들릴 수 있다.[59]

덩치 큰 사우디아라비아는 유가 충격이 와도 5000억 달러 규모의 국부펀드를 동원해 당분간 버틸 수 있다. 그러나 저유가가 길어지면 왕정의 '시혜성' 복지정책에 의존해온 걸프국들의 사회적 불안이 커질 수 있다. 국부펀드조차 없는 이라크나 경제제재를 받고 있는 이란, 베네수엘라는 정부가 식료품과 보조금을 제대로 공급하지 못하면 소요가 일어날 수 있다.

석유를 팔아
탈석유를 시도하는
사우디아라비아

　　2019년 12월 11일 사우디아라비아 리
야드의 증권거래소 타다울에서 사라 알수하이미 거래소장이 국영
석유회사 아람코의 상장을 선언했다. '왕관의 보석'이라 불려온 아람
코의 시장 데뷔를 알리는 종이 울렸다. 지분 1.5퍼센트만 공개했는
데도 기업공개(IPO) 사상 최대 256억 달러를 달성한 아람코의 주가
는 이날 타다울 개장 직후 상한가를 찍었다. 첫날에만 주가가 10퍼
센트 뛰어올랐고, 기업가치가 1조 8800억 달러에 이르러 세계 1위
로 등극했다.[60] 아람코 덕에 타다울은 그해 거래규모 세계 10위권의
증시로 부상했다.[61]

　사우디아라비아의 실세인 무함마드 빈 살만 왕세자는 아람코 주
식을 팔아 '개혁 자본'을 쟁였다. 아람코 주식을 보유하는 국민주 캠
페인까지 벌였고, 인구 3300만 명인 사우디아라비아에서 500만 명
이 이 회사의 주식을 샀다. 아람코 상장이 성공적으로 이뤄진 덕에
무함마드 왕세자의 개혁은 힘을 받게 됐다.

　아람코 상장 행사는 사우디아라비아가 여성을 대하는 태도를 바
꾸고 있음을, 개혁을 진행하고 있음을 과시하기 위한 자리이기도 했
다. 2017년 2월 당시 38세였던 알수하이미가 사우디아라비아 사상
첫 여성 증권거래소장이 된 것은 변화를 보여주는 상징적인 사건이
다. 타종식에는 아람코 간부들뿐 아니라 여성 직원이 함께했고, 거래

소에 설치된 아람코 홍보 패널에도 여성 기술자의 사진이 걸렸다.

무함마드 왕세자의 계획은 석유회사 주식을 팔아 탈석유 경제의 발판을 만드는 것이다. 이웃 걸프국인 카타르와 아랍에미리트연합, 오만 등이 이미 화석연료 이후 시대를 준비하기 시작한 것에 비하며 사우디아라비아는 많이 뒤처져 있다. 하지만 아람코 지분을 일부나마 민영화하고 개혁의 '진정성'을 보여줬다는 점을 긍정적으로 평가하는 이들이 많다. 오일파워를 역이용해, 사우디아라비아도 탈석유로 가야 한다는 점을 인식하고 있다는 메시지를 세계에 보냈다는 것이다. 무함마드 왕세자는 야심찬 국가 개조·개혁 계획인 '비전 2030'을 내세우면서 의료, 교육, 인프라 투자 등 공공서비스를 늘리고 민간경제와 비석유 부문을 키우는 데 초점을 맞췄다.

하지만 사우디아라비아가 추구하는 개혁은 또 다른 얼굴을 갖고 있다. 바로 농업과 물 문제다. 사우디아라비아와 러시아는 2020년 초 석유 생산량을 늘려가며 기름값 떨어뜨리기 경쟁을 벌였다. 시장점유율을 높이기 위해 치킨게임을 감내한 것이다. 하지만 코로나19가 닥쳤고 그해 4월 결국 감산에 합의했다. 그 이면에는 석유 외에도 중요한 거래가 있었다. 《미들이스트모니터》에 따르면 유가전쟁이 한창이던 4월 9일 흑해 항구에서 대형 화물선이 사우디아라비아로 출발했다. 배에는 러시아 산 밀 6만 톤이 실려 있었다.[62] 러시아가 사우디아라비아에 밀을 수출한 것은 그때가 처음이었다.

국토의 상당수가 사막인 사우디아라비아는 해외에 땅을 사들여 농작물을 키우고, 자국 내에서도 농지화 작업을 추진하고 있다. 그러나 물 부족 때문에 식량자급률이 늘 고민거리다. 사우디아라비아의 연간 밀 소비량은 350만 톤에 이른다.[63] 유가도 중요하지만 코로나19 위기 속에서 일단 식량부터 확보해야 했고 결국 기름값 싸움을 접었다. 밀 거래가 사우디아라비아와 러시아 두 나라에는 '윈윈'이 될지 모르지만, 세계의 빈국들에겐 식량 수급 적신호가 될 수 있다.

사우디아라비아에서 식량보다 더 심각한 문제는 물이다. 2020년 11월 18일, 걸프전 이후 30년 동안 닫혀 있던 이라크와 사우디 사이의 육상 국경이 열렸다. 두 나라의 국경 통행은 1990년 이라크의 사담 후세인 정권이 쿠웨이트를 침공한 이후 금지됐다. 하지만 무함마드 왕세자가 실권을 잡은 뒤 이라크와 관계를 풀기 시작했고 마침내 사우디아라비아 북부 아라르의 국경검문소가 열렸다. 동시에 양국 간 여러 분야에서 경제협력 협정이 체결됐다.

사우디아라비아는 민주주의와 교육 수준, 제도 등에서 많이 뒤처져 있지만 최소한 이라크에 현금을 투입해 숨통을 틔워줄 수 있다. 그 대가로 얻고자 하는 것은 땅이다. 사우디아라비아는 이라크 남쪽 유프라테스 강 유역 네 개 주에 100만 헥타르 면적의 농지 개발을 추진하고 있다.[64] 하지만 기후위기로 사막화가 심해지고 있는 이라크에서 사우디아라비아의 대규모 농지 개발이 가져올 환경파괴를 우려하는 목소리가 크다.

사우디아라비아보다는 낫다 해도 이라크 역시 국토의 많은 부분이 사막과 건조지대다. 지하수를 빼내 작물을 키우면 담수 고갈과 환경 재앙을 부를 수 있다. 사막화와 물 부족으로 농촌이 피폐해진 상

1681년

남획으로 도도새 멸종. 블래커우드 컬렉션에 실린 룰란트 사베리의 도도 모사본. 1912~1939년.

1850년

남획으로 안경가마우지 멸종. 조셉 울프, 1869년.

1876년

남획과 생태계 파괴로 포클랜드제도늑대 멸종. 조지 워터하우스, 1838년.

1936년

환경 변화로 주머니늑대 멸종. 조르주 퀴비에, 1825년.

2013년

타이완, 타이완구름표범의 멸종 공인. 조셉 울프, 1862년.

2011년

한국, 바다사자의 멸종 공인. 《화한삼재도회》, 1712년.

황에서 시리아 내전이 일어났고 수단에서도 유목민과 정주 농민의 내전과 학살이 일어났던 것을 생각하면 결코 작은 문제가 아니다.

'석유 이후의 시대'를 꿈꾸는 석유 부국 사우디아라비아만 들여다봐도, 기후위기 대응과 에너지 문제에서 어느 것 하나 단선적이고 쉬운 일은 없다는 것을 알 수 있다. 그럼에도 세계가 머리를 맞대야 하는 것은 이것이 과학과 경제의 문제인 동시에 사람의 문제, '정의'의 문제이기 때문이다.

아이슬란드의 빙하 장례식, 그리고 미래를 위한 씨앗 보관소

2019년 9월 스위스 북동부, 알프스 산맥 기슭에 상복을 입은 사람들이 모였다. 해발고도 2700미터에서 열린 장례식에서 추모객들이 기린 것은 사람이 아닌 빙하였다. 알프스의 피졸Pizol 빙하를 추모하는 상징적인 의식이었다. 피졸 빙하는 2006년 이후로 원래 크기의 80~90퍼센트를 잃어 사실상 사망선고를 받았다. 지역 주민들과 환경운동가 등 250여 명이 참석해 쪼그라든 빙하 앞에서 전통 악기 알펜호른을 연주하고 꽃을 놓았다.[65]

한 달 전에는 아이슬란드에서 빙하 추도식이 열렸다. 카트린 야콥스도티르 총리를 비롯한 참석자들은 아이슬란드 서부 화산 지대에 700년 동안 존재했던 오크예퀴들Okjokull 빙하가 사라지게 된 것을 아쉬워하며 추모비를 세웠다. '미래로 보내는 편지'를 적은 동판에는 "다음 200년 동안 빙하들이 모두 이 길을 따를(사라질) 것"이라는 우려와 함께 "무슨 일이 벌어지고 있고, 어떤 일을 해야 하는지를 알리기 위한 기념물"이라는 글이 적혔다.[66]

노르웨이 북쪽 스발바르. 북극에서 1300킬로미터 떨어진 작은 섬이다. 북위 74~81도에 위치하며 면적의 60퍼센트가 빙하인 '지구상에서 가장 메마르고 척박한 곳'이다. 이 섬의 옛 탄광에 스발바르 국제 종자저장소가 있다. 소행성 충돌에도 견딜 수 있는 내진 설계가 되어 있고 영하 18도로 늘 유지되는 땅굴 창고다. 이곳에는 세계 각국 정부와 연구기관 및 유전자은행에서 보내온 종자가 보관되어 있다. 세계은행의 지원을 받아 국제농업연구자문그룹과 노르웨이가 2008년 공식 개장해 운영하고 있는 이 창고는 기독교 성경 속 노아의 방주에 빗대 '인류의 방주'로 불린다. 지구에 위기가 와도 씨앗은 지켜야 한다는 뜻에서, 이곳을 '운명의 날 창고doomsday vault'라 부르기도 한다.

종자보관소는 평소에는 닫혀 있다가 씨앗이 들어올 때에만 개방된다. 반입이 아닌 방출을 위해 문을 연 것은 지금까지 딱 한 번뿐이었다. 2015년 이곳의 씨앗을 꺼내 시리아에 제공했다.[67] 상황이 안정되자 시리아 종자보관소는 2019년 8월 스발바르에 종자를 반납했다.

쌀과 밀, 옥수수 등 주곡 작물을 비롯해 체로키 인디언의 곡물까지 7000여 종의 종자가 여기 간직돼 있다. 2020년 2월 25일 인도,

말리, 페루 등의 30여 개 종자은행에서 종자 6만여 개를 보내오면서 이곳에 보관된 씨앗이 100만 개를 돌파했다.[68]

빙하 장례식과 씨앗 보관소. 지구의 현실과 미래를 보여주는 두 장면이다. 기후위기는 인류의 미래 자산을 지금의 세대가 앞당겨 썼기 때문에 벌어진 일이다. 코로나 팬데믹으로 2020년 유엔기후변화협약 정상회의(COP26)가 일 년 연기되자 뿔난 젊은 활동가들은 각국 정상들을 대신해 '모의 cop26'을 열었다. 141개국을 대표하는 30세 이하 환경운동가 350여 명이 온라인에서 만나 기후변화에 관한 연설과 토의를 하고, 세계 지도자들에게 실효성 있는 기후변화 대책을 요구하는 성명서를 전달했다.

이들은 '나이 많은 백인 남성'들이 주도해온 기후변화 논의가 부자 나라들만 참여한 '반쪽짜리'에 불과하다고 비판했다. 잘사는 나라들의 경제 대처 방안만 논의할 뿐 '나머지 세계'의 기후변화에는 관심을 기울이지 않았다는 것이다.

이 회의에는 인도, 케냐, 나이지리아, 파키스탄, 필리핀 등에서 신청자가 몰렸다. 모두 기후변화 재난으로 큰 피해를 입는 나라들이다.[69] 누가 목소리를 내야 하고 누구의 목소리를 들어야 하는지에 대해서 젊은 세대들은 정부 지도자나 기업들보다 훨씬 분명한 판단을 내리고 있다.

유럽의 그린딜,
한국의 그린뉴딜

2019년 11월 29일 독일 베를린에서는 환경단체들이 블랙프라이데이 쇼핑 열풍에 반대하는 집회를 열었다. 환경운동가들은 "지구 반대편에서 생산된 물건들이 배를 타고 실려온다"며 '환경 측면에서 양심적인 소비'를 강조했다. 같은 날 이탈리아 로마에서도 환경단체들이 '그린프라이데이'를 외치며 친환경 소비를 주장하는 시위를 했다.[70]

미국에서 시작돼 몇 년 전부터 유럽에 상륙한 블랙프라이데이는 쇼핑붐과 함께 소비주의에 대한 우려를 낳았다. 스웨덴의 '기후 투사' 그레타 툰베리 Greta Thunberg가 촉발시킨 기후위기에 대한 문제의식이 큰 공감을 불러온 한편, 미국 트럼프 정부에 대한 반감도 한몫했다.

친환경 신발업체로 알려진 프랑스의 파고 FAGUO는 '블랙프라이데이 보이콧'을 선언하면서 "금요일을 다시 푸르게"라는 슬로건을 내걸었다. 시민단체들은 200여 개 브랜드에 대해 "환경적인 이유로" 보이콧을 선언했다. 미국 온라인 쇼핑몰 아마존 반대 집회도 열렸다.

미국의 어깃장 속에서도 유럽은 2030년까지 1990년 대비 온실가스 배출량 55퍼센트 감축 계획을 지키겠다고 공언해왔다. 코로나19로 인한 경제적 위기 속에서 유럽연합이 추진해온 '그린딜 Green Deal'에는 더욱 힘이 실렸다.

그린딜의 핵심은 순환형 경제를 통해 2050년까지 유럽을 '탄소중립 대륙'으로 만들겠다는 것이다. 이를 위해 '2030 생물다양성 전략', 순환경제 행동계획과 그에 따른 산업전략, 녹색금융 계획, 대기 및 수질 오염물질 배출 제로 계획, 유해성 화학물질 사용을 줄이는 화학 혁신전략, 농업 부문 탄소 배출을 감축하는 '농장에서 고기까지Farm to Fork' 전략 등을 시작했거나 실행할 계획이다.[71] EU는 2019년 말 '기후 긴급사태'를 선언하고 집행위 산하 환경위원회를 '기후변화·환경위원회'로 바꿨다.

그린딜이 성공적인 모델로 정착할 수 있을지는 미지수다. EU 금융감독 당국은 기후변화에 제동을 걸고 '녹색대출'을 늘리라고 회원국에 촉구했다. 친환경 경제에 대한 투자를 늘리고 탄소경제 비중을 줄이는 '지속가능한 금융'이 필요하다는 것이다. 그러나 유럽에서 합의를 이끌어내는 것조차 쉽지 않다. 국제통화기금(IMF)에서 유럽중앙은행(ECB) 총재로 자리를 옮겨간 크리스틴 라가르드는 취임 전에 2조 7000억 달러 규모의 채권구매 자금을 녹색투자에 활용하는 방안을 제시했다. 하지만 취임 뒤 그는 "ECB의 주된 임무는 기후변화에 대한 게 아니다"라며 말을 바꿨다. 농업은 탄소 배출이 많은 대표적인 산업이지만 막대한 보조금으로 유지되는 유럽의 농업은 프랑스 농민 등 업계의 강력한 저항 때문에 아무도 손대지 못하는 영역으로 남아 있다.

그린딜에서 빼놓을 수 없는 것 가운데 하나는 교통수단 개선이다. EU는 자동차 배기가스 기준을 높이고, 도로교통 4분의 3을 철도와 내륙수로 등으로 돌리고, 대안적 연료 인프라를 구축하려 한다. 장기적으로는 교통수단에서 나오는 탄소를 '제로'로 만들겠다는 것이다. 그러나 몇 해 전 자동차 배기가스 오염물질을 속인 '디젤게이트'의 본산이 유럽이었다. 야심찬 목표들을 내놓고 있지만 유럽의 계획도 지구온난화를 막기엔 역부족이라고 환경단체들은 지적한다.

2020년 7월 한국 정부도 '그린뉴딜Green New Deal' 정책을 발표했다. 탄소 중심의 산업구조를 전환해 기후위기에 대응하고 친환경 녹색 일자리를 창출하기 위한 계획을 내놨다. 그 과정에서 타격을 입는 산업 분야와 노동자들을 위한 '정의로운' 사회적 전환도 강조했다.

하지만 정부가 발표한 그린뉴딜에는 정책의 핵심이라고 할 수 있는 온실가스 감축 목표가 없었다. 2025년까지 예산 73조 4000억 원을 투입해 일자리 65만 9000개를 창출하겠다고 했지만, 정작 온실가스 감축을 언제까지, 얼마나 하겠다는 것인지는 구체적으로 밝히지 않았다. 환경단체는 '2050년 탄소중립'을 반드시 그린뉴딜 목표에 포함시켜야 한다고 주장했으나 정부는 "탄소중립을 지향한다"고만 발표했다.

그린뉴딜 정책으로 내세운 2030년 온실가스 감축 목표(5억 3600만 톤)는 과거 2020년 목표치로 내세웠던 5억 4300만 톤과 별 차이가 없었다. 예산에서 가장 큰 몫인 20조 3000억 원이 '친환경 미래 모빌리티'에 할당됐다. 전기차 113만 대, 수소차 20만 대를 보급하겠다고 했다. 그러나 지금도 계속 생산되는 내연기관차를 어떻게 할 것인지에 대해서는 특별한 방향을 제시하지 않았다.[72] 비판이 쏟아지자 문재인 대통령은 몇 달 뒤 국회 시정연설에서 "2050년 탄소중립을 목표로 나아가겠다"라고 밝혔다.

"당신이 본 날씨는
당신이
만든 것이다"

코로나19로 세계의 유명 관광지들이
2020년 문을 달았다. 갈라파고스도 폐쇄됐다. 외부 관광객들을 실
어 나르던 항공편이 3월 중순부터 끊긴 것이다. 바다사자와 이구아
나와 새들이 다시 섬의 주인이 됐다. 찰스 다윈이 진화론을 연구했
다는 에콰도르의 이 섬은 200년 만에 잠시나마 평화를 찾았다.

군도 가운데 중심인 산타크루스에는 '외로운 조지 Lonesome George'
의 동상이 있다. 2012년 세상을 떠난 마지막 핀타섬땅거북이다. 조
지가 죽으면서 이 종은 세상에서 사라졌다. 다른 거북이들도 언제
핀타섬땅거북이의 운명을 따를지 모른다. 그래도 인간에게 시달리
던 이 단단한 생명체들은 코로나19 덕에 잠시나마 숨을 돌릴 수 있
었을 것이다.

키토 대학과 찰스다윈재단의 과학자들은 전염병 덕분에 모처럼
이 섬의 생태계를 차분히 연구할 틈을 가졌다. 사람의 발길이 끊긴
관광지구에서 수질과 해저 환경, 토양 침식, 지표식물 등을 조사했
다. 바닷가에 고유종들이 늘어나고 부비새가 더 많이 오고 자연이
활기를 띠는 게 눈에 띄었다고 한다.[73]

코로나19 뒤 인도와 태국의 바닷가를 거북이들이 뒤덮고 영국의 거리를 산양들이 거닐고 칠레 도심에서 퓨마가 활보하고 캐나다의 주택가에 새끼 여우가 산보를 나왔다는 뉴스가 잇따랐다. 로스앤젤레스의 청명한 하늘, 차들과 사람들이 사라진 파리와 밀라노와 모스크바. 자동차와 공장들이 멈추자 지구가 맑아지고 빈사 상태의 생태계가 되살아나는 것 같은 신호가 줄을 이었다. 생태학자들은 '인간휴지기anthropause'라는 말을 썼다. 그러나 바이러스가 지구를 살릴 수는 없다. 모든 것은 결국 행동에 달렸다. 기후학자 윌리엄 스티븐스는《인간은 기후를 지배할 수 있을까》에서 이렇게 말했다.

"당신이 지금 창밖을 보고 있다면 당신이 본 날씨의 일정 부분은 당신이 만든 것이고, 앞으로 50년을 더 내다볼 수 있다면 그만큼 더 많은 책임을 져야 할 것이다."[74]

49.1세

가장 오래 근무한 일자리를 그만둔 연령 평균. 국회입법조사처, 2018년.

66.1세, 83.3세

1980년 한국의 평균 기대 수명. 통계청.
2019년 한국의 출생 시 기대 수명. 세계보건기구.

113만 가구

한국의 70세 이상 노인 1인 가구 수. 전체 1인 가구의 18.4%. 통계청, 2019년.

14%, 21%

전체 인구 대비 65세 인구 비중에서 고령사회와 초고령사회 진입 기준.

262만 명

한국의 65세 이상 경제활동 인구. 고용률은 32.9%. 통계청, 2020년.

38.5조 원

한국의 65세 이상 인구 진료비 총액. 건강보험공단, 2019년.

15.7%

한국의 전체 인구 대비 65세 이상 인구 비중. 통계청, 2020년.

33.4%

한국의 시간제 근로자 가운데 60세 이상이 차지하는 비율. 통계청, 2019년.

53.3명

한국의 65세 이상 인구 10만 명당 자살률. 보건복지부, 2020년.

43.4%

한국의 고령 인구 소득 빈곤율. OECD 평균은 14.8%. 한국경제연구원, 2020년.

정약용의 영정. 18년의 귀양살이를 마치고 환갑에 이르렀을 때 자신의 묘지명을 지으며 이렇게 썼다. "돌아보니 한 갑자를 견뎠다. 이제 지난날을 거두고, 지금부터 다시 삶을 시작하고자 한다." 김호석, 2009년.

중국의 패션모델인 왕데슌. 버스 기사와 공장 노동자를 거쳐 쉰에 이르러 무언극 배우가 되었으며 69세에는 베이징 패션위크에서 초연한 모델이 되었다.

데이비드 구달. 호주의 생태학자. 1979년 은퇴한 이후에도 연구를 지속해 2014년까지 논문을 발표했다. 기운이 남아 있을 때 삶을 품위 있게 마무리 짓고 싶다면서 2014년 104세의 나이로 존엄사를 선택했다.

호모 헌드레드의 시대

인구절벽이 위기가 되지 않으려면

2020년 9월 유엔 이코노미스트 네트워크UN Economist Network가 유엔 설립 75주년을 맞아《우리 시대의 트렌드 형성》이라는 제목의 보고서[75]를 펴냈다. 보고서는 코로나19 바이러스가 전 세계를 강타했고 그로 인한 정책 변화가 불가피하다는 점을 지적하면서 세계 변화의 다섯 가지 메가트렌드를 꼽았다. '메가트렌드'라는 표현에서 보듯 이 거대한 흐름은 향후 몇 십 년은 지속될 것으로 예상되고 인류의 지속가능한 발전에 큰 영향을 줄 수 있다는 점에서 눈여겨볼 이슈다. 어떤 것들이 포함됐을까? 기후변화, 인구 전환 그중에서도 특히 고령화와 도시화, 디지털 기술의 출현, 불평등이 주요 이슈로 꼽혔다.

"고령화는
인류의 승리이고
축복이다"

먹는 게 부실하고 질병에 취약했던 역사를 돌이켜 보면 고령화는 인류의 발전과 성취가 집약된 결과라고 볼 수 있다. 유엔이 2019년 펴낸 《세계인구고령화 보고서》 서문은 이렇게 시작한다. "고령화는 공중보건과 의학의 눈부신 발전과 경제, 사회 성장의 성과가 질병이나 조기 사망을 통제하는 데 기여하고 있다는 것을 의미하는 인류의 성공 스토리다."[76]

인류의 성공 스토리인 고령화가 세계적 화두가 된 것은 그 속도가 유례없이 빨라지고 있기 때문이다. 한 사회에 나이든 이들이 많아진다는 것은 경제활동을 할 수 있는 상대적으로 젊은 집단의 부담이 가파르게 늘어난다는 뜻이다. 그래서 고령화로 인해 경제적 지속가능성이 떨어질 것이라 걱정하는 이들이 많다.

출생률이 고령화 속도를 따라잡지 못하는 상황에서 노인 인구의 증가는 '돌봄노동'이라는 화두와도 맞닿아 있다. 노인 빈곤이나 자살, 세대 갈등 등의 사회 문제도 생겨난다. 노인이라는 새로운 사회경제적 계층에 대한 차별도 생길 수 있다. 인구 고령화가 미래에 다가올 필연적 현상이라면 결국 이에 따르는 문제를 대비하는 노력이 필요하다. 인구구조의 변화는 그 규모가 거대하고 사회에 미치는 파급력이 크기에, 거시적이고 장기적인 관점으로 바라봐야 한다.

여섯 명 가운데
한 명이
노인인 시대

몇 살부터 '노인'일까. 열두 갑자를 다섯 번 돌았다며 장수의 상징으로 축하하던 환갑잔치는 어느새 거의 사라졌다. 기대수명이 길어지고 의학 기술이 발달하면서 세계 각국은 이미 20~30년 전부터 은퇴할 나이와 연금받는 나이를 끌어올리고 있다. 대체로 통일된 기준이 있다면 유엔이 '고령'의 기준으로 삼는 65세 정도다. 유엔 등에서 발표한 다양한 논문 등을 토대로 통상 65세 이상 인구가 전체의 7퍼센트를 넘으면 '고령화사회', 14퍼센트 이상이면 '고령사회', 21퍼센트 이상이면 '초고령사회'로 본다.

앞의 유엔 보고서에 따르면 2018년 역사상 최초로 65세 이상 노인의 수가 5세 미만 아동의 수를 추월했다. 그 뒤에도 고령 인구는 계속 증가하고 있다. 2050년경에는 세계 인구의 6명 가운데 1명은 65세 이상일 것으로 보인다. 비율로 따지면 16퍼센트, 2019년의 9퍼센트에서 두 배 가까이 늘어나는 것이다.

인구 고령화는 세계적인 추세지만 지역마다 차이가 있다. 동아시아와 동남아시아 지역은 유독 고령화가 빠르다. 먼저 고령화를 걱정했던 유럽이나 인구 '재생산'이 그럭저럭 잘 이뤄지고 있는 북미, 호주와 뉴질랜드보다도 나이든 인구가 훨씬 빠르게 늘고 있다. 2019년에 세계의 65세 이상 인구의 37퍼센트가 동아시아와 동남아시아에 살고 있으며, 그 비율은 2050년에도 비슷할 것으로 추산된다. 반면 유럽과 북미의 경우는 세계 고령인구에서 차지하는 비율이 29퍼센트에서 19퍼센트로 오히려 줄어들 전망이다.[77]

한국, 중국, 일본 3개국으로 범위를 좁혀보자. 이미 초고령사회에 진입한 일본의 경우 65세 이상 인구가 전체의 4분의 1을 넘어섰다. 2019년 일본 《고령사회백서》[78]를 보면 65세 이상 인구는 3515만 명으로 총인구 대비 27.7퍼센트다. 일반적 기준에 따르면 이미 일본은 초고령사회에 진입한 상태다. 한국과 중국의 고령화율은 가파른 증가세다. 중국 국가통계국에 따르면 65세 이상 인구 비율은 4퍼센트대이던 1982년 이후 꾸준히 증가해 현재 11.9퍼센트, 1억 6600만 명에 이른다.[79] 한국도 상황은 비슷하다. 2019년 65세 이상 인구 비율은 14.9퍼센트로 고령사회에 진입했다.[80] 유엔 보고서는 지금의 증가세면 2050년 한중일의 노인인구 비율이 각각 19.7퍼센트, 26.1퍼센트, 37.7퍼센트에 이를 것이라고 전망했다.

서구에 비해 급격한 산업화와 저출산 등이 맞물려 인구의 고령화가 진행되면서 2035년이면 세계 노인인구 열 명 가운데 세 명이 동북아 삼국에서 살아가게 될 것이라는 관측도 나온다. 특히 중국은 한국, 일본과 달리 일인당 국내총생산이 높아지는 등 선진국에 진입하기 전 고령화가 진행되는 이른바 '웨이푸셴라오未富先老' 현상을 두고 우려가 커지고 있다. "노동 집약적 제조업에 엄청난 비중을 두고 있고 노인을 보호할 사회 안전망이 없는 중국은 '회색 물결'이 가져올 사회적 변화에 대비할 준비가 돼 있지 않다"[81]는 것이다.

인구 고령화가 안보 정세에까지 영향을 미칠 수 있다는 의견도

19세기 유럽 여성이 거치는 삶의 단계. 출생 시 기대수명이 마흔 안팎이었던 당시 영국인들이 생각하는 이상적인 삶이란 쉰에 이르러 인생의 정점을 맞아 백세까지 사는 것이었다. 그러나 기대수명이 83세가 넘는 오늘날 현대인들은 오래 사는 것을 넘어 하비거스트가 주창한 '성공적인 노화', 잘 늙어가는 것을 바라며 죽는 순간까지 성장하고 싶어 한다. 제임스 베일리, 1848년.

있다. 미국의 정치학자 마크 하스_{Mark Haas}[82]는 이른바 '고령화사회의 평화_{Geriatric Peace}'가 올 것이라고 주장한다. 중국의 노인 인구가 증가하고 관련 복지 지출이 급증하면 국방 예산을 결국 삭감할 수밖에 없을 것이고 그로 인해 평화가 유지될 것이라는 관측이다. 어떤 식으로든 고령화가 가져올 인구구조 변화의 파급이 상당할 것이라는 데는 이의가 없는 듯하다.

공동주택에서
'하류노인'까지,
일본의 고민과 모색

　　　　　　이미 노인대국이라 불리는 일본 사회는 다양한 방식으로 나이 든 뒤의 삶을 준비하고 있다. 노인가구가 증가하면서 노인 혼자서 살기에 적합한 주거환경을 확보한다든지, 의료시설과 여가활동을 즐길 수 있는 인프라를 확장하는 식이다.

81세 미우라 사치코의 경우[83]를 보자. 그는 대도시 교외에 있는 리모델링된 아파트에서 산다. 대형 슈퍼마켓, 스파, 병원이 아파트 주변에 있다. 오전 6시에 일어나면 아침 식사를 하고 청소와 빨래를 마친다. 오전 9시 반 아파트 단지 1층 강당에 모여 여러 사람들과 간단한 체조를 한다. 빼먹지 말아야 하는 일상은 생활을 도와주는 보호사에게 별일이 없다고 알리는 일이다. 미우라 씨가 연락이 없으면 직원이 그를 찾아가 안부를 확인한다. 방에는 보안 업체가 설치한 센서가 있어서 일정 시간 동안 움직임이 포착되지 않으면 직원이 찾아가도록 돼 있다.

그동안 '노동 생산성'을 기준으로 놓고 사람을 '노동력'으로만 계산하자니, 젊은이들은 물론이고 노인들조차 스스로를 '짐'으로 여겨왔다. 그러나 노인의 사회 활동이나 사회적 기여에 대한 생각도 바꿀 필요가 있다. 일본의 한 보고서에 따르면 60~69세의 70퍼센트, 70세 이상의 50퍼센트가 자원봉사를 하거나 지역사회를 기반으로 한 활동, 취미활동을 하고 있는 것으로 나타났다. 게이오스포츠의학 연구소에 따르면 스트레칭, 걷기 등의 가벼운 운동을 통해 노인들의 근육도 계속 강화될 수 있다는 연구 결과가 발표됐다.[84]

고령사회를 지나 초고령사회를 앞둔 지금, 어떻게 하면 노인이 사회 구성원으로서 품위 있는 삶을 유지할 수 있을지, 노인이 증가하는 인구구조에서 우리 사회는 어떤 방식으로 생존할 수 있을지 공동체가 머리를 맞대야 한다. 문제는 이 과정에서 발생하는 사각지대다.

"아침 커튼 틈으로 새어드는 햇빛이 옷가지와 전단지가 나뒹구는 너저분한 방을 비춘다. 몸이 무거워 제대로 움직일 수 없다. 겨우 일어나 세수를 한다. 냄비에 남아 있는 밥으로 대충 아침을 해결하고, 약을 한 줌 입에 털어 넣는다. 약값이 비싸 병원에는 자주 갈 수 없어서 처방받은 약은 절반만 먹는다. 근처 공원에 나가 그곳 벤치에서 하루를 보낸다. 말을 거는 사람은 아무도 없다. 저녁이 되면 집에 돌아와 싸구려 쌀로 지은 밥과 마트 반찬 코너의 할인 반찬 하나로 저녁 식사를 해결한다."[85]

생활 빈곤자를 지원하는 비영리 법인 홋토플러스 대표인 후지타 다카노리藤田孝典가 《2020 하류노인이 온다》에서 언급한 고령자의 모습이다. 나이는 들었는데 약값도, 하다못해 전기요금도 제대로 내기 힘든 사람들을 일본에서는 '하류노인下流老人'이라고 부른다. 짐작할 수 있듯이 기본적인 생활이 불가능한 상황에 처한 노인들이다. 후지타는 하류노인들이 3무無 상태라고 분석했다. 수입이 없고, 충분한 저축이 없으며, 의지할 사람이 없다는 것이다.

'66세에 8000만 원 받는다? 연금으로 노후 플렉스하는 법.' '40대가 노후 준비를 할 때 꼭 알아야 할 세 가지.' '직장인, 7억은 있어야 노후 대비 가능!'

보험사 광고나 언론 보도에서 흔히 찾아볼 수 있는 문구들이다. 나이 듦에 맞춰 살 만한 환경을 정비하고 건강을 스스로 챙길 수 있는 이들도 있지만, 그렇지 못한 사람도 적지 않다. 어찌 보면 노후는 늙어가는 사회 전체의 화두다. 평생 번 돈은 가족을 먹여 살리는 데다 쏟아부었지만 더 이상 일을 해 돈을 벌기는 힘든 처지가 될 수 있다. 그런 70~80대의 '나'를 위해 미리 여윳돈을 모아둔 사람이 얼마나 될까. 2019년 경제협력개발기구(OECD) 통계[86]를 보면 65세 이상 인구 가운데 13.5퍼센트는 가처분소득이 평균 중위소득의 절반에도 미치지 못했다. 그중에서도 노인의 소득빈곤율이 가장 높은 국가는 한국(43.8%)이었고 에스토니아, 라트비아 등이 뒤를 이었다.

소득만을 대상으로 한 통계이기 때문에 개인이 가진 집이나 부동산, 예금을 다 포함하면 한국 노인들이 OECD 지표만큼 가난하지는 않을 것이다. 하지만 전체 한국 노년층 가구 가운데 상당수가 집과 예금을 '살 만한 수준'으로 갖고 있지는 못하다는 것 또한 사실이다.

　누구나 나이를 먹고 누구나 노인이 된다. 아직 노인이 되지 않은 세대들은 미래를 걱정하며 대비하지만, 저성장 시대에 노후 준비로 떼어둘 경제적 여유가 없는 것은 이미 노인이 된 세대의 처지와 다르지 않다. 직장인 네 명 가운데 세 명은 "노후 준비를 잘 못 하"고 있다는 조사 결과도 있다.[87]

나이 들어
'늙은 소'가
되어버린 사람들

　　　　　　　　　　　"터미널 사람들은 나를 '임계장'이라고 불렀다. 처음에는 성씨를 잘못 알아 그렇게 부르는 줄 알았다. 알고 보니 '임시 계약직'이라는 말에 노인 '장長'자를 하나 덧붙인 것이다. … 나이 들면 온화한 눈빛으로 살아가고 싶었는데 백발이 되어서도 핏발 선 눈으로 거친 생계를 이어가게 될 줄은 몰랐다. 문득 터미널을 둘러봤다. 구석구석을 쓸고 있는 등이 굽은 할아버지들과 늦은 오후 영화관으로 출근하는 할머니들이 눈에 들어왔다. 임계장은 나 혼자가 아니었다."[88]

　60대 노동자 조정진 씨가 쓴 《임계장 이야기》에는 노인 노동의 실태가 고스란히 담겨 있다. 38년간 공기업에서 일하다 퇴직한 그에

겐 주택담보대출이 남아 있었다. 은행은 퇴직과 함께 신용이 사라졌다며 대출금을 갚으라고 했다. 그런데 그에게는 자녀의 학자금 대출까지 남아 있다. 그래서 다시 일터로 향했다. 주어진 선택지는 임계장, '임시 계약직 노인장'이 되는 것뿐이었다. 마지막으로 일했던 회사에서 쓰러져 응급실로 실려갔다. "지금 직장이 없어지면 건강보험이 없어지니 며칠만이라도 질병휴가로 해달라"는 요청을 회사는 거부했다. 그는 자신 같은 노인 노동자를 '늙은 소'에 빗댔다.

"왜 어떤 노인들은 여유가 있는데 어떤 노인들은 먹고 살기도 힘든 것일까?" 어리석은 질문이다. 나이와 성별을 막론하고, 모든 가난에는 비슷한 이유가 있다. 젊어서 가난하고 돈을 모으지 못한 사람들은 나이가 들어 경제활동이 줄어들면 더 극심한 빈곤으로 빠지기 쉽다. 2020년 6월 《보건사회연구》에 실린 〈노인빈곤 원인에 대한 고찰: 노동시장 경험과 가족구조 변화를 중심으로〉라는 논문[89]은 50대에 어떤 일자리에 있었느냐가 65세 이후의 빈곤을 결정짓는다는 조사 결과를 담았다. 정규직으로 안정적인 수입을 유지한 이들은 노후에도 윤택했지만 그 반대라면 빈곤 노인이 될 확률이 높았다. 예상 가능한 일이다. 특히 한국은 경제발전기에 대기업 중심으로 성장하면서 기업 규모가 임금뿐 아니라 복지와 노후까지 결정짓는 구조가 돼버렸다.

다른 나라라고 사정이 크게 다르지는 않다. 코리 M. 에이브럼슨 애리조나 대학교 교수는 2년 반 동안 네 개 도시에서 다양한 사회경제적, 인종적 배경을 지닌 노인들을 인터뷰한 결과를 정리해 《불평등이 노년의 삶을 어떻게 형성하는가》를 집필했다. 그는 "개인과 지역 수준의 물질적 자원과 부의 차이는 노년에도 계속해서 선택권, 기회, 결과에 대한 영향을 미친다"고 말한다.[90]

'늙어서 가난한 것은 젊었을 때에 열심히 일하지 않았기 때문'이라는 것은 순진한 믿음이며 허구일 뿐이다. 에이브럼슨 교수가 지적한 내용 중에 '지역 수준의 차이'에 주목해보자. 좋은 동네, 비싼 동네는 주거시설이나 식생활, 재교육과 취미생활 등에서 노인에 대한 지원이 더 많다. 빈익빈 부익부가 노후에도 '구조적으로' 적용된다.

노인들이 겪는 문제가 돈만은 아니다. 사회적 고립도 고령자들의 삶의 질에 심대한 영향을 끼친다. 한국만 해도 1인 가구가 계속 늘고 있고, 2019년에는 노인 1인 가구가 150만으로 전체 1인 가구의 25퍼센트를 차지했다.[91] 일본에서 먼저 제기된 '고독사' 현상은 이미 한국에서도 나타나고 있다. '무연고 사망자' 약 1만 명 중 65세 이상이 43퍼센트라는 조사 결과도 있었다.[92] 무연고 사망자는 죽은 이의 신원을 확인해줄 가족이 없거나 가족이 시신 인수를 거부하는 사례를 가리킨다. 한 장례 자원 봉사자는 이들이 "죽어서 잊히는 게 아니고 살아 있는 동안 이미 잊힌 사람들"[93]이라고 말한다.

일본에선 독거노인과 관련한 보험 상품이 속속 나오고 있다. '고독사 보험'은 독거노인에게 집이나 방을 빌려주지 않으려는 집주인이 많아지자 그 부산물로 나온 상품이다. 세입자가 연고 없이 사망했을 때 다음 세입자가 들어올 때까지의 임대료 손실을 보전해주고, 고인의 유품을 정리하며 내부를 수리하는 등의 비용을 보장해주는

것이다.[94]

고립된 느낌이 빈곤과 맞물리면서 극단적인 선택을 하는 노인들도 있다. "충남의 한 농촌 마을에서 3년 전 음독자살한 김씨(가명)는 재산 대부분을 큰아들에게 증여한 뒤 다른 자녀들과 불화가 생겨 관계가 멀어졌다. 이웃과 왕래조차 없었던 그는 지역 보건소장에게 '죽고 싶다'고 자주 털어놨지만 뾰족한 해답을 찾지 못하자 결국에는 잘못된 선택을 했다."[95] 드물지 않게 접할 수 있는 노인 자살 사례다. 다른 나라들과 비교해서도 한국의 노인 자살률은 압도적으로 높다. 보건복지부와 중앙자살예방센터가 펴낸《2020 자살예방백서》를 보면 자살자는 60대에서 70대, 80대로 갈수록 늘어나는 것으로 나타났다.

점점 늘어가는
노인들을 누가 어떻게
돌볼 것인가?

빈곤과 사회적 고립 등 모든 것을 관통하는 노인 문제의 핵심은 '돌봄'으로 모아진다. 누가 노인을 돌볼 것인가, 그 돈은 누가 낼 것인가, 어디에서 어떻게 살게 할 것인가, 국가의 법규와 제도는 어떤 형태여야 하는가. 이 대답을 찾는 과정이 노인 문제를 푸는 과정이 될 것이다.

전통적으로 돌봄은 가족의 몫이었다. 통계청에 따르면 2012년 노인들에게 물었을 때 '가족이 노후를 책임져야 한다'는 사람이 36.6퍼센트, 가족과 정부와 사회가 책임져야 한다는 비율은 34.6퍼센트였다. 그러나 2018년 조사에선 가족이 해결해야 한다는 응답이 29.7퍼센트로 줄었다.[96]

노인을 돌보는 일이 여성들에게 대부분 맡겨지는 것, 그리고 돌봄 노동이 저임금 직종이라는 것은 구조적인 문제다. 서울대학교 국제대학원 '국제이주와 포용사회센터'의 〈한국의 노인 및 아동 돌봄 가족조사〉 연구를 보면 가족 가운데 노인을 돌보는 사람은 딸(35.0%)과 며느리(36.7%), 배우자(15.6%), 아들(11.0%) 순이었다. 돌봄 전담자 대부분이 여성인 것이다. 연구를 이끈 문현아 박사는 이렇게 말했다.

"한국 사회는 누가 이 힘든 돌봄을 해야 하는지 합의는커녕 제대로 이야기해본 적도 없어요. 한 세대 전까지는 며느리가 '당연히' 해왔던 일이죠. 하지만 돌봄이 평가절하되고 여전히 여성의 일로만 여겨지는 사회 분위기가 변하지 않으니 시대가 바뀐 지금도 결국 가족 내 여자들이 나눠서 맡고 있는 겁니다."[97]

돈을 받고 노인을 돌보는 일 역시 여성의 몫이다. 국제노동기구(ILO)는 인구통계학적 변화에 따른 일의 미래를 예측하면서 고령자 돌봄 서비스가 미래의 일자리 중 큰 부분을 차지할 것으로 봤다. ILO는 "돌봄 수요가 지속적으로 확대되고 다양화됨에 따라 돌봄경제는 미래의 고용창출원이 될 것으로 예상된다"면서도 "그러나 대다수의 돌봄노동자는 비공식 고용된 여성들, 특히 착취와 배타적인 관행에 취약한 이주노동자들이 많다"고 지적했다.[98] 한국의 경우만 봐도 요양보호사 중 남성은 5퍼센트에 불과하다. 간병인의 경우도 마찬가지다. 노인을 돌보는 일이 사설화된 시장에 맡겨지면서, 그 영역에서 일하는 여성들이 성희롱과 성폭력에 노출되기도 한다.

돌봄을 기술에 맡기면 어떨까. 가족 돌봄보다 전문 간병인에게 노년을 의지해온 서구에서는 이미 노인요양을 위한 로봇, 이른바 케어봇Carebot이 한창 개발되고 있다.[99] 카트를 끌거나 환자를 들어 올리는 간단한 기능에서부터 처방된 약을 나눠주거나 환자에게 레크리에이션을 제공하는 로봇도 있다. 국제로보틱스연맹(IFR)에 따르면 2018년 기준으로 노약자와 장애인을 돕기 위해 설계된 로봇 시장 규모는 4800만 달러로 아직은 작다.[100] 재활을 돕는 로봇 전체로 확대하면 3억 1000만 달러 규모로 늘어난다. IFR은 사용자의 신체적, 사회적 참여를 돕는 소셜로봇이나 재활로봇 시장이 매년 커질 것으로 예상했다.

다른 분야와 마찬가지로 돌봄노동이 이주노동자들에게 맡겨질 수도 있다. 이미 중국동포들이 한국에서 그런 일을 많이 하고 있다. 전문직들에만 외국인 취업비자를 내주던 일본도 '특정기능' 자격을 신설해 간병을 포함한 서비스업과 농어업 등에 투입하기로 2018년 법을 바꿨다.

노인은 품위를 잃지 않고, 돌보는 이들은 정당한 대가를 누릴 수 없을까. '돌봄노동의 사회화'를 얘기하는 이들이 많아지는 것은 이런 이유에서다. 국가와 사회 모두의 일임을 인식하는 데에서 출발해야 한다는 뜻이다. 나이든 세대나 돌봄노동자만의 문제가 아니다. ILO가 지적했듯이, 늙어가는 세계에서 앞으로 일자리의 상당수는 '고령화 관련 산업'에서 나올 것이다. 세금으로 노인을 부양하는 비용을 모두 충당할 게 아니라 다양한 상상과 시도와 연대가 필요하다.

돌봄노동의 가치를 제대로 평가하고 정부의 지원과 투자 등을 통해 일자리를 늘리고, 정당한 대가를 받으며 여러 경제주체가 참여하는 선순환 구조를 만들어야 한다. 정부와 민간, 기관과 개인이 함께 고령화 시대에 맞는 사회 안전망을 구축해야 하는 것이다.

함께 살아야
사람답게
나이 들 수 있다

영국 런던에 살고 있는 95세 플로렌스와 27세 알렉산드라는 '하우스메이트'다. 할머니와 손녀 사이는 아니다. 68세의 나이차를 뛰어넘은 '친구'다. 플로렌스는 방을, 알렉산드라는 약간의 임대료와 집안일에 노동력을 제공하며 함께 산다. 플로렌스는 말한다. "외로움은 끔찍한 일입니다. 집에 사람이 있으니 넘어지거나 다치는 것도 걱정할 필요가 없어요. 어떤 사람은 젊은이랑 사는 것에 대해서 우려할 수도 있지만 알렉산드라는 내 친한 친구입니다." 런던의 비싼 집값을 감당하기 어려운 알렉산드라에게도 "저녁에 돌아올 수 있

는 편안한 집이 있다는 것”은 행운이다.**101**

영국의 웹사이트 홈셰어UK에 소개된 두 사람의 이야기다. 이들은 영국 정부의 시범정책인 '홈셰어 파트너십 프로그램' 덕에 한 식구가 됐다. 이 프로그램은 고령층과 젊은층을 연결해 노인은 방을 내주고 젊은이는 노인의 삶을 도와주게 했다. 집을 함께 쓰는 홈셰어링 Homg sharing은 노인들이 외로움에 시달리지 않게 해주고, 건강을 누군가가 지켜볼 수 있게 해주는 동시에 젊은이들에게는 경제적 도움을 준다. 세대 갈등을 줄여주는 역할도 한다. 일본 사단법인 셰어하우스협회도 2014년 '다세대 공생형' 셰어하우스를 열었다. 25세 이상의 성인이면 참여할 수 있다.**102**

노인들이 생활공간을 함께 쓰는 형태는 다양하다. 노인들끼리 모여 살며 고립감을 피하는 코하우징 co-housing도 있다. 각자 침실과 주거 공간이 있지만 공동의 공간을 두고 커뮤니티 활동을 하는 형태다. 덴마크에서 시작된 '미드고즈그루펜 Midgårdsgruppen', 스웨덴의 '페르드크네펜Färdknäppen' 등이 대표적인 사례. 북유럽 국가들은 코하우징이 앞선 나라들로 꼽힌다.

일본의 경우엔 '돌봄이 가능한 주거 형태'를 만들려는 시도가 이어지고 있다. 지바 현 가시와柏에는 1964년 지어진 임대아파트 단지를 고쳐 만든 도요시키다이豊四季台라는 주택 단지가 있다. 이곳은 도쿄에서 멀지 않은 수도권이라 한때는 각광받던 주택단지였지만 시간이 지나 건물은 낡고 입주민들도 나이를 먹으면서 쇠락했다. 여기에서 고령사회에 적합한 마을 만들기 프로젝트가 시작됐다. '돌봄과 간병'을 쉽게 할 수 있고, 나이 든 주민들은 안심하고 살 수 있는 마을을 만드는 '도요시키다이 프로젝트: 에이징 인 플레이스'다.

공공기관인 도시재생기구(URA)가 추진한 이 프로젝트의 핵심은 '지역포괄케어시스템'과 '재택의료체계'다. 단지 안에 의료센터를 만들어 단지 밖 주민에게도 개방했고, 정보통신 기술을 바탕으로 재택의료가 가능하게 했다. 이곳 의료센터는 주변 지역 병원 직원들이 순환근무를 하는 식으로 운영된다. 커뮤니티 키친을 만들고 주변 빈 땅에 농장을 일궈 일자리도 만들었다. 도요시키다이 프로젝트는 노인—지역—의료산업을 하나로 엮은 모델로 세계의 관심을 끌었다.[103]

네덜란드에도 이와 비슷한 모델이 존재한다. '레번스로베스텐디허Levensloopbestendige'는 '삶을 위한 주택'을 뜻하는 네덜란드어다. 후마니타스라는 비정부기구가 나이 든 사람들을 위해 조성한 주택단지로 1992년 로테르담에 세 개 단지 350가구로 문을 열었다. 이후 주택단지는 15개 단지 1700가구로 늘어나 2500여 명이 살고 있으며, 입주 대기 리스트에는 1만 명 이상이 이름을 올려놓고 있다.

이 아파트가 내세운 것은 연령대가 조금씩 다른 그룹들을 섞어 교류를 제공하고 최대한 '자치'를 보장해 단지 내 커뮤니티의 만족도를 높이는 것이다. 프로젝트를 시작한 후마니타스의 한스 베커는 특히 '자치'를 강조한다. 노인들은 젊은 사람들에게 의존할 수밖에 없다고 흔히들 생각하지만, 신체활동에서 다소 기민하지 못하거나 타인의 도움을 받는다 해도 스스로 결정하고 자존감을 유지하는 것은 행복의 빼놓을 수 없는 조건이다. 그가 두 번째로 강조하는 것은 '활용'이다. 몸이든 감정이든 쓰지 않으면 퇴화한다. 세 번째로 강조하는 것은 온갖 규정을 강요당할 수밖에 없는 장기요양시설과 달리 노인 주민들의 요구를 '중요하게 생각하는 것'이다.[104]

아파트에는 55세 이상이면 입주할 수 있는데, 입주자를 세 그룹으로 분류한다. 하나는 혼자서 움직일 수 있는 사람이고, 다른 하나는 일상생활에서 누군가의 도움이 어느 정도 필요한 사람이며, 마지막은 의료를 비롯해 규칙적으로 도움을 받아야 하는 사람이다. 단지에서는 세 그룹을 분류하지 않고 함께 생활하면서 서로 돕게 한다.

주거 공간과 별도로 아파트 1층에는 공동 공간이 있고, 식당이나 매점도 있다. 산소호흡기와 휠체어도 비치돼 있다. 후마니타스 재단 측은 고령화가 빨라지고 있기 때문에 네덜란드에서만 매년 수만 채의 '노인들을 위한 설비'가 된 주택이 더 필요해질 것으로 본다. 이 프로젝트가 시사하는 바는 '시설'뿐만 아니라 자립감과 교류 등이 노인의 행복과 삶의 질에 중요하다는 것을 인식하고 보장해줘야 한다는 사실이다.

미국에서는 학생 숫자가 줄어든 대학 캠퍼스에 노인 주거단지를 만드는 실험이 벌어지고 있다. 대학 안에 20층짜리 은퇴자용 아파트를 짓고 있는 애리조나 대학교가 대표적인 예다.[105]

신체 활동이 힘들어진 노인들은 주거 모델이 아니라 노인을 집단으로 돌보는 전통적인 방식의 요양원을 찾을 수밖에 없다. 하지만 코로나19 팬데믹 속에서 이런 요양원은 특히 취약성을 드러냈다.

2020년 12월까지 노인 요양시설 거주자와 직원 중 약 11만 명이 코로나19로 사망했다. 스페인에서는 요양시설 직원들이 코로나19 공포감에 도망친 뒤 방치된 노인들이 숨진 채 발견된 일도 있었다.[106] 한국에서도 요양원이나 노인들을 돌보는 주야간 보호센터 등에서 집단 감염이 꼬리를 물고 발생했다.

팬데믹 같은 예외 상황이 아니라도 노인을 돌보는 현실이 녹록치 않다는 점을 《아사히신문》 취재팀이 전한 바 있다. 평범한 단독주택을 개조해 노인들을 돌보는 '케어센터'는 네 평 남짓한 방에 침대 네 개가 놓여 있고 야근하는 직원이 한 명뿐이다. 그럼에도 하룻밤에 단 800엔의 숙박료가 들기에 꾸준히 찾는 단골들이 있다.[107]

고령화는
'인구 시한폭탄'
문제가 아니다

인간은 누구나 늙는다. 출생과 함께 노화와 죽음도 개인에게 운명과 같은 일이지만, 신체 능력이 줄어든 사람들에 대한 편견과 차별이 존재하는 것도 사실이다. 세계보건기구(WHO)는 "나이를 기준으로 행해지는 정형화, 편견, 차별"을 에이지즘 ageism (연령차별)이라 정의하면서 "노인들의 건강에 해로운 음험한 관행"이라 불렀다. 젠더차별이나 인종차별에 비해 연령차별은 더욱 광범위하면서도 저항이 적고 '정상적인 상황'으로 받아들여진다는 특징이 있다. 차별 자체가 제대로 인지되지 않고, 그 부작용을 고쳐 나가기도 쉽지 않다는 뜻이다. 직장에서의 연령 제한도 에이지즘의 한 예가 될 수 있다. 노인들도 일을 해 먹고살아야 하지만 거의 모든 기업이나 기관에는 '정년'이 있다. 일자리 경쟁이 심해지면서 나이가 든 사람들이 계속 일하는 것을 '청년층 일자리 빼앗기'로 보는 시각도 존재한다.

여기에는 임금구조도 영향을 미친 것이 사실이다. 한국이나 일본 같은 사회에서는 특히 '연공서열'이라 불리는 임금 승진제도가 오랫동안 굳어져 있었다. 오래 근속하면 직급이 높아지고 임금도 올라가는 구조였던 것이다. 최근에는 '임금피크제' 등의 방식이 도입되고 있으나 기업은 '나이 든 정규직'보다는 '젊은 비정규직'을 비용 측면에서 선호한다. OECD는 정년을 없앨 것을 권고하고 있고 미국이나 영국처럼 아예 정년제가 없는 나라도 있는데, 그 전제조건은 노동시장의 유연성이다. 하지만 이는 자칫 '임계장'을 양산하는 시스템이 될 수도 있다.

당위성만 놓고 보면 개인의 신체적 조건이 다른 만큼 연령에 따른 차별도 당연히 사라져야 하지만 여기에는 연금을 받는 나이, 청년실업, 적정임금의 수준 같은 복잡한 계산이 밑바탕에 깔려 있다. 정년을 폐지한 미국이나 영국은 상대적으로 해고가 자유롭고 임금체계가 탄력적인 반면 프랑스에서는 정년을 늦추고, 연금 수령 시기도 늦추자는 정부안이 국민적 반발에 부딪히기도 했다.

한국에서도 노인 문제는 뜨거운 이슈다. 전쟁과 빈곤의 경험을 갖고 있고 반공 이데올로기가 몸에 밴 노년층과 고속 성장 속에 민주화를 쟁취한 청장년층 간의 갈등이 표출되기도 한다. '보수'를 자처하는 대한민국어버이연합은 '태극기 집회'를 비롯해 다양한 정치, 경제, 사회 이슈에서 극우의 입장을 취했다. 태극기와 함께 성조기를 흔들고 위안부 문제에서 일본 편에 가까운 입장을 취하고 '박근혜 대통령 지키기'를 외치고 퀴어 퍼레이드를 방해하는 일부 극렬 우파 노인들의 존재는 한국 사회에서 나이 든 이들에 대한 혐오감을 부추긴 측면이 있다. 노인층을 향해 '틀딱', '연금충' 같은 혐오 표현을 쓰며 비하하는 것은 잘못된 일이지만, 한국 사회에서 다양한 가치와 시대의 변화를 수용하지 못하는 노인들의 경직성이 그런 반작용을 부른 것도 사실이다. 채현국 효암학교 이사장은 '세월호 선동 세력 규탄 집회'를 열던 어버이연합시위대를 보며 이렇게 말했다.

"늙으면 지혜로워진다는 건 거짓말입니다. 농경시대의 꿈같은 소리입니다. 늙으면 뻔뻔해집니다. 각성하지 않는다면 여러분도 서로에게 상처를 주는 존재가 될 수 있는 거야. 그들을 욕해봤자 소용없어요. 욕을 넘어서야 해요. 그런 자들이 바로 못 하게끔 젊은이들이 좀 더 분발해야 합니다."[108]

사회가 약자를 경멸하고 보듬지 못할 때, 신체적 능력이 취약한 노인은 학대의 대상이 되기 쉽다. 미국 질병통제예방센터(CDC) 지표를 보면 미국에서는 60세 이상 노인 여섯 명 가운데 한 명이 방치나 착취 같은 학대에 노출돼 있다. 2002년부터 2016년까지 응급실에서 폭행으로 치료받은 노인이 64만 명이 넘고 노인 살인사건도 2만 건 가까이 일어났다. CDC는 특히 "노인들은 의지하는 누군가에게 학대를 받게 되는 경우가 많다"는 점을 위험 요인으로 지적하면서, 폭력을 신고하지 않는 경우가 많기 때문에 통계에 누락된 학대도 많을 것으로 봤다.[109]

일본에서도 노인 학대는 큰 문제가 되고 있다. 후생노동성에 따르면 2018년 한 해에만 노인시설에서 학대 사건 621건이 보고됐다. 폭력과 감금 등 신체적 학대, 폭언을 비롯한 심리적 학대, 식사를 줄이거나 장시간 방치하는 등 돌봄을 게을리한 사례들이었다. 가정에서 가족과 친척들이 노인을 학대한 사건은 1만 7000건이 넘었다.[110] 노인가구 즉 나이든 부부 사이에 벌어지는 '노-노 폭력', 오랜 간병에 지친 가족이 노인을 살해하는 '간병 살인' 같은 일들은 일본뿐 아니라 한국에서도 일어나고 있다.

젊은이들의 체력만큼이나 노인의 지혜도 사회적 자본이 될 수 있다. 그러나 고령화사회에 맞는 시스템이 아니라 양적 생산성만 강조하는 낡은 시스템을 기준으로 사고하면 '경제활동 인구'에서 노인이 배제돼버린다. 그러다 보니 노인은 '사회가 부양해야 할 짐'으로 여겨지게 된다. 고령화를 '인구 시한폭탄'으로 규정하는 미디어도 문제다. 노인에 대한 인식을 조사한 연구 결과를 보면 젊은 세대뿐 아니라 노인 스스로도 노인에 대해 부정적으로 인식하는 것으로 나타난다. 부정적인 인식과 구조적 차별은 특히 여성 노인에게 집중되곤 한다. 남성 노인보다 더 가난하고, 연금소득에서도 밀리고, 노인이 돼서까지 또 다른 노인이나 가족을 돌봐야 하는 여성 노인에게는 전 생애에 걸쳐 누적된 차별이 덧씌워진다.

고령화로 노동력이 부족해질까 걱정이라면, 노동시장에 더 많은 노동력이 투입될 수 있게 해야 한다. 노인이 노동시장에서 더 일할 수 있게 하고, '경단녀'를 비롯해 여성 노동력을 더 많이 활용하는 쪽으로 구조적인 대책을 강구해야 한다.

저 앞에 서 있는
노인이
우리의 미래다

'코리아 그랜마' 박막례는 100만 명이 넘는 구독자를 지닌 유튜버다. 자매들이 치매를 겪는 것을 보고 '더 늦기 전에 하고 싶은 일을 하자'며 손녀와 함께 2017년 영상 콘텐츠를 만들기 시작했다. 세계 여행을 하고, 거침없는 입담으로 다양한 대화 주제를 섭렵하며, 유튜브와 구글의 최고경영자를 만나는 등 '막례쓰'의 활동이 고스란히 영상으로 기록된다. 채널 타이틀은 '73세 크리에이터 인생은 아름다워'이고 그가 쓴 자서전의 제목은 '박막례, 이대로 죽을 순 없다'다.

'드라이빙 미스 노마'라는 페이스북 페이지로 유명한 노마 바우어슈미트Norma Bauerschmidt는 90세에 자궁암 진단을 받은 뒤 항암 치료를 받는 대신 미국 대륙을 일 년 넘게 횡단했다. 열기구를 타고, 네일케어를 받고 아흔 평생 처음인 일들이 가득한 모험을 펼치며 어디가 가장 좋았느냐는 질문에는 늘 "바로 이곳"이라고 답했다.[111] 86세에 최고령 여성 스카이다이버라는 타이틀을 딴 영국의 딜리스 프라이스Dilys Price는 50대에 처음 스카이다이빙의 '첫 점프'를 맛본 뒤 전 세계를 누비며 수백 번 하늘에서 뛰어내렸다.[112] 103세까지 현역 과학자로 활동한 호주의 데이비드 구달David Goodall, 미국 뉴욕에서 106세까지 이발사로 일한 앤서니 맨치넬리Anthony Mancinelli, 105세 내과의사인 일본의 히노하라 시게아키日野原重明…, 세상을 떠나기 전까지 나이라는 장벽에 대한 사회의 선입견을 깨부순 사람들이다. 고령자들이 일하는 일본 나카쓰가와中津川의 금속부품회사 '가토제작소'를 다룬《60세 이상만 고용합니다》가 한국에서도 화제가 되기도 했다.

WHO는 2020년부터 2030년까지를 '건강하게 나이 들기'를 위한 10년으로 정의했다. '건강하게 나이 들기'는 2015년 논의되기 시작한 개념으로, 단순히 질병이 없고 쇠약하지 않은 상태를 일컫는 것이 아니라 노년기에도 삶의 질을 높일 수 있도록 기능을 개발하고 유지하는 모든 과정으로 정의된다. '건강하게 나이 들기' 위해서는 개인의 육체적, 정신적인 능력과 함께 가정과 지역, 사회의 환경도 중요하다.

WHO는 건강하게 나이 들기의 성공 조건 두 가지를 제시한다. 첫째는 다양성이다. 뭉뚱그려 '노인'이라고 부르지만 모든 노인은 한 명 한 명이 고유한 존재들이다. 두 번째는 노인 문제가 개인의 문제로 한정되지 않는다는 점이다. 노인이 가진 능력의 대부분은 타고난 것이 아니라 오랜 기간 환경과 상호작용하며 누적된 결과다. 따라서 가족, 성별, 교육 수준과 자산, 인종 같은 여러 측면에서 접근해야 한다고 WHO는 제안한다.

출생과 양육, 나이 듦이 모두 순조로운 사회를 만드는 것이 앞으로의 과제라면 고령화라는 현상을 있는 그대로 받아들이고 함께 살아갈 준비를 해야 한다. 인류가 백세까지 사는 '호모 헌드레드'의 시대, 노인은 우리 모두의 미래다.

기원전 4000년

기후변화로 습지대 농부들이 우르로 몰려들면서 도시문명 형성.

1666년

영국, 런던대화재 발생. 이후 건축법과 소방체계, 보험 정비.

2013년

중국 베이징의 농민공들, 비정규직 노동자의 자살에 대한 진상조자를 요구하며 시위.

1853년

프랑스 파리, 오스만 남작의 주도로 도시 근대화 작업 시작.

2018년

인도네시아, 자카르타의 도시문제 해결을 위해 수도 이전 발표.

630년

무함마드, 메카 재입성.

1993년

한국 서울시, 쓰레기 수용량 초과로 난지도 쓰레기 매립장 폐쇄.

1585년

네덜란드, 암스테르담 운하 공사 시작.

불에 타는 용산 남일당 빌딩 옥상. 서울시 도시 재개발 사업 과정에서 주거 이전에 따른 보상 대책에 반발하던 용산 4구역 철거민과 경찰이 대치하던 중 발생한 화재로 시민과 경찰 등 일곱 명이 사망했다. 서울시 소방재난본부, 2009년 1월 20일.

홍콩의 대표적 밀집주택인 익청빌딩. 도시가 커질수록 역설적으로 사람의 공간은 좁아지기도 한다. 칼 로벤, 2019년.

난지도에 쓰레기를 버리고 가는 트럭. 난지도는 서울에서 배출되는 쓰레기를 처리하기 위해 1978년 지정된 대규모 매립장으로, 1993년 폐쇄될 무렵에는 1억 톤에 달하는 높이 90미터의 쓰레기 산으로 변했다. 난지한강공원은 그 쓰레기 산을 친환경적으로 새롭게 조성한 공간이다.

점점 커지는 도시,
점점 짙어지는 그늘

블랙홀처럼 모든 것을 빨아들이는 공간에서 산다는 것

2017년 나이지리아의 최대 도시 라고스에서 비극적인 사건이 벌어졌다. 해안가를 따라 형성된 빈민촌 오토도 그바메에 총을 든 경찰이 들이닥쳤다. 4월 9일 오전 5시 30분이었다.

살라코 훈사는 그 당시를 똑똑히 기억한다. 총소리가 들렸고 이웃집에 불이 났다. 해가 뜰 무렵 그 동네에는 집이라고 할 수 없었던 집들마저 모두 사라져 평평해져 버렸다. 그는 "살기 위해 그저 뛰기만 했다". 훈사가 숨을 돌렸을 때 가진 것은 모두 타버린 뒤였다. 해안가가 봉쇄되면서 그가 갈 수 있는 유일한 곳은 물속이었다. 물속으로 뛰어든 지 30분이 지난 즈음 다행히도 배를 갖고 있던 친구가 그를 구해줬다. 이제 그는 배 안에서 산다.[113]

이 과정에서 최소 열다섯 명이 사망했다. 그해 10월 라고스 주지사인 아키눈미 암보데가 오두막집을 모두 철거하겠다고 경고한 뒤 11월에는 화재가 발생했다. 화재의 원인은 정확히 알려지지 않았지만 3만 명이 집을 잃었다.

점점 커져 가고
점점 늘어나는
도시들로 꽉 찬 지구

라고스는 2100만 명이 거주하는 초거대 도시, '메가시티Mega city'다. 고층 아파트와 빌딩이 존재하는 시티 센터를 지나면 바닷가에 빈민촌이 늘어서 있다. 이곳에서 수십만 명이 산다. 판자를 얼기설기 엮은 집도 허락되지 않아 작은 배 위에서 삶을 영위하는 훈사 같은 이들은 깨끗한 물, 화장실, 전기, 교육 등의 인프라에는 접근할 수조차 없다.

시민단체 정의와 권리 부여 계획Justice and Empowerment Initiative에 따르면 나이지리아에서 가난한 이들이 집을 잃고 쫓겨나는 퇴거의 역사는 지난 20년간 230만 명에 이를 정도로 오래되었다고 한다.[114] 쫓아내는 이유는 하나다. 도시를 개발한다는 명목에서다.

그런데도 사람들은 도시로 모여든다. 일자리와 인프라, 기회가 있을 것이라는 기대가 있기 때문이다. 유엔에 따르면 도시화는 1950년대 이래 급격하게 진행됐다. 당시 7억 5100만 명이었던 도시 거주 인구는 2018년 42억 명까지 늘어났다. 지구 전체를 놓고 보면 지방에 거주하는 비율보다 도시에 거주하는 비율(55%)이 더 높다. 2050년이 되면 이 비율은 68퍼센트까지 올라갈 것으로 예상된다.[115]

도시화는 산업 고도화에 따른 경제 성장과 빈곤 감소 등 긍정적인 결과를 기대할 수 있는 과정이다. 기업가 정신이 꽃을 피우고 기술 혁신이 이뤄지는 공간적 배경 또한 도시다. 행정, 상업, 교통의 중심지이자 지식이나 물류, 인프라도 도시에 집중된다. 그렇다 보니 도시의 규모는 계속 커져왔고 지금도 커지고 있다.

2018년을 기준으로 북미의 82퍼센트, 남미와 카리브 해 지역의 81퍼센트가 도시화된 것으로 분석된다. 유럽은 74퍼센트, 오세아니아도 68퍼센트나 도시화가 진행됐다. 상대적으로 도시화율이 낮은 지역은 아시아와 아프리카로, 도시 거주민의 비율이 각각 50퍼센트와 43퍼센트다.

아시아와 아프리카의 도시화율이 상대적으로 낮다는 것은 앞으로 이 지역에 도시가 더 많이 들어서고 인구가 집중되는 현상이 두드러질 것이라는 얘기도 된다. 2050년에는 중국, 인도, 나이지리아 도시 인구가 세계 도시 인구의 35퍼센트를 차지할 것이라는 전망도 나온다.

대부분의 도시는 주민 숫자가 100만 명 이하다. 인구 50만 명 수준의 도시에 사는 비율이 10퍼센트, 50~100만 명 도시에 사는 비율이 48퍼센트 정도다. 하지만 메가시티는 갈수록 늘고 있다. 전 세계 인구 여덟 명 가운데 한 명은 인구 천만 명이 넘는 메가시티 33곳에 산다. 2030년까지 메가시티는 열 곳이 더 늘어날 것으로 예상된다. 이 예상이 맞아떨어진다면 도시의 성장세는 당분간 지속될 것이다.

그렇게 점점 커져가는 도시의 미래는 어떻게 될까? 라고스 빈민촌의 훈사처럼 가난한 사람들은 계속 도시에서 밀려날까? 가난한 사람들만 쫓아내면 그 도시는 부유해질 수 있을까? 사람들이 도시에 모여들면서 생기는 다른 문제는 없을까?

도시는 위와 아래,
두 개의 얼굴을
가지고 있다

도시는 인류의 역사와 함께 형성되고 성장해왔다. 사람들이 모여 사는 곳은 자연스레 정치와 행정, 경제의 중심지가 됐고 문명이 발달했다. 도시가 형성되고 유지, 발전된다는 것은 식량과 물의 공급이 원활하다는 것을 뜻한다. 도시 안에서의 이동 혹은 안과 밖을 연결하기 위한 교통이 발달하고 건물을 지어 올리는 건축 기술도 발전했다.

물적 인프라뿐만 아니라 지식 인프라도 도시로 집결했다. 에드워드 글레이저 하버드 대학교 경제학과 교수는《도시의 승리》에서 고대 아테네, 18세기 바그다드, 19세기 나가사키, 21세기 뉴욕, 실리콘밸리, 방갈로르에 이르기까지 대륙과 시대를 아우르는 대도시의 특징으로 국경을 넘나드는 지식이 집결하고 커뮤니케이션이 활발히 이뤄졌다는 점을 꼽았다. 다양한 사람이 모여 혁신과 창의력을 발산하고 그 힘이 도시가 승리하는 기반이 됐다는 것이다.

사람이 몰려들면서 도시의 구성원은 훨씬 다양해지고 도시의 문제도 커졌다. 집이 모자라고 집값이 치솟고 도로가 막히고 생활 쓰레기가 늘고 대기오염이 심각해졌다. 하지만 도시는 국가 전체의 성장을 이끌고 혁신을 유도하고 농촌의 가난한 이들을 흡수해 부를 배분해주는 역할도 한다. 글레이저는 "도시는 누군가에게는 부를, 누군가에게는 고통을 안겨주는 수많은 일들이 정신없이 일어나는 역동적인 공간"이라며 "도시는 상처를 줄지도 모르지만, 지구의 다른 곳들과 연결되어 있음으로써 생길 수 있는 더 부유하고 건강하고 밝은 인생을 살 기회도 준다"고 했다.[116]

도시의 기능을 부인할 수 없듯이 그림자도 무시할 수는 없다. 도시에서 살아가는 인구는 계속 늘어날 것이기 때문에 더더욱 그렇다. 가장 큰 이슈는 주거권과 환경문제다. 도시의 불평등이 삶의 질과 기회 모두를 결정짓기 때문이다. 소득, 건강, 자산, 계층 등 다양한 층위에서 생겨나는 격차는 도시라는 공간에 고스란히 반영된다.

도시 안에서의 격차만큼이나 도시와 농촌의 격차가 여전히 존재하고, 가능성을 찾아 도시로 찾아드는 사람들도 많다. 그렇기에 도시의 기능이 빈곤한 이들을 잘살게 만들기 위한 것이고, 도시가 제공하는 수많은 이점을 가능한 여러 사람이 누릴 수 있어야 한다는 글레이저의 관점을 빌려 보자면 도시 안에서의 불평등은 간과할 수 없는 문제다.

중국 베이징에는 '개미족'과 '생쥐족'이 넘쳐난다. 베이징에 거주하는 저널리스트 알렉 애쉬는 《우리는 중국이 아닙니다》에서 개미족을 이렇게 묘사한다. "수십만 명의 졸업생은 두루마리 졸업장 한 장을 손에 쥐고 사회로 나와 베이징과 상하이 외곽의 저렴한 아파트 구역을 점령해나갔다. 일자리를 구한 이들도 월급으로 집세를 내고 나면 국수를 사 먹기에도 빠듯했다. 매일 아침 그들은 도시에서 멀리 떨어진 아파트 단지에서 도심을 향해 출근길에 올랐다. 그 모습이 마치 일개미 같았다."[117]

생쥐족은 어떨까. "주택법이 바뀌면서 그런(지하) 집에 산다는 것은 원칙적으로 불법이었지만 관련 법들은 모두 무시당했다. 베이징의 인구는 약 이천만 명인데 그중 대략 백만 명이 지하에 산다. 아래에 사는 사람과 위에 사는 사람 사이에 접촉은 없었다. 지하에 산다는 것은 위층에 사는 다른 아파트 주민이 말을 걸지 않는다는 수치스러운 의미도 담겨 있었다."[118] 주거 형태만 보더라도 이미 거대 도시의 불평등은 가시화되고 있다는 것을 알 수 있다.

메가시티 서울을 보자. 2018년 서울 25개 구 가운데 부동산에 부과되는 재산세 납부액이 가장 높은 곳은 강남, 서초, 송파 강남 3구였다. 이들이 낸 세금이 1조 4451억 원에 이르렀다. 하위 3개 구인 강북, 도봉, 중랑구 재산세 총합의 무려 9.5배다. 저소득 가구에 지급하는 근로장려금 수급 비중을 봐도 지역별 격차는 뚜렷하다. 2019년 수급 비중이 가장 높은 구는 강북구였고 강남 3구는 수급 비중이 낮았다.[119]

경제적 불평등은 다른 모든 불평등과 연결된다. 2019년 보고서 《서울시 공중보건활동 진단과 과제》[120]에 따르면 도시건강지수가 높은 구는 서초, 강남, 송파구의 순이었다. 도시건강지수는 서울시가 개발한 것인데 기대수명과 건강한 정도, 건강한 삶을 위한 개인의 행동, 사회경제적 요인과 의료 서비스 등 건강에 영향을 미치는 외부 환경을 종합해 측정한다. 재산세가 집값을 반영한 것이라면 이 지수는 '얼마나 건강하게 살아갈 수 있는지' 즉 삶의 질을 보여준다고 볼 수 있다. 여기서도 격차가 증명됐다. 무엇보다 기대수명의 차이가 뚜렷했다. 서울 전체의 기대수명은 평균 82.5세였는데 강북구는 81.3세, 강남구는 83.9세, 송파구는 83.5세였다. 비만율이나 암 사망자 비율 등의 격차도 그 흐름을 그대로 따랐다.

미국에서 빈부격차가 가장 큰 곳은 뉴욕 주다. 워싱턴의 싱크탱크 경제정책연구소Economic Policy Institute[121]에 따르면 2015년 뉴욕 주민 99퍼센트는 연간 평균 5만 달러에 조금 못 미치는 돈을 벌었다. 반면 상위 1퍼센트의 평균소득은 220만 달러로, 99퍼센트 주민이 평균적으로 버는 돈의 44배가 넘었다.

뉴욕의 불평등은 코로나19라는 재난 속에서 고스란히 드러났다. 바이러스가 창궐한 이후 인종적인 소수 집단과 저소득층이 더 많이 사망했다. 영국《가디언》은 뉴욕의 공익변호사 주마네 윌리엄스의 말을 빌어 "코로나 바이러스는 뉴욕에 두 개의 사회가 있다는 것을 보여줬다"고 적었다. "하나는 (고급 주거지역인) 햄튼으로 피신할 수 있고 재택근무가 가능하며 문 앞까지 음식을 배달시킬 수 있는 집단이고 다른 하나는 '필수노동자'라는 이유로 보호조차 받지 못하고 일터로 나가야 하는 집단"이다.[122]

전염병은 이 두 사회에서 전혀 다른 질병처럼 작용했고, 도시 공간을 극단적으로 나눴다. 부유한 백인들이 사는 동네는 주민들이 외곽의 다른 주택이나 호텔 등으로 떠나면서 텅텅 비었다. 반면 흑인과 히스패닉 등이 사는 지역은 전염병 속에서도 출근을 해야만 하는 사람들로 여전히 북적였다. 코로나19 속에서도 일터에 가야만 하는 간호사, 지하철 노동자, 위생업 종사자, 차량 운전사, 계산원 등의

80퍼센트 가까이가 흑인 또는 라틴계라고《가디언》은 지적했다. 이렇게 위험을 무릅쓰고 일해야만 하는 이들이 도시를 떠받치고 있다.

도시를 가꿨다는 이유로 도시에서 밀려나는 사람들

미국 콜로라도 덴버의 파이브포인트Five Points라는 곳에 '잉크!'라는 이름의 커피 체인점이 문을 열었다. 카페 입간판에는 "2014년부터 이 동네를 즐겁게 젠트리피케이션gentrification 하고 있습니다", "젠트리피케이션이 코르타도123를 주문할 수 있다는 뜻이라는 것은 아무도 몰랐지요"라는 광고 글이 써 있다. 카페 주인은 재치 있어 보일 것이라 생각했는지 모르지만, 카페 앞에서 2017년 시위가 벌어졌다. 주민들과 시민단체들은 '젠트리피케이션=신식민주의' 같은 문구가 쓰인 손팻말을 들고 항의했다. 커피점 벽에 스프레이페인트로 '화이트 커피WHITE COFFEE'라고 쓴 사람도 있었다. 결국 체인 창업주가 "젠트리피케이션이 얼마나 큰 문제인지 제대로 몰랐다는 게 부끄럽다, 젠트리피케이션 때문에 어려움을 겪는 분들에게 진심으로 사과한다"고 고개를 숙였다.124

당시 시위를 소개한《블룸버그》기사에 따르면 파이브포인트는 수십 년 동안 흑인들이 많이 살아온 곳으로 공공임대주택도 많았다. 한때는 엘라 피츠제럴드, 루이 암스트롱, 냇 킹 콜과 같은 거장들이 출연하는 흑인 재즈클럽이 번성하기도 했다. 하지만 몇 년 새 상황이 달라졌다. 고층 아파트와 와이너리, 요가 교실과 예술 스튜디오들이 들어서는 것과 때를 같이 해 흑인과 히스패닉 주민들은 줄었다. 임대료는 두 배가 됐다. 주 정부가 고속도로 확장공사에 들어가면서 저소득층 주택단지가 철거됐다. 대규모 재개발 사업과 젠트리피케이션이 동시에 일어난 것이다.

오래전부터 도시가 안고 있는 문제로 거론돼왔던 것이 교과서에도 등장할 만큼 잘 알려진 도심 공동화空洞化 현상이다. 도심의 기능이 '사람 사는 곳'이 아닌 '일하는 곳'으로 단일화되고 땅값이 올라가면서 주민들은 점점 외곽으로 집을 옮기는 현상을 가리킨다. 교외로 집을 옮겨갈 능력이 없는 저소득층이 열악한 도심 주택에 남으면서 슬럼이 형성되고, 범죄가 늘어 도시의 경쟁력이 떨어지는 현상이 뒤따랐다. 뉴욕의 경우엔 제2차 세계대전 이후에 그런 현상이 극심했으며 런던도 비슷한 침체기를 겪었다.

대부분의 도시는 이럴 때 도시재생 사업을 벌인다. 영국 런던의 낡은 창고나 항만시설을 쇼핑몰로 바꾸고 뉴욕의 공업지역에 임대주택을 짓는 식으로 도시는 사람을 다시 불러들이곤 했다. 예전처럼 대대적으로 갈아엎어 재개발하는 대신 공공기관이나 민간, 시민단체와 젊은 예술가들, 사업가들, 혹은 주민들이 낙후된 지역에 새로운 외관이나 특색을 입히는 것이다. 이렇게 재투자를 통해 다시 활기를 띠게 된 도심에 사람들이 돌아오면서 일어나는 현상 가운데 하나가 젠트리피케이션이다.

젠트리피케이션은 1960년대 런던에서 일어난 변화를 설명하기 위해 영국의 사회학자 루스 글래스Ruth Glass가 사용한 용어다. 노동계층이 살던 런던의 한 구역에 중산층, 영국식으로 표현하면 귀족은 아니지만 경제력이 있는 '젠트리 Gentry' 계급이 몰려들면서 공동체가 변화하는 상황을 설명한 개념이다. 중산층들이 빠져나가면서 도심의 낡은 집에 남아 있던 사람들, 낡은 가게를 빌려 창의적이고 호감 가는 공간으로 바꾼 주역들은 동네를 더 낫게 만들었다는 이유로 오히려 쫓겨나고, 그곳을 버리고 떠났던 건물주들이 돌아와 돈을 버는 현상은 한국에서도 10여 년 전부터 계속 문제가 돼왔다.

관심은 부유층이 회귀하는 도시에서 '누가 쫓겨나는가'로 쏠린다. 미국의 도시학자 리처드 플로리다Richard Florida는 《도시는 왜 불평등한가》에서 1970년부터 2000년까지 미국 120개 도시의 도심을 조사한 너새니얼 바움 스노우와 대니얼 하틀리의 연구 결과를 인용해 50년 전 도심의 변화와 2000년 이후의 젠트리피케이션을 비교한다.

플로리다의 조사에 따르면 1980년에서 2000년까지는 젠트리피케이션이 몇몇 도시에서만 일어난 반면 그 이후로는 거의 모든 도시로 번졌고 쫓겨나는 속도도 빨랐다. 2000년 이전에는 고학력자와 백인 노동계층을 포함해서 거의 모든 경제 계층이 도심을 떠났지만 그 이후로는 도시로 다시 들어오는 인구가 늘기 시작했다. 그렇게 돌아온 이들의 대부분은 부유한 고학력 백인들이었다. 플로리다는 "2000년~2010년 도심에 거주하는 고소득, 고학력 백인 가구 비율은 연구대상이 된 대도시의 약 3분의 2에서 증가했다"고 했다. 이때 상승한 주거비를 감당하지 못하고 도시를 떠난 이들 가운데 상당수는 저소득, 저학력 유색인종이었다.[125] 도시마다 젠트리피케이션의 특성은 다르지만 임대료와 주거비가 치솟아 사람들이 밀려나는 과정은 비슷하다.

근래에는 '부유한 동네'와 '가난한 동네'의 구분이 더 공고해지고 있을 뿐만 아니라, 둘을 넘나들지 못하게 하는 물리적인 장벽까지 세워지는 추세다.

인도네시아에서는 도시 안의 슬럼 지역을 '캄풍kampung'이라고 부른다. 캄풍의 역사는 식민지 시대로 거슬러 올라간다. 인도네시아를 점령통치한 네덜란드인이 개발한 식민지 지배계층의 주거지역을 '멘텅Menteng'이라 불렀고, 거기서 쫓겨난 사람들이 정착해만든 주거지역을 캄풍이라 불렀다. 독립 뒤에도 도시를 개발하면서 원주민을 쫓아내는 일은 계속됐고, 보상도 제대로 못 받고 밀려난 이들은 도시 주변에 다시 새로운 캄풍을 만들었다. 한국에서도 1980~1990년대에 흔히 볼 수 있었던 '달동네' 같은 것이 인도네시아의 캄풍인 셈이다.

수하르토 초대 대통령 시절 인도네시아 정부가 근대화 개발을 추진하자 사람들은 일거리를 찾아 도시로 몰려들었다. 일용직 도시빈민이 늘어나고 무허가 주택들이 세워졌다. 캄풍이 걷잡을 수 없이 늘자 자카르타 시는 1960년대 말부터 도시환경 개선 사업을 벌였다. 하지만 도시개발은 빌딩과 쇼핑몰, 아파트를 세우는 데 집중됐고 캄풍의 주거환경은 나아진 게 별로 없었다.

21세기 들어 자카르타 곳곳에 부자, 외국인을 위한 초고층 아파트가 들어섰다. 입구에 사설 경비를 두고 '비거주자'들의 출입을 통제하는 주택단지, 이른바 '게이티드 커뮤니티gated communities'다. 이런 고급 주거지와 캄풍은 더 이상 교류와 이동이 없는 별개의 세상이 되기 시작했다. 인도네시아의 아시아학 연구자 스테파니 누그로호는《아시아, 젠트리피케이션을 말하다》에서 자카르타의 고급 주택지인 라수나 에피센트럼과 멘텡 아타스 지역의 캄풍 사이에 3미터 높이의 커다란 담장이 설치된 것을 예로 든다.

"라수나 에피센트럼처럼 공존을 피할 수 없는 경우, 하위계층의 존재는 되도록 숨겨야 할 대상이 된다. 이들을 눈에 띄지 않는 존재로 만들기 위해 캄풍을 대상으로 적어도 두 가지 형태의 물리적 제재가 이뤄진다. 하나는 바자이(삼륜택시)와 노점상의 출입을 금지하는 것이고, 다른 하나는 고층 아파트와 캄풍 사이에 긴 담장을 설치하는 것이다."126

활성화된 도심에 사람들이 모이고, 그로 인해 도심에 새로운 활기가 도는 것은 바람직한 일이다. 그러나 그 과정에서 밀려나는 사람들이 있고, 그들은 개발의 편익을 함께 누리지 못한다는 점은 모든 도시가 풀어야 할 숙제로 남는다.

우리가 무엇을 버리든
결국에는
도시에 버려진다

2019년 10월 말부터 인도 뉴델리는 짙은 스모그로 덮였다. 델리의 대기오염은 어제오늘 일이 아니지만, 그해 스모그는 유난히 심각했다. 11월 4일 델리에서는 차량 2부제 운행에 들어갔고 건설공사도 전면 중단됐다. 학생들에게 마스크 500만 장을 배포한 시 교육당국은 결국 이틀간 휴교령을 내렸다.

실시간 대기질지수(AQI) 웹사이트(aqicn.org)에 따르면 이날 델리의 미세먼지(PM10) 농도는 731로 같은 날 서울(25)의 29배, 베이징(104)의 7배였다. 전날인 3일에는 대기질지수가 1000 가까이 올라갔다. 미세먼지·초미세먼지와 이산화질소 등의 농도를 종합해 측정되는 이 지수가 400이 넘으면 매우 유독한 것으로 분류된다. 델리에서는 회색빛 먼지가 시야를 가려 항공기 900여 편이 결항하거나 연착 또는 회항했다. 분노한 시민들은 앞을 내다보기도 힘든 먼지 속에 시내에 나와 대기오염 대책을 요구하는 시위를 했다.[127]

1900만 명이 살아가는 대도시 델리는 대기오염으로 악명 높다. 자동차 배기가스와 건설 및 산업 현장에서 나오는 유해물질이 일 년 내내 시민들을 괴롭힌다. 게다가 가을이면 주변 농업지역에서 작물을 태울 때 나는 연기와 먼지가 이동해와 대기오염이 급격히 심해진다. 여기에 힌두교 명절 디왈리의 불꽃놀이까지 겹쳐지면 대기 중

이산화탄소와 이산화질소, 이산화황 농도가 치솟는다.

인류가 사망하는 원인 가운데 4위가 대기오염이다. "대기오염 때문에 사람이 죽는다고?" 그렇다. 캐나다 브리티시컬럼비아 대학교와 미국 건강영향연구소, 워싱턴 대학교 건강측정평가연구소가 펴낸 보고서《세계 대기의 질 2020》에 따르면 고혈압, 담배, 식이 위험 등에 이어 대기오염이 사망에 영향을 주는 주요 원인으로 꼽혔다.

대기오염 조사기관 에어비주얼어스AirVisual Earth가 운영하는 웹사이트 아이큐에어IQAir.com에 따르면 지름 2.5마이크로미터 이하 초미세먼지(PM2.5)를 기준으로 2019년 가장 오염이 심한 도시는 인도 뉴델리 부근의 가지아바드였다. 중국 신장위구르 자치구의 허톈和田이 그 뒤를 이었다. 미세먼지가 최악인 도시 열 곳 가운데 1위를 포함해 델리, 노이다 등 여섯 도시가 인도에 있고, 구잔왈라 등 파키스탄 도시가 세 곳이다. 위의 보고서에서 2019년 초미세먼지가 가장 많이 누적된 10개 국가를 보면 인도, 네팔, 니제르, 카타르, 나이지리아 등 아시아와 아프리카에 위치한 개발도상국들이 많았다.

델리의 오염은 아르빈드 케즈리왈 주 총리가 "독가스실이 됐다"고 할 정도다. 이렇게 오염된 공기 속에서 살아온 사람들은 코로나19 바이러스에 더욱 취약할 수밖에 없다는 연구 결과도 있다.[128]

테워드로스 아드하놈 거브러여수스 WHO 사무총장은 "대기오염은 우리 모두를 위협하지만, 가장 가난하고 소외된 사람들이 부담을 짊어진다"고 말한다. 지역적으로도 대기오염으로 인한 사망의 90퍼센트 이상이 주로 아시아와 아프리카 혹은 동부 지중해나 유럽

등의 저소득 및 중간 소득 국가에서 발생한다고 WHO는 밝혔다.[129]

쓰레기는 도시의 또 다른 골칫거리다. 세계은행은 2018년 내놓은 보고서에서 "도시화가 진행되고 한 국가가 경제적으로 발전하고 인구가 증가하면서 2016년 20억 톤이던 폐기물의 양이 2050년이 되면 34억 톤으로 늘어날 것"이라고 예상했다. 특히 인도, 파키스탄 등 남아시아와 사하라 사막 이남 아프리카의 쓰레기 배출량이 크게 늘어날 것으로 봤다.[130]

우리는 매일 무언가를 버리지만 그 많은 쓰레기가 우리 눈에는 보이지 않는다. 도시의 시스템에 따라 누군가가 수거해가기 때문이다. 하지만 쓰레기 처리 과정에는 막대한 비용이 든다. 몇몇 저소득 국가의 도시에서는 시 예산의 5분의 1이 들어간다는 통계도 있다. 그나마 처리가 되는 곳이라면 낫다. 쓰레기를 수거해 재활용하거나 소각하거나 매립하는 과정에도 인프라가 필요하다. 그런 행정력이 없는 곳에서는 쓰레기들이 빈터에 쌓이고, 강이나 바다나 산지에 버려지면서 오래도록 환경을 오염시킨다.

"쓰레기를 한국으로 돌려보내라!"

당장 내 눈 앞에서 사라졌다 해도 버려진 쓰레기가 없어지지는 않는다. 그럼 이 쓰레기들은 어디로 가는

빈민가와 번화가가 뚜렷하게 구분된 라고스의 해안 풍경. 라고스는 1991년까지 나이지리아의 수도였던 메갈로폴리스로, 이천만 명이 넘는 인구가 거주하고 있으며 지금도 팽창을 거듭하고 있다.

걸까. 쓰레기들도 여행을 한다. 전 지구적으로 매년 생산되는 쓰레기 20억 톤 가운데 10분의 1인 2억 톤 정도는 국경을 넘어 다른 나라로 향한다.[131] 플라스틱처럼 재활용할 수 있는 폐기물들이 주로 국경을 넘는다. 분리하고 재처리해서 산업원료로 재활용할 수 있는 상태로 만드는 일은 빈국의 저임금 노동자들에게 맡겨진다. 이런 '쓰레기 산업'의 규모는 수천 억 달러에 이르는 것으로 추정된다.

세계 최대 쓰레기 수입국인 중국이 오염 문제 등을 이유로 2017년 말부터 24종류의 폐기물 수입을 중단하자 곳곳에서 난리가 났다. 쓰레기 처리를 중국에 맡겨온 미국의 수백 개 도시는 폐기물을 파묻거나 태우는 수밖에 없었다. 중국 대신 동남아시아 국가로 흘러가는 폐기물의 양이 크게 늘면서 쓰레기 산업에서도 이른바 '풍선 효과'가 발생했다.

문제는 쓰레기를 떠넘기는 나라들이 생활쓰레기, 의료폐기물, 심지어 영안실에서 나온 시신까지 재활용품인 척 속여 빈국으로 내보낸다는 것이다. 2020년 9월 스리랑카 콜롬보 항구에서 컨테이너 21개가 영국으로 실려 갔다. 영국이 보낸 쓰레기 260톤이 들어 있는 컨테이너가 반송된 것이다. 이 컨테이너에는 원래 재활용에 쓰일 중고 양탄자와 매트리스 등이 들어 있어야 했다. 하지만 영국 업체는 생활쓰레기에 의료폐기물까지 잔뜩 집어넣어 보냈다가 세관에 적발됐다.[132] 마침내 합의가 이뤄져 영국으로 돌려보내긴 했지만 이 사건은 아시아에 버려지는 유럽 쓰레기의 극히 일부분에 불과하다.

바젤협약은 '유해 폐기물의 국가 간 이동'을 금지하고 있다. 그런데 동남아시아 국가들에 수출된 재활용품 컨테이너 가운데 불법 쓰레기를 담은 것들이 계속 적발됐다. 한국도 몰래 쓰레기를 떠넘긴 나라 가운데 하나였다. 2018년 필리핀으로 수출된 불법 폐기물이 적발돼 현지 주민들이 '한국으로 돌려보내라Return to Korea'는 피켓을 들고 시위를 벌이기도 했다.

외국 쓰레기 수입을 중국이 금지한 것은 도시화가 진행되고 경제가 발전하면서 자국 내 폐기물 배출량이 너무 많아진 탓이다. 베이징 등 중국 대도시는 분리수거와 재활용을 의무화하고 있으나 쓰레기의 양이 늘어나는 것을 막을 수는 없었다. 2017년 중국의 도시에서 나온 쓰레기는 2억 1500만 톤가량이며 이는 10년 전과 비교해 두 배 가까이 늘어난 수치다. 시안 창춘長春에 있는 축구장 백 개 규모의 쓰레기 매립지는 2044년까지 사용할 수 있도록 설계됐지만, 그보다 25년 앞선 2019년 이미 꽉 차버렸다.[133]

재활용도 중요하지만 더 근본적으로 쓰레기 양을 줄이려고 노력하는 도시들이 늘어나고 있다. 재활용할 수 있는 것들 외에는 폐기물이 아예 나오지 않는 '쓰레기 제로Zero waste'를 목표로 내세운 곳들도 있다. 독일 남서부의 소도시 프라이부르크는 '처리에 앞서 분리를, 분리에 앞서 방지를'이라는 정책을 세웠다. 일회용 대신 천기저귀를 쓰면 보조금을 주고, 음식물 쓰레기로 직접 퇴비를 만들면 그만큼의 폐기물 처리에 들어가는 돈을 지자체가 보상해주는 식이다.[134]

독일 뮌헨에는 '할레2Halle2'라는 중고샵이 있다. 시 당국의 재정지원을 받아 폐기물관리기구가 운영하는 이 가게는 시내 열두 곳의 중고품 수집센터에서 모은 물건을 판매한다. 얼핏 보면 한국에서도 익숙한 '아름다운가게' 같은 중고품 판매점과 다를 바 없다. 하지만 할레2는 거기서 좀 더 나아가, 시민들이 물건을 어떻게 재활용할지, 폐기물 자체를 줄이는 방법은 무엇일지 고민하도록 도와준다. 뿐만 아니라 도시에 사는 사람들이 도시 안에서 일을 함으로써 이동거리를 줄이고 돈이 지역사회에서 돌게 하는 '순환형 경제'를 만드는 것이 뮌헨과 할레2의 장기적 목표다. 일자리 알선과 직업 훈련, 쓰레기 줄이기와 환경보호가 하나로 이어지는 것이다. 2018년 뮌헨 시민들이 내놓은 폐기물의 양은 1인당 연간 365킬로그램인데, 전체 폐기물의 절반이 넘는 54퍼센트가 재활용됐다.[135]

당국이 나서지 않아도 한국의 도시에서는 제로 웨이스트 가게가 하나둘씩 자생적으로 생겨나고 있다. 서울 마포구 합정동에는 빈 용기를 가져오면 세제, 바디워시, 화장품 등의 무게를 달아 판매하는 알맹시장이 있다. 근처 망원시장에서도 반찬통을 들고와 분식을 사는 사람이 있는가 하면 연남동의 한 카페에선 예쁜 모양의 달달한 케이크를 손님들이 냄비에 테이크아웃해간다. 돈과 사람이 모여드는 커다란 도시에 적게 쓰고, 적게 버리는 방식이라는 새로운 생존법이 도입되고 있다.

발코니가
도시를
구하는 방법

　　팬데믹으로 발이 묶인 이탈리아에서 사람들은 발코니로 나섰다. "시칠리아에서 사람들이 발코니로 나와 노래하고 연주한다. 누군가는 탬버린을, 누군가는 북을, 누군가는 아코디언을 연주한다. 시에나에선 국가가 울려 퍼지고, 나폴리에선 로스 델 리오의 흥겨운 노래 〈마카레나〉에 맞춰 사람들이 춤을 춘다."[136] 스페인에서는 비슷한 시기 시민들이 발코니로 나와 냄비와 프라이팬을 두드렸다. 후안 카를로스 전 국왕이 재임 시절 뇌물을 받았다는 소식이 알려졌지만, 아들 펠리페 국왕이 침묵한 데 따른 항의 시위였다.[137] 멈춘 것 같은 도시를 살려낸 것은 다름 아닌 발코니였고, 그 발코니를 연대와 위로의 통로로 활용한 주민들이었다. 영국 《가디언》은 이를 '발코니 스피릿 Balcony spirit'이라고 불렀다.

　　21세기 도시의 생명력은 결국 지속가능성으로 모아진다. 불평등도, 젠트리피케이션도, 대기오염과 쓰레기 문제도 모두 도시에서의 쾌적하고 편리한 삶을 지속할 수 있도록 하기 위해 풀어야 할 숙제다. 세계의 도시들은 어떤 모습으로 지속가능성을 모색하고 있을까. 코로나19로 봉쇄된 도시에서 아파트 발코니에 나와 노래를 부르며 이웃을 위로하는 사람들에게서 그 힌트를 얻을 수 있다.

　　발코니의 쓰임새는 여기에 그치지 않는다. 좁고 갑갑한 도시는 베

란다를 활용한 '수직의 숲Vertical forest'으로 푸르름을 찾기도 한다. 이
탈리아의 건축가 겸 도시계획가인 스테파노 보에리Stefano Boeri는 밀
라노에 두 동짜리 아파트를 세우고 발코니에 총 나무 800그루, 덤불
4500그루, 풀 1만 5000포기를 심었다. 하늘로 치솟은 아파트 숲의
면적을 땅바닥에 펼치면 축구장 세 개 반만 한 크기다. 세계경제포
럼(WEF)은 이 아이디어를 '도시를 살리는 혁신적인 아이디어' 가운
데 하나로 꼽았다. 중국, 네덜란드, 스위스 등에서도 비슷한 프로젝
트가 진행 중이다.[138]

보에리는 자신의 웹사이트에서 "도시에서 자연과의 공존을 촉진
하고, 대기오염과 에너지 소비를 줄이며 생물다양성을 늘리려고 한
다"고 밝힌다. 그 방법으로 시도한 것이 '발코니 녹화사업'인데, 그의
말에 따르면 "발코니를 따라 다양한 식물이 자라면서 계절과 기후
변화에 따라 외관도 바뀌고, 도시 생태계를 풍부하게 바꿀 수 있을
것"이다.[139]

4차산업혁명 시대를 맞아 다양한 기술을 접목해 도시의 문제
를 해결하는 스마트시티도 뜨고 있다. 코펜하겐 솔루션랩Copenhagen
Solution Lab과 스트리트랩Street Lab을 운영하고 있는 덴마크의 코펜하
겐이 대표적이다. 실리콘밸리도 없고 세계의 돈줄이 모이는 금융 허
브도 아니고 국제무대에서 정치적 위상을 떨치는 도시도 아닌 인구
60만 명의 코펜하겐은 '도시의 미래'를 어떻게 정부와 시민들이 함
께 만들어가야 하는지를 시사해준다. 기술환경부 산하의 솔루션랩
은 말 그대로 도시가 직면한 문제들에 대한 답을 찾는 팀이다. 정부

와 시 당국, 기업과 대학의 연구소들이 참여하고 있다. 이 솔루션랩은 스트리트랩, '거리의 실험실'과 긴밀히 연결된다. 2016년 설치된 스트리트랩은 수만 대의 차량이 다니는 복잡한 도심에 설치됐다. 주차 문제, 자연 보호와 쓰레기 관리, 대기 질 같은 문제의 해답은 사람들이 북적이는 현장에서 찾아야 하기 때문이다.

도심의 고질적인 주차난을 해결하기 위해서 스트리트랩은 사물인터넷(IoT)으로 데이터를 수집한다. 얼마나 많은 차가 다니는지, 어디에 주차공간이 있는지 등 광범위한 정보가 생성되면 이를 바탕으로 빈 주차공간을 파악하고, 그곳까지 길을 안내하는 솔루션이 만들어진다. 시민들은 이 솔루션을 적용한 앱으로 주차할 곳을 찾고, 운행거리를 줄인다. 스트리트랩은 그밖에도 대기오염 정도를 확인하는 시스템, 전기차를 싸게 충전하는 방법, 과잉 생산된 열에너지를 저장하는 방법 등 실생활에 밀착된 스마트 기술을 개발해 도시에서의 삶의 질을 높여주고 있다.

스마트시티를 만들기 위해서는 기술도 중요하지만, 더 중요한 것은 상상력이다. 우리가 살아가는 이 도시를 어떤 모습으로 만들고 싶은지, 우리 공동체는 어떤 모습으로 바뀌어야 하는지에 대한 '꿈'이 없다면 공동체로서의 도시는 성장할 원동력을 얻지 못한다.

코펜하겐은 2012년 이미 2025년까지 세계 최초의 탄소중립 도시가 되겠다는 목표를 세웠고 2019년까지 온실가스 배출량을 2005년보다 42퍼센트 줄였다. 당국은 이런 목표를 시민들과 공유하고 함께 실천해나가는 쪽으로 방향을 잡았다. 시 정부는 "도시에 사는 주민들이 창의력을 발휘해 함께 일하고 자신들이 원하는 도시를 만들도록 해야 한다"며 '함께 만드는 코펜하겐Co-Create Copenhagen'이라는 모토를 내걸었다.[140] 이 도시가 추구하는 바는 '살기 좋은 도시, 대담한 도시, 책임 있는 도시'다.

똑같이 행복을 추구하지만 정반대의 길을 택한 곳도 있다. 멕시코의 푸에블라 주가 15개 도시를 스마트시티로 만드는 작업을 추진하자 토난친틀라라는 인구 8만의 소도시 주민들이 반발하고 나섰다. 수백 년 된 광장 바닥의 우툴두툴한 조약돌을 매끈한 타일로 덮고, 주민들이 사랑하는 시계탑을 무너뜨리며 미래형 도시를 만드는 것에 대해 토난친틀라 주민들은 "우리는 병원, 공원, 즐길 거리가 필요할 뿐"이라며 반대했다.[141] 이러한 갈등은 첨단기술이든 그럴싸한 구상이든, 시민들의 동의와 참여 없이는 성공할 수 없음을 보여준다. 그 도시에서 살아가는 이들이 택할 행복의 가치와 경로는 도시마다 다를 것이다.

매년 10월 31일은 유엔이 정한 '세계 도시의 날World Cities Day'이다. 2020년 세계 도시의 날의 주제는 '지역공동체 중심의 도시 개발'이었다. 도시를 이끌어가는 것은 결국 그 안의 사람들이며, 사람과 사람이 모이는 공동체가 바로 도시다.

미래의 도시는 어떤 모습일까. 첨단기술로 무장한 스마트시티? 푸른 꿈을 꾸는 에코시티? 그것도 아니면 원형 그대로의 모습을 유지한 전통의 도시? 그 방향은 제각각이겠지만 도시의 미래를 만들어나가는 것은 그 공간을 채우고 있는 사람들이 '함께 꾸는 꿈'이다.

The
World
History
after

2nd Future

3부

자본과 정치

1951년
유엔, 난민의 지위에 관한 협약 채택.

1991년
일본, 재일동포 3세의 영주권 허가, 지문 날인 철폐 등 합의.

1992년
서울에서 일하던 섬유공장 노동자인 찬드라, 행려병자로 몰리면서 이후 6년간 감금생활.

2005년
프랑스 파리 교외에서 이민자 가정 출신 청소년들의 주도로 소요사태 발생.

2012년
미얀마에서 로힝야 족과 라카인 족 간의 반복되는 보복 끝에 20만에 이르는 난민 발생.

2015년
아일란 쿠르디, 시리아 내전을 피해 가족과 함께 탈출하던 중 사망.

2018년
예멘 출신 난민들이 제주도에 입국해 난민 지위 인정을 요청.

2020년
싱가포르, 코로나19를 맞아 이주노동자 기숙사를 격리 조치.

"그럴 만한 가치가 없으니 생명을 걸지 마십시오." 미국과 멕시코 국경지대 장벽과 경고판. 십자가는 국경을 넘다가 사망한 이들을 상징한다. 2006년.

폐허가 된 평양의 췌화가(중국인 거리). 만보산에서 조선인과 중국인 사이에 충돌이 벌어졌다는 오보가 전해진 이후 조선 각지에서 폭동이 일어나 화교 백여 명이 숨졌다. 이러한 비극은 중국에서 똑같은 방식으로 반복되어 중국에 거주하던 많은 조선인들이 사망했다. 1931년 7월 6일.

파리 교외에 주차되었다가 방화로 전소된 차. 2005년 10월 클리시수부아에서 십대 무슬림 소년이 감전으로 사망한 사건을 계기로 이민자 출신 청소년들의 울분이 폭발해 프랑스 전역에서 방화와 소요로 확산되었다. 알랭 바실리에, 2005년 11월 12일.

오렌지 농장에서 일하는 도산 안창호와 독립운동을 돕기 위해 미국 교민들이 의연금을 모은 증서. 한국인들은 1903년 하와이 사탕수수 농장 취업을 시작으로 미국 사회 내에서 궂은일을 도맡으며 서서히 뿌리를 내렸다.

같은 공간 다른 사람, 이주자와 원주민

그들은 당신들이 아니라 우리들이다

2020년 2월 20일, 독일 헤센 주의 작은 도시 하나우의 술집 두 곳에서 총기난사 사건이 일어나 아홉 명이 숨졌다. 목표가 된 상점들은 '후카 라운지' 또는 '시샤바'라고 불리는 곳으로, 중동식 물담배를 피우는 가게였다. 하나우는 인구 10만 명 중 20퍼센트가 외국인이다. 터키계 노동자가 많고 이탈리아와 폴란드 출신 이주자들도 적지 않다.

경찰은 범행 장소와 멀지 않은 한 아파트에서 숨진 범인을 발견했다. 현지 언론《도이체벨레》에 따르면 범인은 범행을 자백하는 편지와 동영상을 남겼다. 편지에는 "독일이 추방하지 못하고 있는 특정 민족들을 제거한다"는 내용이 담겨 있었다.[1]

독일에서는 1960~1980년대 극좌파와 분리주의자의 테러 공격이 여러 차례 일어났고, 최근 몇 년간 극우파와 이슬람 극단주의자들의 공격이 산발적으로 벌어졌다. 2015년에는 난민들을 겨냥한 폭발물 공격과 극우파 남성의 흉기 공격이 발생했다. 2016년 12월에는 뮌헨에서 극단조직 이슬람국가(IS) 추종자의 트럭 공격으로 열두 명이 숨졌다. 근래에는 특히 무슬림들과 이민자들을 겨냥한 극우파의 공격이 늘었다. 2019년 10월 동부 도시 할레에서는 극우파가 유대교회당에서 총기를 난사하는 과정을 동영상으로 중계해 독일인들에게 충격을 안겼다. 그 넉 달 전인 2019년 6월에는 메르켈 정부의 난민 수용정책을 옹호해온 정치인 발터 뤼프케가 자택 앞에서 총에 맞아 숨졌다.

"우리는 모두
어딘가에서
이방인이다"

2019년 12월 3일, 프란치스코 교황은 그리스 레스보스 섬의 모리아 난민촌에 머물던 아프가니스탄, 카메룬, 토고 출신 난민 33명을 바티칸으로 데려왔다.[2] 교황청은 "더 나아간 연대의 몸짓"을 보여주려는 교황의 뜻이라고 설명했다. 모리아는 유럽에서 가장 큰 난민캠프로, 유럽연합이 받아들이기를 거부한 난민들이 수용되는 곳이다.

바티칸이 난민을 받은 것은 처음이 아니었다. 2016년 4월에 교황은 레스보스 섬의 난민촌을 찾았고, 난민 세 명을 비행기에 태우고 바티칸으로 돌아왔다. 이들을 포함해 시리아 무슬림 세 가족 열두 명이 바티칸에 정착했다. 두 달 뒤에는 시리아 기독교도 아홉 명을 더 받아들였다. 그해 교황청에 난민·이주민 담당국이 신설됐다.

2013년 3월 즉위한 프란치스코 교황은 로마 밖으로 나가는 첫 외출의 행선지로 이탈리아의 람페두사 섬을 택했다. 그해 7월 지중해의 난민 이주민 기착지인 이 섬에서 부서진 난민선의 목재로 만든 연단에 올라 연설을 했다. 2019년 9월에도 교황은 성베드로 광장에 모인 4만 명의 신자들 앞에서 '세계 난민과 이주민의 날' 미사를 집전하면서 "외국인과 이민자들만의 문제가 아니라 쓰고 버리는 문화의 희생자들과 함께해야 하는 우리 모두의 문제"라고 강조했다.

그러나 모두가 프란치스코 교황처럼 난민들과 이주민들을 따뜻하게 끌어안는 것은 아니다. 2020년 9월 모리아 난민촌에 불이 났다. 여기 살던 1만 3000여 명이 살 곳을 잃었다. 열악한 수용시설에, 이미 불이 난 적도 여러 번이다. 근래 들어서는 코로나19까지 번졌다. 불이 나자 그리스 정부는 레스보스 섬에 비상사태를 선포했다. 이 화재로 유럽연합의 난민정책에 비판이 일자 독일은 1500명을 수용하겠다고 했지만 다른 나라들은 침묵을 지켰다.[3]

그들이 없으면
사회가
움직이지 않는다

2018년 예멘 난민 문제로 한국 사회에서도 난민에 대한 관심이 커졌다. 어떤 이들은 이제 한국도 국제사회의 일원으로서 국경을 좀 더 열어야 한다고 말하고, 어떤 이들은 인도적 차원에서의 포용을 이야기하고, 또 어떤 이들은 종교적인 이유를 들어 '무슬림 난민'을 절대 받아서는 안 된다고 주장한다. 난민들이 한국인의 일자리를 빼앗고, 테러와 범죄를 저지를 것이라는 근거 없는 공포를 드러내는 이들도 있다.

난민은 국경을 넘나드는 이주의 한 형태일 뿐이다. 사람들은 늘 움직인다. 국경을 넘는 사람들의 숫자는 계속 늘고 있다. 국제이주기구의 통계[4]를 보면 1970년 세계 인구의 2.3퍼센트인 8450만 명이 다른 나라로 이주했다. 10년 뒤인 1980년에는 국외 이주자가

1억 명을 넘어섰다. 다시 10년이 지나 1990년이 되자 1억 5300만 명, 세계 인구의 2.8퍼센트에 이르렀다. 이주자는 이후에도 2000년 1억 7300만 명(2.8%), 2010년 2억 2000만 명(3.2%)으로 계속 늘었다.

2019년 세계의 이주자는 2억 7160만 명, 세계 인구의 3.5퍼센트로 증가했다. 인도 출신이 1750만 명으로 가장 많았고 멕시코와 중국이 천만 명을 웃돌며 뒤를 이었다. 이주자들이 목적지로 가장 선호하는 곳은 미국이었다. 이주민 5070만 명이 미국으로 향했다. 하지만 2013년~2017년의 추세를 보면 고소득 국가로 향한 이주민 증가세는 다소 둔해졌고 중상위소득 국가로 향하는 이주자가 늘었다. 이민자들이 고향으로 보내는 송금액은 2018년 6890억 달러였다. 미국과 함께 아랍에미리트연합과 사우디아라비아에서 고향으로 보내는 돈의 액수가 컸다.

그해 국경을 넘은 사람들 가운데 난민은 약 2600만 명이고 그중 52퍼센트가 18세 이하의 어린이와 청소년이다. 난민 처지라 출생신고를 못해 '국적이 없는stateless' 사람도 400만 명 가까이 된다. 방글라데시에서는 90만 명이, 코트디부아르에서는 70만 명이, 미얀마에서는 62만 명이 이런 '무국적자'다.

"사우디아라비아의 어느 공항이든, 수하물 관리자는 방글라데시나 인도, 파키스탄 출신이다. 택시를 타면 기사 대부분은 파키스탄 사람이다. 호텔에 도착하면 경비가 보안검사를 하는데 십중팔구 예멘 출신이다.

파키스탄 출신 도어맨이 인사하고, 레바논 출신 남자가 접수처 뒤에서 미소를 짓는다. 로비에서 커피를 제공하는 웨이터, 호텔 방을 청소해주는 사람은 대부분 필리핀 사람이다."**5**

미국 저널리스트 캐런 앨리엇 하우스Karen Elliott House는《사우디아라비아》라는 책에서 이렇게 묘사한다. 사우디아라비아에 도착한 지 한 시간이 넘도록, 출입국관리소를 제외하고는 사우디아라비아 사람을 마주치기 어렵다. 세 명 가운데 한 명은 외국인이다. 사우디아라비아의 침체된 민간 부문 종사자 열 명 중 아홉 명은 사우디아라비아 출신이 아니다."

이주자들의 유입은 한 국가의 주민 구성을 통째로 바꾸기도 한다. 아랍에미리트연합은 2015년 기준으로 주민이 천만 명에 조금 못 미치는데 그 가운데 이 나라 국적자는 12퍼센트도 안 된다. 60퍼센트 가까이는 인도, 파키스탄, 방글라데시 등 남아시아 국가에서 온 이주노동자들이다.**6** 이웃한 카타르도 사정은 비슷하다. 주민 가운데 카타르 국민은 12퍼센트가 되지 않는다. 바레인, 쿠웨이트도 자국민보다 외국인 수가 더 많은 나라다.

한국도 세계적인 이주의 흐름에서 벗어나 있지 않다. 이주노동자들이 자리를 잡은 경기도 파주의 주말 장터에서는 상인들이 태국 음식 똠얌꿍 재료를 판다. '땅끝마을'로 유명한 전라남도 해남의 농촌과 김 공장에서도 외국인 노동자가 일을 한다. 2020년 1월에는 해남의 노동자 숙소에서 불이 나 이주노동자 세 명이 목숨을 잃었다.**7**

경남 양산시는 주민 다섯 명 가운데 한 명이 이주민이다. 서울 영등포구 대림2동은 주민의 90퍼센트가 재한 조선족, 중국 동포들이다. 어떤 이들은 대림동을 '세계에서 한족이 아닌 중국의 소수민족이 중심이 된 유일한 차이나타운'이라고 부른다. 조선 후기부터 일제강점기 사이에 러시아로 건너간 카레이스키 가운데 한국으로 역이주해온 사람들은 광주에서 '고려인 마을'이라 불리는 삼천 명 규모의 커뮤니티를 구성하고 있다. 서울 장안평에서는 시리아인 자동차 중개상들이 중고차 거래를 하고, 이태원에는 남아프리카공화국에서 온 영어 강사들이 모인다. 이삿짐 업체는 우즈베키스탄과 몽골에서 온 일꾼들이 없으면 영업이 힘들 정도다.

한국에 사는 스무 명 가운데 한 명은 '이주민'

2018년 기준 한국 인구는 5164만 명이고, 같은 해 법무부 출입국통계에 따르면 한국에 머물고 있는 외국인은 237만 명이다. 4.6퍼센트, 인구 스무 명 가운데 한 명은 이주자인 것이다.[8] 국적별로는 한국계 중국인을 포함한 중국인이 107만 명으로 45퍼센트를 차지하고 있다. 그 다음으로 많은 태국 출신과 베트남 출신이 각각 20만 명이 채 못 되는 것에 비하면 중국 동포 비중이 압도적으로 높다는 것을 알 수 있다.

통계청 자료[9]를 보면 외국인 경제활동 인구는 2019년 기준 91만 4000명이다. 그 가운데 월 200만 원 이상을 받는 사람이 68퍼센트다. F-5 비자를 갖고 영주 체류자격을 얻은 외국인들과 귀화 허가를 받은 사람들은 10만 명이었는데 그들 가운데 본인의 사회경제적 지위가 올라갈 가능성이 낮다고 보는 사람(46.6%)과 높다고 보는 사람(43.7%)의 비율은 비슷했다. 하지만 자녀 세대의 계층이동 가능성에 대해서는 54.2퍼센트가 '높다'고 대답했다.

이미 한국에 사는 사람 스무 명 가운데 한 명이 외국인임에도 한국은 여전히 국경을 넘나들 수 없는 나라다. 사람들이 오가는, 땅으로 이어진 국경이 없다는 뜻에서다.

민족국가가 세계지도를 메운 이래로 국경은 한 나라에 사는 이들의 생각을 가두는 경계선이 돼 왔다. 특히나 국경을 건너는 검문소가 없는 한국에서, 국경은 생각의 한계를 짓는 철통같은 경계선이다. 유일한 국경이라 할 수 있는 휴전선에는 사람들이 오가지 못하는 것은 물론이고 비무장지대라는 부자연스러운 장치가 한 꺼풀 씌워져 있다. 대부분의 한국인들에게서 '국경을 넘어서는 상상력'은 이 '넘을 수 없는 경계'에 가로막힌다. 여러 나라와 국경을 맞대고 육상으로 넘나드는 나라의 사람들과 달리 한국인들은 이주를 더 낯설게 생각할 수밖에 없다.

또 다른 이유도 있다. 한국에 들어와 있는 이주민의 상당수가 중국 동포이고, 한국 내에서 난민이라 부를 만한 사람의 대부분은 북한이탈주민이다. 이들은 한국인과 언어적, 민족적 정체성이 같다. 그래서 한국인 '원주민'들은 이주가 얼마나 흔한 현상인지 실감하지 못하는 경향이 있다.

중국 동포가 들어온 지 한 세대가 지나면서 거리마다 양꼬치집과 마라탕집이 생겨나는 것을 보면 생소했던 문화를 받아들일 때가 된 것처럼 보이기도 한다. 그러나 동시에 언어와 민족이 같은 중국 동포들을 멸시하는 시각과 인종주의적인 시선이 늘고 있는 것도 사실이다.

북한이탈주민에 대한 시각도 마찬가지다. 북한이탈 청소년들을 위한 교육시설인 여명학교를 이전한다는 소식에 은평구 주민들이 반대하고 나선 일이 단적인 예다. 은평구청은 이 학교가 '주민들의 기피시설'이라고 했다.[10] 북한이탈 청년들을 일자리 경쟁자로 보게 되면, 그들에게 해주는 초기 정착지원에 대해서도 '공정성에 위반된다'고 주장하는 지경에 이를 수 있다.

난민 문제는 한동안 뜨거운 이슈였다. 한국은 난민 수가 상대적으로 적은 나라다. 법무부 출입국외국인정책본부의《2019 통계연보》[11]에 따르면 국내에서 정식으로 체류 허가를 받은 난민은 2019년 처음으로 삼천 명을 넘어섰다. 난민 신청건수는 25년 만에 5만 명을 처음 넘겼다. 그런데도 한국에서는 '난민을 받지 말라'고 아우성치는 이들이 적지 않다.

한국인들은 잘 모르는 사실이지만, 난민들이 '부자나라'를 찾아다닌다는 것은 잘못된 정보다. 더 나은 삶의 기회를 찾아 떠나는 이주자 대부분이 출신국보다 잘사는 나라로 향해 가는 것은 당연한 일이지만 난민은 다르다. 고향을 떠나고 싶어 떠난 게 아니기 때문이다.

유엔난민기구에 따르면 2018년 기준으로 세계의 난민은 8000만 명에 육박한다. 난민이 가장 많은 나라는 터키로, 370만 명이 머물고 있다. 시리아 난민이 몇 년 새 급증한 탓이다. 그 다음이 시리아와 인접한 요르단과 레바논이다. 아프가니스탄에서 피난 온 사람들이 많은 파키스탄과 이란도 '10대 난민 체류국'이다. 흔히들 독일이나 프랑스, 미국에 난민이 많을 것이라고 생각하지만 아프리카의 난민들은 아프리카의 이웃나라에, 중동의 난민은 중동의 이웃나라에, 아시아의 난민은 아시아의 이웃나라에 많다. 지역 안에서도 특히 가난한 방글라데시, 차드, 콩고민주공화국, 에티오피아, 르완다, 남수단, 수단, 탄자니아, 우간다, 예멘에 있는 난민이 670만 명으로 유엔난민기구가 보호하는 난민 수의 33퍼센트를 차지한다.[12]

지향과 현실 사이에 놓인 '입국 자격'이라는 경계선

"임산부 네 명과 아이들 아홉 명이 타고 있다. 어디라도 내릴 수 있게 해달라." 지중해를 떠돌던 오션바이킹 호가 2019년 10월 14일 유럽 각국에 보낸 '구조신호'다. 바다 위를 맴돌던 배에는 176명이 타고 있었다.[13] 화물처럼 실려 다니다가 건네지고, 거절당했다가 간신히 내릴 곳을 찾아야 하는 이 배의 탑승객들은 아프리카에서 유럽으로 향하는 이주자들이다. 정정불안과 빈곤에서 벗어나기 위해 '더 나은 삶의 기회'를 찾아 나선 이들은 난민과 이주자의 경계선에 선 사람들이다. 이들은 '딩기Dinghy'라 불리는 모터 없는 고무보트를 타고 리비아 해안을 출발해 지중해를 건너다 오션바이킹에 구조됐다.

오션바이킹은 1986년 노르웨이에서 만들어진 화물선이다. 하지만 2019년 7월부터 지중해를 누비며 화물이 아닌 사람을 실어 나르고 있다. 국경없는의사회와 SOS지중해SOS MEDITERRANEE라는 구호단체가 배를 임대해 지중해를 떠도는 난민과 이주민들을 구조하는 임무를 맡겼다.

9월 17일 오션바이킹에 "난민선을 발견했다"며 구조신호를 보낸 것은 독일 구호단체 시워치Sea-Watch의 정찰기인 문버드였다. 스위스의 '인도주의 파일럿 이니셔티브Humanitarian Pilots Initiative(HPI)'에 소속된 조종사들이 자원해 문버드를 몰며 바다 위를 감시한다. HPI는 2018년 노벨 평화상 후보로도 추천됐다.

하지만 오션바이킹의 첫 구조가 이뤄진 10월의 그날 영국령 몰타와 이탈리아는 영내 입항금지령을 내렸다. 이에 독일 등 유럽연합 6개국이 긴급회의를 했고 몰타에 압력을 넣어 구조된 이들이 하선할 수 있게 했다.

바닷물에 빠져 숨지는 일만이라도 막자며 구호단체들이 구조작전을 벌이고 있으나 이주자를 받아줄 나라를 찾기란 힘들다. 오션바이킹이 정박도 못한 채 바다 위를 맴도는 날들은 앞으로도 계속될 것이 분명하다. 이탈리아와 몰타, 그리스는 이주자를 구조해 상륙시키는 활동가들에게 인신매매 관련 법률을 적용, 기소하기도 한다. 시워치의 구조선 선장은 구조한 사람들을 이탈리아 람페두사에 내려준 뒤 연금되기도 했다.

국제엠네스티와 휴먼라이츠워치 등은 유럽국에 구조선을 입항시키라고 촉구하지만 무작정 이주자를 받아줄 수 없는 각국은 빗장을 걸 방법을 찾고 있다. 인도적 책무와 부국의 책임, 경제 침체와 일자리 다툼이라는 현실 사이에서 고민이 계속되고 있는 것이다.

난민에 그나마 우호적인 유럽국도 아프리카, 아시아, 중동에서 오는 '이주자'들에게는 난색을 표하곤 한다. 인도적 지원과 이주민 수용을 구분 짓는 것이다. 그러나 난민과 이주민을 명확히 구분하기는 어렵다. 국제기구들은 전란을 피해 국경을 넘으면 난민, 국경을 넘지 않은 채 자기네 나라 안에서 떠돌면 '내부 유민Internally Displaced People'으로 분류한다. 하지만 전쟁을 피해 달아나는 사람들도 '생명의 위협'을 입증하기는 쉽지 않다. 총탄에 맞지 않았더라도 전쟁으로 살 길이 막히면 돈을 벌고 아이들을 키우기 위해 다른 곳으로 떠날 이유가 생긴다. 더 나은 삶의 기회를 찾아나서는 것은 인간의 보편적인 욕구이고, 이들의 신분을 가르는 경계선은 애매하다. 하지만 '입국 자격'을 가르는 경계는 모호한 동시에 공고하다. 외국으로 향한 사람들이 밀입국 브로커들에게 돈을 뜯기고 강제노역으로 몰리게 되면 그때부터는 인신매매 피해자, '현대판 노예'가 된다.

Damit aus Europa kein „Eurabien" wird!

Europäer wählen AfD!

Alternative für Deutschland
Landesverband Berlin

Dieses Bild ist Teil der AfD-Serie: „Aus Europas Geschichte lernen".

"유럽이 아랍이 될 수는 없다!"

2018년 8월 26일 독일 작센의 소도시인 켐니츠에서 30대 독일인 남성이 시리아, 이라크 난민들에게 살해당했다. 이후 9월 1일 같은 장소에서 시리아 난민 수용을 반대하는 집회와 이를 저지하는 맞불 집회가 동시 진행되면서 만 명이 넘는 사람들이 충돌했다. 비슷한 시기 한국에서도 예멘 출신 난민들이 제주도에 입국해 난민 지위 인정을 요청한 일을 놓고 찬반으로 나뉘어 갈등을 빚었다.

"나치로 돌아갈 수는 없다!"

만 킬로미터,
죽음의
컨베이어 벨트

베트남 북부 응헨의 시골마을에 살던 26살 여성 팜티짜미는 마을을 찾아온 이주 브로커를 따라 영국으로 향했다. 브로커는 "안전한 루트"라고 거듭 강조했지만 만 킬로미터의 여정 끝에 그를 기다리고 있던 것은 말 그대로 싸늘한 죽음이었다.

2019년 10월 23일 팜은 런던 교외 대형 화물차량의 냉동고에서 시신으로 발견됐다. 숨지기 전 그는 어머니에게 "숨을 쉴 수 없다"는 메시지를 보냈다. 응우옌딘르엉의 운명도 같았다. 일자리를 찾아 고향인 하틴을 떠난 그는 팜과 함께 주검으로 발견됐다.[14]

39명의 목숨을 앗아간 '냉동고 참사'의 희생자들은 모두 베트남인이었다. 영국 수사당국은 트럭 운전사 등 관련자들을 살인 혐의로 기소했다. 이 사건을 계기로, 아시아에서 유럽으로 이어지는 초장거리 불법 이주와 인신매매 범죄조직이 이슈로 부상했다. 《데일리메일》은 몇 달에 걸쳐 이동해야 하는 이런 불법 이주를 '희생자들의 컨베이어 벨트'에 비유했다.[15]

짐짝처럼 컨테이너에 실려 이동하는 이들의 종착지는 유럽 대도시의 네일샵과 마사지샵이나 식당, 혹은 성매매 업소다. 그러나 은밀한 저임금 노동자로 팔려가기도 전에 이렇게 떼죽음을 맞는 경우도 적지 않다. 과거 베트남인들이 밀입국을 많이 했던 곳은 주로 대만이었으나 근래에는 유럽으로 향하는 이들이 늘었다. 인신매매 조직들을 통해 유럽으로 가는 베트남인은 연간 약 1만 8000명으로 추정된다.

인신매매 근절운동 단체에 따르면 밀입국에도 '프리미엄 루트'와 '이코노미 루트'가 있다. 프리미엄 루트는 베트남에서 프랑스 파리까지 비행기로 이동한다. 유럽연합 내 자유로운 이동을 보장하는 셍겐Schengen 협약에 따라 비자를 받은 뒤 은신처에 머물다가 영국으로 향하는데, 비용이 4만에서 5만 달러나 든다고 한다. 한밤중 행군 등 험난한 루트를 거쳐야 하는 저렴한 육로 코스는 대개 러시아나 우크라이나, 폴란드 등을 지난다.

기간이 몇 달씩 걸리는 육로를 택해도 인신매매 조직에 일인당 1만~1만 5000달러를 내야 한다. 그 돈을 내기 위해 고향 땅을 팔거나 일가친척에게 빚을 지기도 한다. 유엔의 한 자료에 따르면 베트남인을 유럽에 들여보내면서 범죄조직이 거두는 수익은 한 해에 3억 달러 규모다. 이동 루트가 얼마짜리든, 베트남인 공동체가 있어서 이주 희망자들이 선호하는 영국으로 들어가려면 마지막에는 대개 컨테이너나 페리에 숨어들어야 한다.[16]

스리랑카나 파키스탄, 아프가니스탄 같은 남아시아 출신들은 대체로 중부 유럽을 통과해 프랑스의 칼레 항에서 배를 타고 영국의 도버로 들어간다. 칼레에는 일명 '정글'로 불리는 이주자촌이 있다. 프랑스 정부가 주기적으로 강제해산을 해도 되살아나곤 한다.

중국인들은 불가리아, 헝가리, 오스트리아 등을 거쳐 네덜란드나 벨기에로 갔다가 영국으로 향하는 복잡한 루트를 많이 밟는다. 심지어는 아프리카를 거쳐 유럽으로 이동하는 경우도 있다. 2000년 7월 푸젠福建 성에서 출발한 이주자 58명이 도버의 트럭에서 시신으로 발견됐다. 이들은 벨기에의 브뤼헤 항에서 토마토 선박에 실렸고, 네덜란드 운전사가 모는 트럭을 타고 도버까지 갔다. 기사는 한 명당 300파운드를 받고 이들을 태운 뒤, 밖으로 소음이 나갈까봐 컨테이너 환기장치를 꺼버렸다. 밀입국자들은 질식으로 숨졌고, 기사는 살인죄로 14년형을 선고받았다.[17]

2004년 2월에도 푸젠 성을 출발해 영국으로 향한 중국인 21명이 랭커서 항에 몰래 배를 대려다 파도에 휩쓸려 사망했다. 2017년에는 중국과 말레이시아 여성들을 영국 성매매 업소에 넘기려던 일당이 감옥에 갔다. 불법 성매매 알선 사이트는 '시간당 100파운드 수입' 같은 문구를 내걸고 여성 이주자를 모집하는 것으로 알려졌다.

중국 푸젠 성, 저장浙江 성 일대에서는 1990년대부터 '사두巳頭'라 불리는 범죄조직들이 기승을 부렸다. 합법적으로 비자를 받아 입국한 뒤 체류기간을 넘겨 머무는 사람이 늘면서 2000년대 후반 이후 중국인 단체 밀입국은 줄어드는 추세지만 밀입국 알선조직은 여전히 남아 있다. 근래에는 동북부 '중국판 러스트벨트(쇠락한 산업지대)' 출신들의 유럽행 불법 이주가 늘고 있다고 《가디언》은 전했다.

유로폴은 2015년 중국의 폭력조직들이 유럽의 성매매 업소, 마사지샵, 네일샵 등에 불법 노동력을 공급하고 있다고 각국에 경고했다. 당시 유로폴이 지목한 루트는 동유럽과 발트 해 국가들, 러시아를 거쳐 스페인을 통해 유럽으로 들어가는 경로였다. 2016년에는 포르투갈에만 천 명이 넘는 중국인을 불법으로 들여보낸 악명 높은 인신매매범 천샤오민이 인터폴을 통해 수배됐다. 밀입국 알선으로 500만 유로가 넘는 돈을 번 것으로 추정되는 이 범죄자는 2016년 궐석재판에서 징역 12년을 선고받았다.[18]

입국하는 나라 입장에서 밀입국자는 범죄자지만, 이들은 한편으로 인신매매의 피해자이기도 하다. 범죄조직에 거액을 내야 하기 때문에 목적지에 도착하면 빚더미에 앉고, 이때부터는 거래되는 상품이 되는 것이다. 일반 여행객처럼 항공기로 들어오는 이주자들은 인신매매조직이 공항에서 '픽업'해 업소에 넘긴다.

영국에선 '노예노동'이 몇 해 전부터 이슈가 됐다. 영국 정부가 발표한《현대의 노예 2018 연례 보고서》[19]를 보면 노예 상태의 노동자가 점점 늘어나 2017년 5000명을 넘어섰다. 대부분이 밀입국한 이주자였다.

자본의
세계화가 낳은
'잉여 인간'

"자본주의 시장이 정복한 새로운 전진기지마다 땅과 일터, 공동체적 안전망 등을 이미 박탈당한 사람들의 무리에 수많은 사람들이 합류하고 있다. 자본주의가 세계를 정복함으로써 불필요해진 사람들의 수는 끊임없이 늘어나 지금은 지구의 관리 능력을 넘어설 지경이다."

독일의 철학자 지그문트 바우만Zygmunt Bauman은 세계의 국경을 넘나드는 난민과 이주자를 가리켜 지구화가 낳은 일종의 잉여인간이라고 말한다.[20] 세계 자본주의 체제를 떠받치는 노동시장에 진입도 못한 채 배제되는 사람들이 갈수록 늘고 있고, 그들의 한 형태가 이렇게 세계를 떠돌며 유동하는 사람들이라는 것이다.

국제이주기구에 따르면 2017년 세계에서 '일하는' 국외 이주자들은 1억 6400만 명이었다. 노동연령층에 해당되는 국외 이주자의 70퍼센트에 해당한다. 바꿔 말하면 국외로 떠난 노동력 가운데 3분의 1은 외국에서 일자리를 찾지 못했다는 얘기다.[21] 교육 수준, 사회적 네트워크, 언어 문제 등은 이주자들이 정착해 일자리를 찾는 것을 어렵게 만드는 요인이다.

이주자들은 특히 위기에 취약하다. 싱가포르에는 방글라데시, 인도 등에서 온 이주노동자 20만여 명이 살고 있다. 2020년 4월 6일 싱가포르 당국은 이주노동자 기숙사 두 곳에서 코로나 확진자가 나오자 이주자 2만 명을 격리 조치했다. 다른 이들과의 접촉을 막는 '자가격리'가 아니라 기숙사 주민 전체를 시설에 가두는 '집단격리'였다. 오직 싱가포르 시민의 안전만 생각해 이주노동자를 위험으로 내몬 조치였다. 국제엠네스티는 "스스로를 보호할 기회조차 주지 않는 집단격리는 기본권을 침해할 우려가 있다"고 비판했다.[22] 카타르에서는 이주노동자 238명이 코로나19에 감염되자 당국이 이주노동자 집단 거주지를 봉쇄한 바 있다. 수도 도하 외곽의 '산업단지'라 불리는 이 거주지에는 수십만 명의 이주노동자들이 살고 있다.

이탈리아 작가 에드몬도 데 아미치스 Edmondo De Amicis의 《아펜니노에서 안데스까지》라는 소설은 그것을 원작으로 한 일본 애니메이션의 제목 '엄마 찾아 삼만리'[23]로 한국에서는 더 많이 알려져 있다. 이탈리아 제노바에 사는 소년 마르코가 아르헨티나에서 하녀로 일하는 엄마를 찾아가는 여정을 그린 이야기로 배경은 1880년대, 이탈리아에서 미국과 중남미로 떠나는 이들이 많았던 시절이다.

오늘날 이주는 보편적인 현상인 동시에 현대 정치와 경제의 산물이기도 하다. 영국에 폴란드인 의사와 자동차 수리공이 많은 것, 카타르와 아랍에미리트연합에 남아시아 건설 노동자가 많은 것, 남아프리카공화국의 요하네스버그에 나이지리아를 비롯한 주변 아프리카 국가에서 온 이주노동자가 많은 것은 모두 지역의 경제 흐름이나 정치 상황과 이어져 있다.

이주는 '글로벌'한 동시에 '로컬'한 현상이다. 출신국과 정착국의 상황과 구조가 맞물리면서, 초기에 들어간 이들이 자리 잡은 지역과 직업군에 같은 지역 출신들이 따라가는 일이 많다. 미국 로스앤젤레스에는 한인 이주자가 일하는 세탁소가 많으며, 한국에는 유독 베트남 '신부'가 많다.

이주자 가운데 일부는 고소득 전문직, 이른바 '세계도시'의 '글로벌 엘리트'이다. 이들의 이동을 막는 나라는 없다. 오히려 환영한다. 그러나 교육 수준이 낮고 돈도 기술도 없는 이들은 배척당하곤 한다. 자유롭게 국경을 넘을 수 있는 사람과 그럴 수 없는 사람은 세계화된 지구의 권력 구조에서 위치가 달라진다.

루마니아 학자 가브리엘 포페스쿠 Gabriel Popescu 는《국가 경계 질서》에서 "본인의 의사와는 상관없이 태어나면서 얻은 지리적 위치 때문에 경계를 넘나드는 것이 불가능한 사람들, 경계를 넘나들 수 있는 권리는 가지고 있지만 이에 대해 충분히 이해하고 있지 않아 미래에 그 권리를 잃을 위험에 처한 사람들"에 대해 이야기한다. 국경을 마음대로 넘나들 수 있는, 인터넷 구매대행 쇼핑을 할 수 있고 외국 여행비자를 받을 수 있는 사람들은 경계를 인식하지 못한 채 "저 위험한 쓰레기들로부터 경계를 강화해야 한다"고 목소리를 높인다.[24]

포페스쿠는 '서구사회를 차지하려 침입하는 이민자 군대의 이미지'를 비판했지만, 한국도 그런 인식에서 자유롭지 않다. 그러나 한국에 들어와 있는 외국인이 240만 명에 육박하지만 밖에 나가 살고 있는 '한국 출신 이주자'가 훨씬 더 많다. 외교부 통계를 보면 2019년 기준으로 193개국에 재외동포 750만 명이 살고 있다. 미국에 255만 명, 중국 245만 명, 일본 82만 명, 캐나다 24만 명 등이다.[25]

"너희 나라로
돌아가라!"

2019년 7월, 도널드 트럼프 당시 미국 대통령이 민주당의 흑인 여성 의원을 비난했다. 발단은 미네소타 주

연방 하원의원 일한 오마Ilhan Omar가 과거 소셜미디어에 쓴 글이었다. 소말리아 이민자 출신인 오마 의원은 트위터에 한 저널리스트의 글을 공유하면서 1993년 소말리아에서 벌어진 미군 작전으로 숨진 '수천 명'의 사람들을 언급했다. 오마가 글을 올린 건 2017년 10월이었는데, 우익 언론들이 이를 집중 부각하면서 2년이 지나 역풍을 맞았다.

미국인들은 당시 소말리아에서 숨진 미군만 기억할 뿐, 군사작전 와중에 숨진 소말리아인은 기억하지 않는다는 것이 오마의 요지였다. 트럼프는 오마의 트위터 글과 과거 발언을 교묘히 짜깁기해 "오마가 테러범 편에 서서 미국을 비난했다"고 비난했다.[26]

1993년 미군은 소말리아에서 특수부대들을 투입해 이슬람 군벌 소탕작전을 벌였다. 결과는 참혹했다. 민병대의 조악한 로켓추진수류탄(RPG) 공격에 미군 블랙호크 헬기가 연달아 격추됐고 미군 19명이 목숨을 잃었다. 소말리아 민병대가 미군의 시신을 끌고 다니는 영상이 공개되자 미국인들은 엄청난 충격을 받았다. 책과 영화로도 만들어진 블랙호크 다운Black Hawk Down 사건은 왜 머나먼 나라에서 미군이 비참하게 죽어야 하는지, 탈냉전 시대에 미국의 군사개입은 정당한 것인지에 대한 의문을 던졌다. 그러나 오마가 지적했듯이 소말리아인의 인명 피해는 미국인의 관심사가 아니었다.

오마는 1992년 난민 신분으로 미국에 와 정착했다. 당시 유입된 난민 상당수는 미네소타에 터전을 잡았다. 소말리아 태생 미국인은 8만 5700명 정도인데 그중 2만 5000명이 미네소타에 산다. 미 국무부와 난민 정착 협약을 맺은 미네소타 주정부가 소말리아인들을 받아들였기 때문이다. 그 후 20여 년이 지나 미네소타 주는 소말리아 출신 첫 연방 의원을 배출했다. 바로 오마 의원이다.

트럼프는 오마가 "알 카에다는 자랑스러워하면서 미국에 대해선 그렇지 않은 모양"이라고 지적했다. 그리고 "네 명의 여성 하원의원이 우리나라를 사랑할 수 있는 사람들이라고 믿지 않는다"며 민주당의 유색인종 여성 초선의원들을 비난하는 글을 트위터에 올렸다. 그 후 "돌아가라Go Back"는 트럼프 지지자들의 집회 슬로건이 됐다.

오마는 소말리아 태생이지만 라틴계인 알렉산드리아 오카시오-코르테스Alexandria Ocasio-Cortez, 팔레스타인 난민 2세인 라시다 틀라입Rashida Harbi Tlaib, 흑인인 아이아나 프레슬리Ayanna Soyini Pressley 의원은 모두 미국에서 태어나 자란 사람들이다. 그런데도 트럼프 지지자들은 이들에게 "너희 나라로 가라"고 했다. 트럼프가 2016년 대선 때부터 써먹어온 혐오 선동 전략이 그의 지지층 전반에 퍼진 것이다.

2020년 2월 코로나19가 확산되자 유럽의 극우 정치 세력은 그 틈을 타 유럽 안에서 자유로운 이동을 보장한 솅겐 협정을 공격했다. 프랑스의 극우파 마린 르펜Marine Le Pen은 감염증이 먼저 퍼진 이탈리아 쪽 국경을 폐쇄하라고 요구했다.[27] 난민들을 막고 유럽연합의 인권정책에 번번이 반대해온 헝가리의 우파 오르반 빅토르Orbán Viktor 총리의 보좌관은 아무 근거도 없이 "불법 이주자가 코로나 바이러스의 연결고리"라고 주장했다. 지지층을 결집시키기 위해 우익 포퓰리스트 정치인이 이민자를 타깃으로 삼은 사례다.

다름을 받아들일 것인가,
우리 안으로
흡수할 것인가

물론 이주와 관련된 이슈, 특히 '원주민의 반감'은 숫자나 정치 논리만으로 설명하고 설득할 수는 없는 문제다. 이주자는 대체로 조금이나마 더 나은 곳을 찾아 떠난 사람들이다. 그들이 떠나온 나라의 직업윤리와 청렴도, 교육 수준과 기술 숙련도, 문화 행태와 가치관은 그들이 도착한 나라 사람들이 보기에 뒤처지고 전근대적일 수 있다. 게다가 세계 경제 성장률이 둔화되면서 원주민과 이주자의 일자리 경쟁이 일어나 반감이 생겨나기 쉽다.

하지만 이주자의 문화가 정착지의 공동체에 다원성을 더해주고, 새로운 노동력이 들어오면서 경제의 활력이 되고, '아메리칸 드림'을 일군 미국 실리콘밸리 이민 2세대 기업가들처럼 창의력의 산실이 되기도 한다.

이주민과 관련해 우리가 직면하는 가장 큰 문제는 그곳에 살고 있던 '원주민'과의 융합이다. 이주자의 문화를 다양성 측면에서 이해해주고 공존할 것이냐, 기존 문화에 통합되게 할 것이냐. '다문화냐 동화냐' 하는 물음으로 요약할 수도 있겠다.

1950~1970년대 경제 성장기에 프랑스와 독일 등은 북아프리카

에 이민사무소까지 만들어 노동력을 불러들였다. 하지만 사람은 '노동력'으로만 환원될 수 없다. 1961년 독일이 터키와 노동이주협정을 맺은 뒤 스위스의 유명 극작가 막스 프리쉬 Max Frisch 는 "노동자를 불렀는데 사람이 왔다 Wir riefen Arbeitskräfte, und es kamen Menschen "라는 유명한 말을 했다.[28] 남유럽과 북아프리카와 터키 등에서 온 노동자들은 일손이기 이전에 '사람'이었고, 고향의 가족을 불러들이고 혼인하고 정착해 살기 시작했다.

그러나 고속 성장이 멈추고 1980년대 후반 이후 경제가 침체되자 이주자를 배척하는 분위기가 거세지기 시작했다. 2000년대에 들어 서구의 무슬림 이민자 사회에 '이슬람으로의 회귀' 현상이 퍼지고 이민자 문화와 원주민 문화가 충돌하면서 비극적인 사건이나 갈등이 늘었다. 2010년 메르켈 독일 총리는 "다문화주의는 완전히 실패했다"고까지 단언했다.[29]

최근에는 이주자의 문화를 인정해주되, 정착국 사회의 제도와 문화에 통합해야 한다며 동화를 주장하는 목소리가 커지고 있다. 세계적인 개발경제학자인 폴 콜리어 Paul Collier 옥스퍼드 대학교 교수는 이주자들이 떠나온 가난한 나라의 문화와 규범이 그 나라 빈곤의 요인 가운데 하나일 수 있다는 점을 인정해야 한다고 말한다. 따라서 "다문화주의라는 안이한 주장은 경계해야 한다"고 지적한다.[30]

그가 또 한 가지 주목하는 점은 이주자가 유입국 사회의 공동체 의식에 미치는 영향이다. 한 사회의 구성원은 서로 정체성이 같다는 유대감에서 복지제도를 비롯한 '부의 재분배'에 동의하는 것인데,

'생판 남'인 이주자에게 그 혜택을 나눠주기를 꺼리게 되고 결국 복지제도의 근간을 흔들 수 있다는 것이다. 따라서 이주자도 그 혜택을 누리고 함께 발전하려면, 정착한 사회의 제도와 가치관을 받아들일 필요가 있다고 그는 주장한다.

이와 달리 영국의 사회학자 앤서니 기든스Anthony Giddens는 다문화주의도, 동화도 해법이 아니라면서 '상호문화주의Interculturalism'를 주장한다.

> "현대 세계에서 이민은 더 이상 지방적 혹은 지역적 문제가 아니다. 20세기 초반 유럽에서 미국으로 건너간 대규모 이민에 적용되던 수용과 동화의 모델은 더는 통하지 않는다."

그가 강조하는 것은, 전통이나 문화는 늘 변한다는 것이다. "이슬람 공동체에서 베일로 온몸을 가리는 것은 전통으로 되돌아가는 것처럼 보인다. 하지만 그것은 재구축된 전통이다. 그 관습을 실천하는 많은 여성들이 실제로는 그들의 가정에서 첫 번째로 그렇게 하는 세대다. 오늘날 이슬람의 '보수주의'는 새롭게 발견된 것이다."[31]

그는 다문화주의라는 개념이 지금처럼 세계화가 고도의 수준에 이르기 이전에 나온 것이며 다문화주의자들이 말하는 '문화'는 너무 고정돼 있다고 지적한다. 그러므로 한 사회 안에서 '낯선' 문화 집단도 자리를 찾을 수 있도록 상호작용을 하고, 불평등을 줄이고, 공동체 안에서 적극적으로 관계를 맺는 것에 초점을 맞춘 상호문화주의로 바뀌어야 한다고 주장한다.

저출산, 고령화에 따른 노동력 부족과 연관 지어 이주를 바라보는 시각도 있다. 이주자들이 타국의 노동시장에 들어가는 것은 노동력 수요가 있기 때문이다. 이주는 한쪽만 일방적으로 이득을 얻는 현상이 아니다.

미국 오바마 정부는 '불법 이민자'라는 말 대신 '미등록 이주자'라는 표현을 썼으며, 아메리칸 드림을 꿈꾸며 미국으로 온 이민 2세대 청년을 '드리머Dreamer'라 불렀다. 드리머가 꿈을 이루려면, 그들을 받아들이는 사회의 개방성과 그들 스스로의 노력이 필요하다. 그런 상호작용은 이주가 글로벌 시대의 피할 수 없는 현상임을 인정하고 서로가 서로의 존재를 받아들일 때에만 가능하다.

35.0% 대 43.3%

1996년과 2016년 한국 소득 상위 10%의 소득집중도.

2조 달러 대 2조 80억 달러

2020년 미국 상위 50인의 자산과 미국 하위 1억 6500만 명의 자산.

1906년

미국, 철도회사들의 독점과 운임 인상을 규제하는 〈헵번법〉 통과.

1978년

영국, 캘러헌 내각의 임금인 상률 상한제에 반발해 공공부 문 노조 총파업. '불만의 겨울' 시작.

1982년

미국 알래스카, 기본소득 제도 인 영구기금배당 제도 시작.

2000년

한국, 국민기초생활보장법 제정.

2011년

미국 뉴욕에서 9월 17일부터 '월가를 점령하라' 시위 시작.

2019년

조지 소로스 등 19인, 미국 정 치계에 부유세 도입을 요청하 는 공개서한 발송.

"상원의 진정한 주인은 누구인 가?" 시어도어 루스벨트 미국 대 통령은 1903년 재벌의 리베이트 를 저지하는 〈엘킨스법〉, 1906년 철도회사들의 노선 독과점을 규 제하는 〈헵번법〉을 입법한 다음 1890년 제정된 〈셔먼법〉에 근거해 45건의 소송을 제기하는 등 '강도 귀족'들과 끈질기게 싸웠다. 조셉 케플러, 《퍽》, 1889년 1월 23일.

대공황이 한창인 1936년, 일곱 자 녀와 텐트에서 살던 플로렌스 톰 슨의 모습이 찍힌 사진이 《샌프 란시스코 뉴스》에 실려 큰 반향 을 일으켰다. 그러나 플로렌스 톰슨은 '애가 주렁주렁 달린 무주 택자'라는 가난한 이의 전형이 되 었을 뿐 이후에도 형편은 나아지 지 않았다. 도로시아 랭, 1936년 2월 29일. 미국 국회도서관.

방적 공장을 방문해 아동 노동의 실태를 조사 중 인 조세프 포크 미주리 주지사. 마거리트 마틴, 1906년.

왕시우칭이 거주하는 맨홀. 그는 농민공의 처지로 베이징에서 생 활하기 위해 어쩔 수 없이 맨홀족 이 되었다. 농민공의 평균 월수입 은 삼천 위안 남짓이지만 베이징 왕징의 방 두 칸짜리 아파트 월세 는 1만 5000위안에 달한다.

"평화시장 여공은 시집 가도 3년밖에 못 써먹는다는 말 몰라?" 1960년~1970년대, 열악한 다락방에서 하루 15시간씩 일하던 이들 여성 노동자들은 만성적인 질병에 시달릴 수밖에 없었다.

걷어차인 사다리를 다시 놓기

'빈부격차'가 새삼스러워져
내일을 포기하게 된 청년들

"베이조스에게 세금을!"
"우리에겐 베이조스가 필요 없다. 베이조스에게 우리가 필요하다."

2020년 10월 4일 미국 캘리포니아 주 로스앤젤레스 윌 로저스 기념공원에 아마존 전현직 직원들이 모여들었다. 이들은 코로나19에 대응하기 위한 적절한 보호장구를 지급해달라고, 또 위험부담금으로 시간당 2달러의 임금을 더 달라고 요구하며 행진을 벌였다. 목적지는 비벌리힐스에 있는 1억 6500만 달러짜리 맨션. 바로 최고경영자인 제프 베이조스의 집이다.

시위 참가자 가운데 한 명인 크리스티안 스몰스는 코로나19와 관련한 회사의 안전 정책에 반기를 들고 전직 직원들이 시위를 조직하는 것을 돕다가 해고됐다. 스몰스는 이 해고가 보복 조치라고 주장하나 아마존은 그렇지 않다고 반박하고 있다. 그러나 현실은 처참하다. 미국 내 아마존 직원 중 2만 명이 코로나19에 감염됐기 때문이다. 이에 대해 아마존은 미국의 전체 감염률에 비하면 낮은 수준이라는 입장이다.

또 다른 시위 참가자인 앤드류 루이스는 말한다. "수십억 달러 규모의 회사가 코로나19가 대유행하는 동안 기준 이하의 작업 및 안전 조건을 적용하고, 2만 명의 직원이 감염됐다면 이는 과실 그 이상입니다. 아마존은 지구상에서 가장 부유한 기업입니다. 직원들을 안전하고 건강하게 유지할 자원을 갖고 있지요. 그러나 그것을 적극적으로 택하지 않았습니다."[32]

우리는
점점 벌어지는 격차를
감당할 수 있을까?

시간당 2달러, 약 2200원의 임금 인상을 요구하며 시위를 벌인 노동자들과 1800억 원이 넘는 저택을 소유한 최고경영자 사이의 거리는 우리가 맞닥뜨린 지구적 격차를 보여주는 상징적인 장면이다. 국제노동기구가 펴낸 《코로나19와 노동세계》 여섯 번째 개정판[33]을 보면 봉쇄를 비롯한 방역조치로 세계 전역에서 노동자들의 근무 시간이 줄었고, 고스란히 소득 감소로 이어진 것으로 나타났다. 2020년 들어 9개월 동안 노동소득은 전년도 같은 기간에 비해 10.7퍼센트 줄었다. 세계총생산의 5.5퍼센트에 해당하는 3조 5000억 달러 규모의 임금이 날아간 것이다. 특히 중하위소득 국가에서 노동소득의 손실이 더 큰 것으로 나타났다. 잘사는 나라에선 임금 감소폭이 9퍼센트였는데 중상위소득 국가에선 11.4퍼센트, 그보다 더 가난한 나라에선 15.1퍼센트가 줄었다.

반면 2020년 베이조스의 재산은 6월까지를 기준으로 350억 달러 증가했다. 블룸버그 억만장자지수Bloomberg Billionaires Index에 따르면 그의 순자산은 1500억 달러로, '현대사에서 가장 부유한 사람'이 됐다. 그의 재산을 불려준 것은 주식이었다. 1년 새 아마존 주가가 64퍼센트나 오른 덕분이다.

코로나19 팬데믹 속에서 온라인 상거래 기업인 아마존의 주가가 올라간 것은 당연하다. 하지만 아마존 경영자가 '현대 역사상 최고 부자'가 되는 사이에 그 회사 직원 2만 명이 전염병에 걸리고 시간당 2달러를 더 받기 위해 투쟁을 해야 하는 상황이 과연 '노멀(정상적)'한 것일까.

20세기 후반부터 글로벌 기업, 특히 금융이나 정보기술 기업 경영자들이 천문학적인 보수를 받는 것에 대해 비판이 많았다. 상위 20퍼센트보다 상위 10퍼센트, 5퍼센트, 1퍼센트들이 너무 많은 몫을 챙겨가는 세계경제 구조에 대해 토마 피케티Thomas Piketty를 비롯한 경제학자들이 숱하게 문제를 제기해왔다.

지구적으로 발생하는 격차를 그대로 두고 보아야 할까. 너무 많은 이들이 삶의 변두리로 밀려나고, 전 세계가 개인의 의지나 노력으로 넘어설 수 없는 불평등으로 인해 사회적 갈등을 겪고 있는 상황에서 말이다. 자본주의는 이 격차를 감당할 수 있을까. 격차는 과연 어떻게 해소될 수 있을까.

"26명이 인류 절반의 부를 가지고 있다!"

"돈이 다리미라구. 돈이 주름살을 쫘악 펴줘."

봉준호 감독의 영화 〈기생충〉에 나오는 기택의 아내 충숙의 대사다. 이 영화는 2019년 칸 영화제 황금종려상에 이어 2020년 아카데

미 시상식에서 최우수작품상을 받았다. 언어와 문화의 장벽을 넘어 세계인의 호응을 받은 이 영화에서 주인공인 기택네 가족은 반지하 집에 산다. 햇볕이 들지 않고 비가 오면 물이 차며 바퀴벌레가 기어 다니는 곳이다. 이들이 꿈꾸는 곳은 지상의 넓은 이층집이다. 전혀 다른 계층이 사는 그 공간에 기택네 가족은 '기생충'과 같이 선을 넘어 스며든다. 봉준호 감독은 칸 영화제 기자회견에서 이 영화를 "계단 시네마"라고 불렀다.[34] 수직적으로 만들어진 집이라는 공간은 계단으로 이어져 있으며 이 공간을 계층구조를 상징하는 도구로 사용했다는 것이다.

계층의 수직적 구조는 한국의 일만이 아니기에 이 영화는 전 세계의 공감을 얻었다. 영국의 평론가 가이 로지Guy Lodge는 《가디언》 칼럼에서 "〈기생충〉은 계급적 분노라는 '세계의 우물'에 발을 담그고, 빈부격차에 공감하는 젊은 관객들 … 특히 'OK 부머' 세대[35]의 엄청난 지지를 받고 있다"고 평했다.[36]

2020년 OECD가 발간한 《한국경제보고서》[37]를 보면 한국의 불평등 수준이 상대적으로 높은 것으로 평가됐다. '불평등 없음'을 뜻하는 '0'에서 '불평등 최대'를 가리키는 '1'까지 나타내는 지니계수를 보면 한국은 OECD 국가 가운데 칠레, 멕시코, 터키, 미국 등에 이어 일곱 번째로 세후소득 불평등도가 높다. 보고서는 "다른 회원국들에 비해 임금 격차가 크고 소득 재분배는 제한적인 탓"이라고 분석했다.

한국의 소득 불평등이 가속화된 것은 1997년 'IMF 체제' 이후부터다. 노동소득, 금융소득, 사업소득을 모두 합친 최상위 10퍼센트 집단의 소득이 전체 소득에서 차지하는 비중은 실제로 1998년 이후 가파르게 상승했다. 2017년에는 이들 10퍼센트가 번 돈이 한국인 전체 소득의 절반이 넘는 50.6퍼센트에 이르렀다.

최상위 10퍼센트를 더 잘게 쪼개보자. 그해 기준으로 최상위 1퍼센트에 속하는 사람은 1년간 1억 3571만 원 이상을 벌었다. 5퍼센트 이내에 해당하는 사람들은 7497만 원 이상을 벌었다. 10퍼센트 안에 들어간 집단은 5153만 원 이상을 번 사람들이다. 1퍼센트 안쪽의 사람들은 10퍼센트에 해당되는 사람들에 비해서도 두 배를 벌었다. 10퍼센트 안에 들어가는 이들의 소득에 비해서도 1퍼센트 이내 최상위권의 소득이 더욱 가파르게 늘었다. 이들이 전체 한국인의 소득에서 차지하는 비중은 2009년 12.2퍼센트에서 2017년 15.3퍼센트로 늘었다.[38]

임금소득만 놓고 보더라도 격차가 심각하다. OECD 보고서는 대기업과 중소기업, 제조업과 서비스업 등에서 노동시장이 상대적으로 안정되고 돈벌이가 나은 일자리와 그렇지 못한 일자리로 양분돼 있는 '노동시장의 이중구조'를 먼저 지적했다. 노동시장만 나뉘어 있는 게 아니라 생산성도 격차가 크고, 그것이 임금 불평등을 낳는 동시에 합리화하는 요인이 된다. 보고서는 코로나19의 피해가 노동시장 안에서 가장 밑바닥에 놓인 이들에게 쏠리면서 불평등이 더 커지고 있는 것, 남성 임금과 여성 임금의 격차가 OECD 회원국 가운데 가장 크다는 것도 지적했다.

〈기생충〉을 본《워싱턴포스트》의 한 기자는 미국의 상황은 한국보다 더 심각하다고 지적한다. "한국이 백 명으로 구성된 나라이고 이 나라의 자산이 파이 백 조각이라고 한다면, 가장 부유한 사람이 25조각을 갖고 가난한 50명은 파이 두 조각을 나눠 갖는다. 이런 불평등이 영화의 핵심이다. 하지만 미국에서는 가장 부유한 미국인이 파이 39조각을 갖고, 가난한 50명에게는 한 조각도 돌아가지 않는다. 오히려 이들은 파이 10분의 1조각에 해당되는 빚을 지고 있다."[39]

국제구호기구 옥스팜oxfam은 2019년《공익인가, 개인의 부富인가》라는 보고서에서 "억만장자를 위한 호경기"를 보여주는 몇 가지 수치를 제시했다. 이 기구에 따르면 2008~2009년의 글로벌 금융 위기 이후 십 년 동안 억만장자 수는 두 배로 늘었다. 세계 억만장자들의 부는 2018년 900억 달러가 늘었다. 날마다 25억 달러씩 늘어난 셈이다. 반면 인류의 절반인 가난한 38억 명의 재산은 11퍼센트가 줄었다.

"인류의 절반인 빈곤한 사람들 38억 명이 가진 전체 자산을 26명이 소유하고 있다. 전년의 43명보다도 더 적은 수의 사람들이."[40]

'낮은 곳에 사는 존재'라고 불리는 사람들

피케티와 에마뉘엘 사에즈Emmanuel Saez 를 비롯해 경제학자 다섯 명은 세계불평등데이터베이스[41]를 토대로 임금, 자산 등 경제적 불평등을 분석해 나라별로 정리한《세계 불평등 보고서 2018》을 냈다. 이 보고서에 따르면 부가 상위 계층에 몰리는 불평등은 전 세계적 현상이다. 국가별로 상위 10퍼센트가 전체 국민소득에서 차지하는 비중을 보면 중동 국가에서는 61퍼센트, 인도와 브라질에서는 55퍼센트, 사하라 사막 이남 아프리카에서는 54퍼센트에 이르렀다. 미국과 캐나다는 47퍼센트, 중국은 41퍼센트, 유럽은 37퍼센트였다.[42]

불평등은 지구적인 차원에서 확인되지만 나라마다 양상은 조금씩 달랐다. 이른바 잘사는 나라들 중에서는 미국의 불평등이 두드러졌고 유럽에서는 상위계층의 소득 증가폭이 미국보다 완만했다. 1980년 유럽과 미국의 상위 1퍼센트가 차지하는 몫은 전체의 10퍼센트 정도였는데, 2016년이 되자 서유럽은 12퍼센트로 조금 늘어난 반면 미국은 20퍼센트까지 올라갔다. 두 지역의 불평등 수준이 한 세대 만에 왜 이렇게 차이가 나게 됐을까. 보고서는 "미국에서 나타난 소득 불평등은 주로 1980년대 이후 최상위계층의 노동소득이 급증하고 2000년대에 자본소득이 크게 늘었는데도 누진세를 줄인 데다 교육의 불평등이 커진 탓"이라고 분석했다.

중국, 인도, 브라질 등 상대적으로 경제성장률이 높은 신흥 경제국을 보자. 이들 나라의 급속한 경제 발전은 세계 전체의 소득의 증가를 견인했고, 절대빈곤 인구가 크게 줄어드는 효과를 가져왔다. 하지만 이 나라에서도 내부의 불평등이 커지고 있다.

특히 중국의 변화가 극적이다. 보고서에 드러난 중국 내 자산 격차를 보면 1990년대 중반까지 상위 1퍼센트와 하위 50퍼센트의 자산이 전체 자산에서 차지하는 비중은 각각 약 15퍼센트로 거의 차이가 없었다. 하지만 2000년 상위 1퍼센트의 자산이 20퍼센트로 비중이 커진 반면 하위 50퍼센트의 자산 비중은 14퍼센트로 줄었다. 10년 뒤에는 상위 1퍼센트가 전체 국민 자산의 30퍼센트 이상을 차지하게 되었고, 하위 50퍼센트의 자산은 7퍼센트로 곤두박질쳤다. 특히 중국은 도시와 지방의 격차가 심각하다. 농촌에서 도시로 옮겨가 저임금 노동자가 된 농민공農民工들은 중국을 세계 2위 경제대국으로 만들어준 주역이지만 이들과 부유층의 격차가 점점 커지면서 이제는 사회 불안 요인이 되고 있다.

2017년 베이징 시 다싱大興에서 큰 화재가 발생했다. 불이 난 곳은 지방에서 올라온 이들이 불법으로 집을 짓고 살던 동네였다. 이 화재로 열 명 넘게 사망했다. 비극은 여기서 끝나지 않았다. 베이징 시가 화재 이후 택한 정책은 빈민들이 살던 집들을 모두 밀어버리는 것이었다. 이 정책을 두고 중국 언론은 '디돤런커우低端人口 정리 작업'이라고 불렀다. 낮은 곳에 사는 사람들, 즉 하층민을 정리한다는 뜻이다. 공교롭게도 이들은 계층적으로 하층민일 뿐만 아니라 불법

증축한 낮은 집이나 지하방처럼 실제로 '낮은 곳'에 사는 사람들이었다. 〈기생충〉의 베이징 버전이었던 셈이다. 당국의 철거 작업은 중국의 빈부격차를 고스란히 보여준 동시에 '낮은 곳 사람들'을 고속 성장하는 중국의 지도부가 어떻게 대하고 있는지를 드러냈다.

"부가가치가 낮은 육체노동을 일컫는 차갑고 관료적인 이 말(디돤런커우)은 그런 일에 종사하는 사람들을 가리키는 것으로 의미가 확장됐다. 이들을 계속 내쫓는 베이징의 가혹한 풍경만큼이나 마음을 아프게 하는 말이었다." 홍콩《사우스차이나모닝포스트》는 한 학자의 말을 인용해 "농민공들은 정부 문서를 읽지 않으므로 자신들이 어떻게 불리는지 전혀 몰랐는데 이제는 스스로가 2등 시민임을 알게 됐다"고 전했다.[43] 이 사건에 분노한 중국인들은 '#低端人口'라는 해시태그를 달아 온라인에서 '나도 하층민이다'를 외쳤다.

1퍼센트의,
1퍼센트를 위한,
1퍼센트에 의한 사회

"착한 요정이 1초마다 1달러를 준다고 해보자. 당신이 백만 달러를 모으려면 11.4일이 걸린다. 십억 달러를 모으는 데에는 32년이 걸린다. 백만 달러와 십억 달러를 가진 사람이 하루에 천 달러씩 쓴다면 백만 달러를 다 쓰는 데는 3년도 걸리지 않는다. 반면에 십억 달러를 탕진하려면 2700년이 넘게 걸린다."[44]

경제학자 브랑코 밀라노비치가 《왜 우리는 불평등해졌는가》에서 언급한 내용이다. 10억 달러를 가진 빌리어네어Billionaire, 한국식으로 표현하면 '억만장자'를 설명한 구절이다.

앞서 인용한 여러 통계에서 상위 1퍼센트 부자들을 거론했지만, 억만장자는 전 세계 인구의 0.0001퍼센트도 되지 않는다. 2020년에 억만장자는 2095명이었다. 가장 많은 국가는 미국(614명)이고, 중국이 2위를 차지했다. '슈퍼리치Super rich' 가운데 절반 가까이가 이 두 나라에 속한 것이다. 이어서 독일 107명, 인도 102명, 러시아 99명, 홍콩 66명 순이다. 이들의 순자산을 모두 합치면 9조 달러에 이른다.[45]

2019년 억만장자 숫자를 분석한 보고서를 낸 옥스팜은 "이집트에서 피라미드가 만들어질 때부터 매일 1만 달러를 저축해도 가장 부유한 억만장자 5명이 가진 평균 자산의 5분의 1을 버는 데에 그칠 것"이라고 했다.[46]

억만장자들이 축적한 부의 이면에는 사회 구조적 배경이 자리하고 있다. 캐나다의 주류업체에서 시작해 여러 분야로 투자를 넓혀온 시그램Seagram 그룹의 상속자 에드거 브런프먼 주니어는 "100달러를 110달러로 만들기는 힘들지만 1억 달러는 반드시 1억 1000만 달러가 된다"라고 말했다고 한다.[47] 이 말은 돈이 돈을 버는 자본주의의 구조가 얼마나 모순적인지를 상징적으로 보여준다.

부자들이 부자가 된 까닭은 노력과 혁신 덕분이라고 생각하기 쉽지만, 옥스팜이 분석한 억만장자들의 상당수는 부모의 재산을 물려

받았다. 빌 게이츠는 마이크로소프트 경영자 자리에서 물러난 뒤에 재산이 두 배로 불었다. 세계 각국이 거두는 전체 세금에서 기업이 내는 세금은 4퍼센트뿐이고, 슈퍼리치들은 온갖 수단을 동원해 세금을 피한다. 기업이 세금을 덜 낼 수 있는 것은 조세 회피처를 활용하거나 과세율을 낮추도록 의회에 로비를 할 수 있기 때문이다. 2011~2017년 미국·독일·캐나다 등 주요 7개국의 주주 배당금은 31퍼센트가 늘었지만 같은 기간 노동자들의 임금은 3퍼센트 오르는 데 그쳤다고 옥스팜은 지적한다.⁴⁸ 집, 주식, 특허권, 저작권 등의 '자본'을 충분히 가진 이들은 자본이 알아서 돈을 벌어 더 큰 부자가 되지만, 아무것도 갖지 못한 이들은 노동소득에만 의존해 부를 축적하기 어렵다.

극심한 격차에 문제가 있다고 느낀 사람들은 사회 시스템이 공정했는지, 기회가 균등하게 주어졌는지 의문을 제기하기 시작했다. 2008~2009년 글로벌 금융위기는 분노를 폭발시켰고 "1퍼센트의, 1퍼센트를 위한, 1퍼센트에 의한" 사회에 대한 비판이 시작됐다. 노벨경제학상 수상자인 조지프 스티글리츠Joseph Stiglitz가 2011년 한 잡지 기고문에서 사용한 이 표현은 미국에서 그해 '월스트리트를 점령하라Occupy Wall Street'라는 시위로 이어졌고 세계로 퍼져나갔다. 빈곤과 실업에 시달리던 중동과 북아프리카의 여러 나라에서는 오랜 독재를 향한 분노와 결합하며 '아랍의 봄'이라 불리는 거대한 혁명의 물결로 이어졌다.

격차 속에 있는
또 다른
격차들

승자가 모든 것을 독식하는 '1 대 99 사회'를 끝내야 한다는 목소리들이 퍼져나간 지 십 년 가까이 지났으나 사람들은 여전히 불공정을 이야기한다. '1 대 99'라는 말이 최상위 1퍼센트만을 표적으로 삼기 때문에 그보다 광범위한 상층부의 기득권 문제를 가린다는 지적도 나온다. 이 점을 주목하는 이들은 '1대 99'보다는 '20 대 80'이라는 말을 선호한다. 미국 브루킹스 연구소 선임연구원 리처드 리브스Richard Reeves는《20 VS. 80의 사회》에서 "중상위층이 기회를 사재기한opportunity hoarding 결과 불평등 구조가 굳어졌다"고 지적한다. 그는 상위 20퍼센트를 의제 설정이나 교육제도, 노동에 영향력을 가진 집단으로 본다.

리브스는 최상위 부자뿐 아니라 상위 20퍼센트의 소득도 급증했다는 점을 지적한다. 상위 20퍼센트의 세전 가구소득의 총합은 1979년에서 2013년 사이 4조 달러가 늘었으나 하위 80퍼센트의 소득 총합은 3조 달러가 조금 넘게 증가했을 뿐이다. 20퍼센트와 80퍼센트를 가르는 선을 기점으로 아래쪽에서는 불평등이 크게 늘지 않은 반면에 위쪽 20퍼센트 사이에서는 격차가 점점 벌어지고 있다.[49]

물론 리브스도 최상위층에 부가 집중되는 현상을 무시하지는 않는다. 다만 "중상류층의 규모와 그들이 집단적으로 가진 권력은 도시의 형태를 바꾸고 교육제도를 장악하고 노동시장을 변형시킬 수 있다. 또 중상류층은 공공 담론에도 막대한 영향을 미친다. 기자, 싱크탱크 연구자, TV 프로듀서, 교수, 논객이 대부분 중상류층이기 때문"에 이들이 가진 구조적 권력을 주목해야 한다는 얘기다.

한국도 사정은 다르지 않다. 한 여론조사[50]를 보면 시민 열 명 중 여섯 명은 '우리 사회가 공정하지 않다'고 생각한다. 응답자들은 '법 집행', '부의 분배', '대기업과 중소기업 관계', '취업' 등의 분야에서 불공정하다는 의견을 냈다. 특히 한국 사회에서 성공을 결정하는 요인으로 '본인 노력이나 능력'(27%)보다는 '부모 등의 배경이나 외부 압력'(33%)을 꼽는 응답이 더 많았다. 분명한 것은 자본주의 사회에서 기회 자체도 자산이며, 기회의 공정함에 대한 요구는 멈추지 않을 것이라는 점이다.

억만장자의 이야기를 했다면 이번엔 반대편에 있는 사람들 이야기를 해보자. 지금까지 설명한 부의 격차 속에는 또 다른 격차들이 숨어 있다. 백인이 비非백인보다, 남성이 여성보다 더 부자가 된다. 특정 인종 또는 성별이 더 돈을 벌 수 있었던 이유는 구조적 불평등에 기인한 측면이 크다. 흑인으로서 미국 뉴저지 뉴어크 시의원, 시장을 거쳐 주 연방 상원의원에 재선된 코리 부커 Cory Booker는 집을 사려고 애쓰던 부모의 모습을 이렇게 회고한다. 1969년의 일이다.

"이상한 일들이 자꾸 일어나는 거예요. 중개업자들이 백인 동네의 집들은 '이미 팔렸다'며 흑인 동네의 집들만 소개해줬어요. 부모님은 시민단체와 함께 문제를 제기하기로 했습니다. 한 집을 사려다가 거절당한 뒤 백인 부부를 다시 보냈더니 이번엔 집을 팔겠다고 하는 겁니다. 계약하기로 약속한 날 백인 부부 대신 부모님이 변호사를 데리고 중개업자에게 갔습니다. 그랬더니 화가 난 중개업자는 변호사를 때리고, 옆에 있던 개한테 아버지를 공격하라고 시켰습니다. 그러더니 나중엔 빌면서 이러더랍니다. '당신들도 여기서 살고 싶지는 않을 거 아니냐. 여기는 당신네 쪽 사람들이 없다.'"**51**

미국 독립매체《복스》와 넷플릭스가 함께 2018년 선보인 다큐멘터리 시리즈〈익스플레인: 세계를 해설하다〉에 나온 에피소드다.

미국에서 흑인들도 집을 살 수 있게 된 것은 부커의 가족이 집을 사기 일 년 전인 1968년부터였다. 그 전에는 흑인들에게 주택 대출이 제한돼 있었다. 중산층으로 올라갈 길을 미리부터 차단한 것이다. 법적 권리를 얻은 뒤에도 흑인들은 부커의 가족처럼 뿌리 깊은 인종차별에 부딪히곤 했다. 부커는 그래도 운이 좋았다. 부모가 결국 원하는 집을 샀고 그 뒤로 자산을 불릴 수 있었다고 그는 다큐멘터리에서 회고한다.

제도적인 차별이 누적되며 자산의 격차는 계속 벌어졌다. 1983년에서 2016년 사이에 흑인 가구의 평균 소득은 절반으로 줄어든 반면 백인 가구의 소득 평균은 3분의 1이 늘었다. 흑인 가정의 약 20퍼센트는 순자산이 아예 없다. 2020년 흑인 남성 조지 플로이드George Floyd가 경찰 폭력에 살해된 뒤 미국 전역에서 격렬한 항의 시위가 일어났다. 이 시위를 본 미국 언론과 학자들은 집조차 마음대로 사지 못하게 막아온 '백오십 년의 차별'을 얘기하며 구조적, 제도적 인종 주의를 지적했다.

세계경제포럼(WEF)이 발표한《글로벌 성 격차 보고서 2020》[52]을 보면 경제적 참여와 기회의 영역에서 성별 불평등은 점차 심화되는 추세다. 보고서에 따르면 15~64세 성인 남성의 약 80퍼센트가 노동시장에 참여하고 있으나 여성은 55퍼센트에 불과하다. 경제활동을 하지 못하는 딱 그만큼 가난해질 수밖에 없다. 고위직으로 가기 힘든 이른바 '유리천장'도 여성들이 돈 벌 기회를 남성들만큼 갖지 못하게 만든다. 이 보고서는 "경제 참여와 기회에서 여성과 남성의 격차를 해소하려면 257년이 걸릴 것"이라고 진단했다.

불평등의 대가,
일찌감치 희망을
포기하는 사람들

세계은행은 지금의 극심한 불평등을 가리켜 "많은 사람들이 도덕적으로 용납할 수 없는 일이며 사회계약이 깨졌음을 나타내는 것"이라고 지적했다.[53] 불평등은 사회를 분열시켜 범죄와 불안정성을 증가시킨다. 그로 인해 "빈곤을 없애려는 노력은 더 약해지고, 더 많은 이들이 두려움 속에 남겨지며, 희망을 꿈꾸는 사람들은 줄어들게 된다."[54] 옥스팜이 지적한 불평등의 대가다.

18세기 영국의 현실을 풍자한 판화, 〈몰 해커바우트의 일생〉 중에서. 어린 몰은 일자리를 찾아 런던으로 상경했지만 늙은 니햄에게 속아 성매매로 생계를 이어가는 등 갖은 고생만 하다가 스물셋의 나이로 사망한다. 윌리엄 호가스, 1731년.

극심한 격차는 경제에 부정적 영향을 미친다. 가난한 이들, 가난한 가정의 자녀들에 들어가는 투자를 줄여 사회 전체의 생산성을 결과적으로 떨어뜨리기 때문이다. 인종 간 부의 격차를 해결하지 못해 20년간 미국 경제가 최대 16조 달러의 손실을 입었다는 분석도 있다. 씨티그룹이 2020년 9월 펴낸 보고서《인종 간 불평등 격차 줄이기》[55]는 "임금, 교육, 주택, 투자 등에서 발생한 인종 간 격차가 20년 전에 줄었더라면 미국의 국내총생산(GDP)은 16조 달러가 더 늘었을 것이며, 지금이라도 이 격차를 해소한다면 GDP가 향후 5년간 5조 달러 더 증가할 것"이라고 분석했다.

스티글리츠는《불평등의 대가》에서 "경제 게임의 경기장은 상위 1퍼센트에게 유리한 쪽으로 기울어져 있다"고 지적한다. 경제 게임의 룰은 정치에서 정하는데, 정치의 규칙 자체를 상위 1퍼센트가 만들기 때문이다.[56]

부의 격차는 돈 문제로 그치지 않는다. 좁게 말하면 법과 제도, 넓게 말하면 사회의 모든 규칙을 부자들의 손에 집중시키기 때문이다. 규제도 받지 않는 경제권력에 의해 사회의 규칙이 흔들리면 민주주의에 대한 신뢰가 무너지게 된다. 노벨 경제학상을 수상한 폴 크루그먼 Paul Krugman도 2011년 같은 주장을 했다.

"소득의 극단적인 집중은 진짜 민주주의와 양립할 수 없다. 정치체제가 거대 자본의 영향으로 뒤틀리고 있고, 소수에게 몰린 자산이 점점 늘어나면서 그 현상이 점점 심해지고 있다는 사실을 부정할 사람이 정말 있을까? 일부 전문가들은 불평등 현상에 대해 우려하는 것을 어리석다고 말하지만, 진실은 우리 사회의 본질이 위기에 처했다는 것이다."[57]

민주주의가 왜곡되고 사람들의 불만이 엄한 곳을 향하면 구조적 문제를 해결하는 데 들어가야 할 정치적 사회적인 에너지가 '없는 자들'끼리의 싸움에 소모된다.

거대한 격차는 어쩔 수 없는 것일까. 어떻게 해소할 수 있을까. 불평등에 대한 불만만큼이나 다양한 해결책이 모색되고 있다. 우선 소득이 있는 곳에 책임을 강화하자는 축이 있다. 법과 규제를 강화해 기업들의 책임을 늘리고 부유층에게 세금을 더 물리자는 주장이 대표적이다. 거대 기업과 금융사를 규제해야 한다는 목소리는 특히 글로벌 금융위기 이후 높아졌다. 위험보다는 수익에 방점을 찍은 금융자본의 탐욕으로 위기가 닥쳤는데 세금으로 구제를 받은 금융사 임원들은 그 와중에도 거액을 챙겼다. 미국에서는 그 후 금융회사를 규제하는 '도드-프랭크 월스트리트 개혁 소비자 보호법Dodd-Frank Wall Street Reform and Consumer Protection Act'이 만들어졌다.

최근에는 거대 IT기업, 이른바 '빅테크Big-Tech'에 대한 규제를 강화해야 한다는 목소리도 커지고 있다. 몇몇 IT 기업이 시장을 지배하며 사실상 독과점으로 돈을 벌어들인다는 점에서 비판이 더욱 크다. 클린턴 행정부에서 노동부 장관을 지낸 로버트 라이시는 구글, 아마존, 페이스북, 애플 같은 기업의 경영주들을 가리켜 '21세기 강도귀족Robber Barons'이라고까지 불렀다. 19세기 자본가들이 경쟁자를 시장에서 몰아내고 기업 안에서는 노조를 와해시키며 노동자들을 위험한 환경과 저임금으로 내몰았던 행태를 오늘날 IT 기업이 되풀이하고 있기 때문이다. "다섯 개의 회사가 하이테크 플랫폼을 지배하며, 이 기업들이 미국 전체 주식시장의 4분의 1 이상을 차지한다."[58]

그는 "1890년 '강도귀족'의 탐욕에 대중이 분노했고 미국 최초의 독점금지법인 셔먼법이 탄생했다"고 하면서 기업의 이익과 노동자의 임금 사이의 격차를 줄이기 위해 당국이 개입해 거대기업을 규제할 때가 됐다고 말한다. 《플랫폼 제국의 미래》를 쓴 스콧 갤러웨이 Scott Galloway도 "엄청난 힘을 가진 괴물" 빅테크 기업이 독점적 지위를 별로 받지 않는 점을 문제로 지적했다.[59]

최상위 부자들에게 세금을 더 거둬야 한다는 주장은 미국 정치권에서도 나왔다. 2019년 민주당 대선 후보 경선 과정에서 엘리자베스 워런 상원의원은 '초 백만장자 세금 Ultra-Millionaire Tax' 구상[60]을 내놨다. 오카시오-코르테스 하원의원은 그린뉴딜을 위해 연간 천만 달러 이상을 버는 부자들의 세율 상한을 70퍼센트로 올리자고 주장한다.[61]

역사는 가장
혹독한 방식으로
불평등을 해소해왔다

"부유세는 기후변화를 해결하고, 경제를 발전시키며, 국민을 건강하게 만들고, 기회를 공정하게 만들며 우리의 민주주의와 자유를 강하게 만들어줄 겁니다. 부유세를 부과하는 것은 우리나라에 이익이 됩니다. 부유세의 개념은 새로운 것이 아닙니다. 이미 중산층에 속한 미국인 수백만 명이 그들의 주요 자산인 집에 대해 재산세의 형태로 부유세를 내고 있습니다. 최상위 부자 1퍼센트 가운데 10분의 1에 해당하는 사람들에게 중간 정도의 세금을 부과하는 것은 부의 원천에 대해서도 부유세를 적게 내라고 요구하는 것과 다름없습니다."[62]

2019년 6월에는 미국 대선 예비후보자들에게 부유세를 촉구하는 위와 같은 내용의 공개서한이 전달됐다. 투자가 조지 소로스George Soros와 이언 시몬스Ian Simmons, 페이스북 공동 창업자 크리스 휴즈Chris Hughes, 월트 디즈니의 상속자 애비게일 디즈니Abigail Disney 등 열아홉 명이 발신인이었다. 이런 부자들이 나서서 자신들을 비롯한 초부자들에게 '높은 부유세를 매기라'고 요구한 것이다. 자신들이 발 딛고 서 있는 사회 시스템이 무너져서는 안 된다는 것을 이들은 알고 있다. 현재의 격차를 그대로 두면 그 시스템이 무너지리라는 것도.

최근에는 복지정책이 아닌 시민배당 형식의 기본소득 논의도 활발하다. 성별, 소득, 노동여부 등과 상관없이 먹고살 돈을 주자는 '보편적 기본소득Universal basic income' 논의는 처음에는 뜬구름 잡는 소리처럼 들렸지만 코로나19 팬데믹으로 경제가 무너지는 것을 막기 위해 각국이 돈 풀기에 나서면서 동력을 얻었다. 미국 대선 때 민주당

예비후보로 나선 앤드루 양Andrew Yang은 18세 이상 모든 미국인에게 매월 천 달러씩을 기본소득으로 지급하겠다는 공약을 내놔 눈길을 끌었다. 인공지능이나 자동화로 이득을 보는 기업들에게서 세금을 더 거둬 그로 인해 일자리를 잃은 이들에게 주자는 것이었다. 이 제안 덕에 앤드루 양은 '양갱Yang Gang'이라 불리는 지지 세력을 얻을 정도로 인기를 얻었다.

기본소득의 필요성을 주장해온 피케티는 한발 더 나아가 '기본자본'이 필요하다고 역설한다. 보편적 기본소득이 주어지더라도 부와 자산을 이미 갖고 있는 사람들이 더 많은 돈을 벌 가능성은 여전히 남는다. 그렇기 때문에 '모두를 위한 유산Inheritance for all'이 필요하다고 그는 주장한다. 부유세 같은 형태로 누진적 재산세를 매기고, 여기서 마련한 재원으로 25세가 되는 성인에게 12만 유로씩 '자본'을 주자는 제안이다.[63]

교육을 비롯해 의료, 주거 등 각종 공공서비스에 도달할 기회의 공정성을 높이는 것도 격차를 줄이기 위해 필수적인 방법들이다. "학교는 부자든 가난하든 상관없이 아이들이 서로 친구가 되고 불평등의 장벽이 무너지는 곳이 될 수 있다. 진료소는 지불 능력과 상관없이 가난한 사람들과 부유한 사람들이 똑같이 최고의 진료를 받을 수 있다는 것을 깨닫는 장소가 될 수 있다."《옥스팜 보고서》[64]는 "공공서비스는 모든 이들에게 재산과 수입에 관계없이 적절한 삶을 살 공정한 기회를 제공하는 훌륭한 평형장치"라고 지적한다.

스콧 갤러웨이는 점점 벌어지고 있는 격차와 관련해 이렇게 말했다. "좋은 소식은, 역사를 보면 극단적인 소득 불평등은 반드시 스스로 수정되었다는 것입니다. 나쁜 소식은, 극도로 심한 소득의 불평등을 수정해온 것은 전쟁, 기아, 혁명 중 하나였다는 사실입니다. 우리 미래가 아주 위험한 방향으로 흘러가지 않도록 지금부터 대책을 세워야 합니다."[65]

우리는 과연 좋은 소식을 택할 것인가. 나쁜 소식을 택할 것인가.

1861년
프랑스의 루이 나폴레옹, 국회 해산 이후 국민투표 시행. 황제로 즉위.

1956년
아르헨티나의 후안 페론, 가톨릭교회와 군부가 주도한 쿠데타로 축출.

2016년
영국, 국민투표를 통해 영국의 유럽연합 탈퇴를 결정.

2018년
이탈리아의 오성운동과 북부동맹 연정, 연립여당 형성.

1998년
레닌식 제헌의회 운동을 주장한 우고 차베스, 베네수엘라 대통령 당선.

1929년
10월 24일 미국 뉴욕 증시 폭락. 전 세계적 경제공황 시작.

1932년
독일 총리 프란츠 폰 파펜, 돌격대 불법화 철회. 7월 총선 결과 나치, 독일 제1당으로 부상.

2008년
서브프라임 모기지 사태 이후 전 세계적으로 금융 위기 확산.

1938년 주데텐란트의 독일 귀속 여부를 놓고 진행된 주민투표용지. "예"로 체크할 동그라미 란이 "아니오"의 것보다 훨씬 크다. 1938년 12월 1일.

나치가 운영했던 부헨발트 수용소에서 구조된 이들. 그곳에는 크게 세 부류의 사람들이 감금되어 있었다. 하나는 유대인이고, 하나는 전쟁포로였으며, 하나는 동성애자였다. 모두 당시 소수자였다. 1945년 4월 16일.

구제금융 채권단의 요구에 대한 수용 여부를 묻는 국민투표에서 반대를 외치는 그리스 시민들. 당시 메르켈 독일 총리는 그리스에 대한 채무 탕감은 불가하다고 단호하게 선을 그었다. 2015년 7월 5일 그리스의 국민투표 결과는 반대 61.3%로 부결이었다. 2015년 7월 4일.

페론의 석방 이후 5월광장에 모인 아르헨티나의 시민들. 이후 페론은 대통령으로 취임한 다음 강력한 사회복지정책들을 전개하고 자립경제를 추진하는 한편 언론의 자유를 제한하고 반대파들을 탄압했다. 1945년 10월 17일.

우리가 만들어야 하는
민주주의의 미래

포퓰리즘이 상식이 되는 세상이 되지 않으려면

사업가에서 정치인이 된 영국인이 있다. 그는 텔레비전 시사 방송에서 이스라엘과 팔레스타인에 대한 질문을 받고 "전혀 신경 쓰지 않는다"라며 욕설을 섞어 대답한다. 기성 언론을 거부하며 자기 돈으로 방송을 만들고, 그곳에만 출연해 자기가 하고 싶은 말만 한다. 보궐선거에서 의석을 획득한 그는 내친 김에 정당을 만들고 총선에서 보수당과 노동당의 양당 체제에 균열을 내며 캐스팅보트를 행사할 수 있는 의석인 십여 석을 거머쥔다. 'IQ 70 이하는 투표를 못 하게 하겠다'는 극단적인 발언들을 내뱉는 와중에도 인기를 얻어 총리까지 오른 그는 반대파를 몰래 없애고 난민과 이주자들을 비밀리에 수용소로 옮긴다. 그의 집권 이후 공영방송은 폐쇄되고 빈곤층이 사는 지역에는 울타리가 쳐진다.

그 사이 도널드 트럼프 미국 대통령은 재선에 성공했고, 미국은 미사일을 날려 중국이 핵실험을 하는 것으로 알려진 인공섬을 날려버린다. 블라디미르 푸틴 러시아 대통령 또한 집권을 이어나가면서 러시아는 우크라이나를 점령한다.

민주주의에
미래는
있을까?

실제로 일어난 일은 아니다. 가까운 미래를 소재로 영국 BBC와 미국 HBO가 공동제작한 드라마 〈이어즈 앤 이어즈Years & Years〉에 나오는 정치인 '비비언 룩'의 이야기다. 드라마에나 나올 법한 이야기라고 가슴을 쓸어내릴 수도 있겠지만, 어쩐지 기시감이 든다.

'미디어에 나와 서슴없이 거친 말을 내뱉고, 입맛에 맞지 않는 언론은 패스해버리는 정치인'. '난민과 이민자를 적대시하며 국가를 초월한 보편적 가치인 인권을 무시하는 자국 우선주의'. '그 이면에서 파괴되는 민주주의와 세계 공존의 가치'. '그럼에도 불구하고 식지 않는 인기'.

비비언 룩은 트럼프를 비롯해 터키의 레제프 타이이프 에르도안, 필리핀의 로드리고 두테르테까지 민의로 포장된 강력한 무기를 들고서 민주주의를 훼손하는 우익 포퓰리즘의 모습을 보여준다. 심지어 비비언 룩이 만든 정당의 이름은 '사성당The Four Star Party'이다. 이탈리아의 반체제 성향 정당 오성운동Movimento 5 Stelle을 떠올리게 한다.

미국, 이탈리아, 터키, 스웨덴, 오스트리아, 스페인, 폴란드, 인도, 브라질, 멕시코, 필리핀. 위치한 대륙도, 역사적 배경도 다른 이 나라들의 공통점은 좌우를 불문하고 21세기 들어 포퓰리즘 정권이 들어섰다는 점이다. '대중 추수주의', '민중주의'라고 알려진 포퓰리즘은 엘리트 주도의 정치가 아닌 대중, 민중의 뜻을 반영한다는 의미로 사용돼왔다.

과거에는 주로 정치의 주변부에서 나타났다가 사라지곤 했으나 앞서 언급한 국가들을 필두로 한 2000년대의 포퓰리즘은 선거를 통해 정치 전면에 등장했다. 이 포퓰리즘은 몇 가지 특징을 지닌다. 대중의 뜻을 말하되 사회의 약자나 소수 집단을 희생양으로 삼는다는 점, 기존의 민주주의 관습과 제도를 무력화한다는 점, 상대를 인정하지 않고 폭력마저 정당화한다는 점 등이다.

그 선두주자였던 트럼프가 2020년 11월 미국 대선에서 재선에 실패하면서 포퓰리즘이 타격을 받았지만 이대로 사라질 것이라 확신할 수는 없다. 트럼프는 패배한 선거에서조차 2016년 얻었던 6300만 표보다 500만 표나 많은 6800만 표를 얻었다.

앞으로 민주주의는 어떻게 생존할까. 대중을 교묘히 파고드는 포퓰리즘이 발호할까, 아니면 새로운 형태의 민주주의로 나아가는 거름이 될까.

차베스와 메르켈 사이…
포퓰리스트 지도자는
누구?

2019년 영국 일간지 《가디언》과 국제 정치학자 네트워크인 '팀 포퓰리즘Team Populism'이 흥미로운 연구 결과[66]를 내놓았다. 2000년 이후 약 20년 동안 집권한 세계 40개 국의 정치지도자 138명의 포퓰리즘 성향을 점수로 표시한 것이다. 2000년대 초반 국가지도자들의 평균 포퓰리즘 지수는 0.2 정도였으나 2019년에는 0.4로 뛰었다. 포퓰리스트로 분류할 수 있는 지도자의 수도 2004년 일곱 명이었다가 열네 명으로 늘어난 것으로 나타났다.

연구진은 네덜란드 정치학자 카스 무데Cas Mudde의 정의에 따라 포퓰리즘을 정의했다. 그의 시각에서 보면 이 세상이 '순수한 민중'과 '타락한 엘리트'로 나눠져 있다고 믿는 이데올로기가 포퓰리즘이다. 민중은 동질성을 지니고 이익을 공유하며, 엘리트들은 각기 다른 정당에 속해 있더라도 타락했다는 전제가 그 밑에 깔려 있다고 무데는 말한다. 연구팀은 이를 수치화하기 위해 대통령이나 총리의 연설문 728건을 분석했다.

그들의 화법은 포퓰리스트들의 이분법적인 사고체계를 드러내주는 수단인 동시에 그들이 대중에게 어떤 식으로 선동적인 메시지를 던지는지를 보여준다.

미국의 미디어채널 《바이스뉴스》는 〈포퓰리스트처럼 말하는 법How To Talk Like a Populist〉이라는 제목의 영상 뉴스[67]에서 포퓰리즘 성향의 정치인들이 말하는 법을 분석했다. 그들의 화법은 다음과 같은 특징을 보였다. 첫째, 항상 민중people을 언급한다. 둘째, '우리'와 '그들'을 나누면서 자신은 청중과 함께 있다는 점을 강조한다. 셋째, 엘리트들을 겨냥한다. 넷째, 비판의 대상을 추상적인 용어가 아닌 구체적인 상대로 지목한다. 유럽연합은 '브뤼셀'로, 미국 정치인은 '워싱턴 D.C.'로, 금융가는 '월스트리트'로 언급하는 일이 유독 많다. 다섯째, 청중들에게 '당신들은 희생자'라는 메시지를 계속 던진다.

구체적인 발언을 살펴보자. 터키의 에르도안 대통령은 전당대회에서 비판 세력을 향해 "우리가 민중이다. 당신은 누구냐?"라고 물었다. 물론 자신을 비판하는 사람들 또한 터키 국민임을 에르도안도 알고 있었다.[68] "프랑스 국민이 오만한 엘리트로부터 해방돼야 할 순간입니다." 프랑스 우익 정치인 마린 르펜이 한 말이다. 트럼프는 "사람들은 조국에 대한 통제권을 갖고 싶어 하고, 그들과 가족의 삶에 대한 통제권을 되찾고 싶어 한다"고 했다. 헝가리의 오르반 빅토르 총리는 "유럽의 엘리트는 실패했으며 이 실패의 상징이 유럽집행위원회"라고 말했다.

팀 포퓰리즘의 연구에서 각국 지도자 가운데 가장 높은 포퓰리즘 지수를 받은 인물은 2013년 세상을 떠난 우고 차베스Hugo Chávez 베네수엘라 대통령(1.9)이었다. 차베스의 후임인 니콜라스 마두로Nicolás Maduro 대통령(1.6)과 에르도안 터키 대통령(1.5)이 그 뒤를 이었다. 스페인 좌파 정당 포데모스Podemos를 이끈 파블로 이글레시아스Pablo Iglesias와 미국의 버니 샌더스 상원의원 등은 좌파 포퓰리스트로 분류됐다.

포퓰리즘과 대척점에 있는 지도자는 누구였을까. 앙겔라 메르켈 독일 총리는 포퓰리즘 성향이 0으로 나타났다. 트럼프의 포퓰리즘 지수는 0.8점으로 그리 높지 않았다. 예상 밖으로 여겨질 수 있지만,

즉흥 연설과 준비된 연설에서 화법의 차이가 컸기 때문이라고 연구팀은 설명했다.[69]

　문자 그대로 포퓰리즘을 해석하면 '민중'을 중심에 두고 그들을 위한 정치를 한다는 것인데, 뭐가 문제냐고 의문을 제기할 수도 있다. 하지만 포퓰리스트들은 자신을 뽑아주는 것 외에 나머지 모든 선택지는 나쁜 것으로 단정 짓는다. 법과 제도를 무시하거나 무력화하고, 소수자와 사회의 약자를 적대시한다. 여기에는 제도의 뒤에 엘리트의 음모가 도사리고 있다거나, 선거 시스템이 제대로 작동될 수 없게 만드는 부정이 있다거나, 특정한 세력 때문에 '우리 민중'이 피해를 보고 있다는 식의 레토릭이 동원된다. 종종 이민자, 난민, 성소수자처럼 힘없는 소수를 비난의 대상으로 삼는 이들의 언술은 실제로 추종자들의 폭력으로 이어지기도 한다.

　얀 베르너 밀러Jan Werner Mueller 프린스턴 대학교 정치학과 교수는 "포퓰리스트는 오로지 자기만이 국민을 대표한다고 주장한다. 자신들이 야당일 때에는 정치적 경쟁자들을 부도덕하고 부패한 엘리트로 몰고, 일단 집권하고 나면 정당한 야당의 존재를 인정하지 않으려 한다"고 지적했다.[70]

　다시 무대의 설명으로 돌아가자.

"민중이 리더를 선택하고 다수결을 따르는 것이라고 민주주의를 정의한다면 포퓰리즘은 민주주의에 친화적이다. 하지만 민주주의가 법의지배나 소수자 보호까지 아우른다고 보는 '리버럴 데모크라시'의 시각

국가사회주의 독일 노동자당 당원들과 함께한 히틀러. 독일연방기록보관소, 1930년 12월.

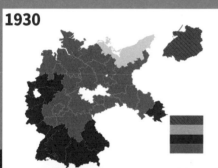

1930

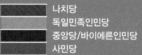

나치당
독일민족인민당
중앙당/바이에른인민당
사민당

1933

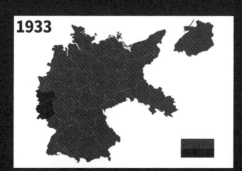

나치당은 불과 3년만에 소수당에서 독일 전역을 장악한 거대 정당으로 급속하게 성장했다.

뮌헨협정 이후 주데텐란트의 독일계 군중에게 도열을 받는 히틀러. 1938년 10월 3일.

에서 포퓰리즘은 문제를 일으킬 수 있다."[71]

좌파는 실패했고
우파는 더 크게
실패했다

　　　　　　　남미에 '핑크색 물결'이 몰아치던 때가 있
었다. 1998년 베네수엘라의 차베스가 집권한 것을 시작으로 2003년
브라질의 룰라 대통령, 2006년 볼리비아의 모랄레스 대통령 등
2010년대 초반까지 열 개가 넘는 남미 국가에서 좌파가 집권했다. 온
건 사회주의를 표방하는 이들이 여러 국가에서 정권을 잡자 공산주의
화를 가리키던 '붉은 물결'에 빗대 '분홍빛 물결Marea Rosa, Pink Tide'이
라는 표현이 쓰이기 시작했다. 군부독재 시대가 끝나면서 각국에 민
주주의가 뿌리 내리기 시작했고, 집권층의 부정부패로 개혁의 필요
성이 대두됐으며, 미국의 압박 속에 시장 개방과 민영화를 내세웠던
우파의 경제정책이 실패한 것이 분홍 물결의 배경으로 분석됐다.

　2000년대에는 이라크 전쟁 등의 영향으로 국제유가가 매우 높았
다. 중남미 좌파 정부들은 대개 석유 같은 자원을 팔고 중국 수출을
늘려 국가 재정을 확보했고, 이를 바탕으로 소득을 재분배하고 빈곤
계층을 지원해 경제적 불평등을 줄이는 것에 초점을 맞췄다. "사람
들이 배고픔을 면하게 해주는 게 모든 정책의 최우선"이라는 브라
질 룰라 대통령의 취임 일성이 이를 잘 보여준다.

차베스는 '미시온mision'이라는 이름의 복지정책을 펼쳤고, 쿠바의 의사들을 빈곤 지역에 파견하는가 하면 기간산업을 국유화했다. 차비스모Chavismo(차베스주의)라는 이름을 얻은 그의 노선은 '21세기 사회주의'라는 말로 요약된다. 그는 1980년대 이후 세계 빈국들을 초토화시킨 미국 주도의 신자유주의에 반대하며 '반미'를 기치로 내걸었고, 스페인과 식민지에서 벗어나기 위한 남미의 독립전쟁을 이끈 시몬 볼리바르 장군에게서 이름을 따온 볼리바리즘Bolivarism을 내세워 주변 국가들을 규합했다. 자국 내에서는 군부를 자신의 세력으로 바꾸고 대통령의 권한을 강화시켰다. 그의 연설은 목표물을 정해 거친 비난을 퍼붓는 것으로 유명하다. 2006년 유엔총회장에서 당시 미국 대통령이었던 조지 W. 부시를 겨냥해 그는 이렇게 말했다.

"어제 악마가 이곳에 왔습니다. 지금도 유황 냄새가 납니다. 제가 서 있는 이 테이블에 그 악마가 다녀갔습니다. 제가 지금 서 있는 이곳에서, 제가 악마라고 부른 미국 대통령은 마치 자신이 세상의 주인인 것처럼 말했습니다. 그의 연설을 분석하기 위해 정신과 의사에게 전화를 걸 수 있었다면 좋았을 것을."[72]

그러나 고유가 시대가 끝나고, 좌파의 집권 기간이 길어지면서 흐름이 뒤집히기 시작했다. 2015년 아르헨티나 대선에서 기업가 출신의 마우리시오 마크리Mauricio Macri가 당선됐다. 칠레에서는 억만장자 사업가 출신 세바스티안 피녜라Sebastián Piñera가 2010년에 이어

2018년에 다시 대통령 자리에 올랐다. 브라질에서는 룰라의 후계자인 지우마 호세프Dilma Rousseff 대통령이 우파의 '의회 쿠데타'로 어처구니없게 탄핵된 다음 치러진 2018년 대통령 선거에서 '트로피칼(열대의) 트럼프'라 불린 자이르 보우소나루Jair Bolsonaro가 당선됐다.

남미 집권 세력의 변화를 '좌파 포퓰리즘'의 실패라고 부르는 이들도 있다. 좌파가 '복지 퍼붓기'를 하다가 재정이 말랐고 국가경제가 파탄됐다는 주장은 미국 우파 언론이나 한국의 보수 언론에 너무나도 자주 등장하는 레퍼토리다.

그러나 더 짧은 기간에 실패한 것은 오히려 우파였는지도 모른다. 몇 년 못 가서 좌파 정권이 다시 돌아오기 시작했기 때문이다. 2018년 멕시코에서는 안드레스 마누엘 로페스 오브라도르Andrés Manuel López Obrador 대통령이 집권하며 좌파 정부가 들어섰다. 아르헨티나에서는 중도좌파 성향의 알베르토 페르난데스Alberto Fernández가 2019년 정권을 잡았다. 2019년 군부와 우파의 쿠데타로 쫓겨나 망명했던 볼리비아의 모랄레스는 이듬해 대선에서 좌파 루이스 아르세Luis Arce가 승리하자 곧바로 귀국해 건재를 과시했다. 미국의 거센 압박 속에서도 베네수엘라의 마두로 정권은 무너지지 않고 있다.

중남미에서 좌우 진영이 엎치락뒤치락하는 정세가 계속되는 동안 유럽에서는 우파 선동가들이 힘을 키웠다. 2008~2009년 경제위기, 몰려드는 난민, 계속되는 테러 등에 지친 유럽인들의 눈과 귀가 극우정당과 포퓰리스트들에게 쏠렸다. 특히 '난민 거부'를 내세운 극우정당들이 각국에서 약진했다. 2017년 네덜란드 극우정당 자유당이 총선에서 제2당으로, 9월 독일 총선에서는 '독일을 위한 대안'이 제3당으로 도약했다. 10월 오스트리아 총선에선 극우 자유당이 우파 국민당과의 연정을 통해 주류로 편입했다. 이듬해인 2018년 사회민주주의의 본산인 스웨덴에서까지 극우 민주당이 20퍼센트 가까이 득표하며 제3당으로 뛰어올랐다. 이탈리아에선 극우정당 '동맹Lega Nord, Lega'과 반체제 정당인 오성운동이 손을 잡았다.

영국독립당(UKIP)을 이끄는 극우파 나이절 패라지의 거칠고 수준 낮은 주장은 처음에는 영국에서 비난과 조롱의 대상이었다. 하지만 보리스 존슨Boris Johnson 같은 보수당 정치인들이 가세하면서 영국의 유럽연합 탈퇴(브렉시트Brexit)는 2016년 현실이 됐다. 브렉시트는 전 세계에 충격을 안겼다. 2020년 미국 대선에서 트럼프 지지 연설을 한 패라지는 이렇게 말했다.

"4년 전, 저는 이곳에 브렉시트 메시지를 들고 왔습니다. 그 메시지는 '우리는 기득권을 무너뜨릴 수 있다'는 것이었습니다. 바로 트럼프가 하고 있는 일이기도 합니다. 트럼프는 여론조사 전문가들을 이겼고 미디어를 이겼으며 낡은 예측들을 뒤집었습니다."[73]

동유럽 정치는 우익 선동가들의 판이 됐다. 오르반 헝가리 총리, 안제이 두다Andrzej Duda 폴란드 대통령, 야네스 얀사Janez Janša 슬로베니아 총리 등의 공통점은 강력한 권한을 바탕으로 한 권위주의적 리더십을 추구한다는 점이다. 난민에 반대하고, 유럽연합을 비판하고,

자국민 우선주의를 앞세우는 것도 비슷하다. 오르반 총리는 코로나 19 방역을 명분으로 국가비상사태를 무기한 연장할 수 있는 권한을 총리가 갖도록 하는 입법을 강행했다. 방역에 해를 끼치는 가짜뉴스를 퍼뜨리는 것만으로도 징역 5년을 선고할 수 있게 한 이 법안은 장기 집권의 발판을 쌓는 것이라는 비판을 받았고 결국 폐기됐으나 일부 조항은 살아남았다. 팬데믹 초기에 오르반 총리는 "우리는 양방향으로 전쟁을 벌이고 있다. 하나는 이주, 또 다른 하나는 코로나 바이러스다. 둘이 퍼져나가는 것에는 논리적 연결이 있다"고 했다.[74] 하지만 그 증거는 제시하지 못했다.

'회복력'은 민주주의 안에 있다

트럼프식 정치, 이른바 트럼피즘Trumpism 은 우파 포퓰리즘의 동의어나 마찬가지다. 정치 경력이 전무한 부동산 백만장자 트럼프는 자신이 제작하고 진행한 리얼리티쇼로 인지도를 높였고, 기존 제도의 실패로 소외된 블루컬러 백인층의 심리를 교묘하게 파고들어 미국 대통령에까지 올랐다. 대통령이 된 뒤에도 그는 리얼리티쇼를 하듯 정치를 했다. 트위터에 막말을 올리고 자신을 향한 비판은 모두 '가짜뉴스', '거짓말'이라고 깎아내렸다. 그의 말들이야말로 태반이 가짜뉴스 아니면 거짓말이었지만 지지자들은 트럼피즘에 열광했다. 그러나 트럼피즘은 민주주의의 산실이라는 미국에서 그의 집권을 도와준 바로 그 민주주의를 위협했다.

2020년 대선을 앞둔 10월 뉴욕의 소호 거리에 '거짓말의 벽 Wall of lies'이 설치됐다. 약 30미터 길이의 이 벽은 트럼프가 했던 2만 개의 거짓말과 문제성 발언들이 적힌 포스트잇들로 채워졌다.[75] 조지 플로이드 사망 사건으로 촉발된 인종차별 항의 시위와 코로나19 대응 실패는 트럼프에게 결정타를 날렸다. 극우파 지지자들을 선동하고 전염병을 중국 탓으로 돌린 트럼프의 '전형적인 전술'이 두 번은 통하지 않았다. 그런 선동에 흔들리는 이들이 적지 않았지만 최소한 미국인의 절반 이상은 트럼프의 부추김과 거짓말에 등을 돌렸기 때문이다. 대선에서 승리한 바이든의 첫 메시지는 '통합'과 '치유'였다.

폴란드 출신의 도날트 투스크 전 유럽연합 정상회의 상임의장은 "트럼프의 패배는 유럽의 극우 포퓰리스트들의 종말의 시작이 될 수 있다"며 기대감을 표현했다. 영국 경제지《이코노미스트》는 "지구적인 민주주의의 후퇴가 영원히 계속되지는 않는다"면서 민주주의 그 자체에 '회복의 씨앗'이 들어 있다고 적었다.[76] 개인이 심리적 충격을 극복하는 힘, 자연과 생태계가 환경파괴와 기후위기로부터 스스로를 복원하는 힘 등을 설명하는 데에 쓰이던 '회복력 resilience' 이라는 말이 '트럼프 이후'로는 민주주의를 이야기할 때에 많이 쓰이고 있다. 그러나 민주주의는 시민들에게 달려 있고, 민주주의의 회복력은 공짜로 주어지는 게 아니다.

《뉴욕타임스》는 2020년 11월 7일자 사설[77]에서 "공포와 분노라는 트럼프의 메시지는 수천만 미국인들의 반향을 불러일으켰다. 트럼피즘은 마법처럼 사라지지 않을 것"이라고 썼다. 트럼프라는 개인은 정치적으로 패배했을 수 있다. 2024년 미국 대선에 이미 70대인 그가 다시 나올지, 혹은 그의 후계자를 자처한 누군가가 나타날지는 아직 알 수 없다. 우익 선동꾼들의 주장이 잘못됐다는 것을 알았다고 해서 기성 체제의 문제점이 해결되는 것도 아니다.

기성 정치권에 대한 불신, 블루컬러와 중산층의 위기, 극단적으로 갈라진 정치이념. 그 근본에는 한 세대 동안 사람들이 '빼앗겼다고 생각하는 모든 것들'에 대한 억울함이 존재한다. 다만 트럼프 식으로 '방향'을 잘못 돌렸을 뿐이다. 미국만 보더라도, 바이든 대통령은 전형적인 '제도 정치권'의 '기성 정치인'이다. 트럼피즘에 반발한 표심은 대선 2년 전 치러진 총선에서 오카시오-코르테스를 비롯한 개혁파 젊은 정치인을 대거 의회로 입성시켰다.

이들이 앞으로 몇 년 동안 싸워야 하는 대상은 트럼프가 아니라 민주당 지도부다. 포퓰리스트들이 비판해온 그 엘리트 체제, 정치와 경제 모두를 좌지우지하는 그 기득권층을 상대로 트럼프식 막말과 혐오 선동이 아닌 제대로 된 싸움을 벌여야 하는 것이다. 양극단으로 갈린 사회에서 다양한 '중간의 목소리'들을 되살리고, 부자들과 거대 기업들이 부당이익을 얻지 않게 하고, 보건의료와 복지 인프라를 만들고, 더 많은 이들이 선거를 비롯한 정치 과정에 참여할 수 있게 하는 것. 다시 집권한 민주당의 지도부가 개혁을 요구하는 민심을 받아들여 경제와 사회를 구조적으로 바꾸지 못하면 언제라도 그 틈을 비집고 포퓰리즘이 고개를 들 수 있다.

해결해야 할 과제는 너무나 많지만 개혁의 핵심은 결국 '격차 해소'로 모아진다. 하버드 대학교에서 펴내는 잡지《하버드 가제트》는 앞으로의 민주주의가 코로나19를 비롯해, 이민, 기후, 소득·의료·교육의 불평등, 인종 문제 등 산적한 문제를 헤쳐 나가야 한다는 점을 지적하며 여러 석학을 인터뷰했다.[78] 이 기사에서《정의란 무엇인가》로 유명한 마이클 샌델 교수는 세계화 시대에 설 자리를 잃은 노동자들의 불만을 해소하는 것을 가장 시급한 과제로 꼽았다.

"수십 년 동안 승자와 패자의 격차가 심해져 정치를 죽이고 우리를 분열시켰다. 정상에 선 사람들은 자신들의 성공이 스스로 일궈낸 성과이자 척도라고 믿으면서, 뒤쳐진 사람들 역시 스스로를 원망해야 한다고 믿게 되었다."

샌델은 "임금과 함께 정체성과 사회적 인식, 자존감마저 추락한 노동자들의 삶을 낫게 하는 데에 집중함으로써 '일의 존엄성'을 살려야 한다"고 주장한다.

시사주간지《타임》은 미국 젊은이들이 대선의 판을 흔들었다는 의미에서 '유스퀘이크youthquake'라고 표현했다.[79] 기후변화를 주요 어젠다로 삼은 청년 행동그룹 선라이즈 무브먼트Sunrise Movement, 총기규제를 강화해야 한다며 학생들이 중심이 되어 조직한 단체 우리의 생명을 위한 행진March for Our Lives Action Fund, 이민자 관련 청소년 행동그룹인 유나이티드 위 드림 액션_{United We Dream Action} 등 미래 세대들의 다양한 목소리가 터져 나왔다. 이들은 자신들이야말로 민주주의의 미래라고 하면서 트럼프 이전으로의 복귀가 아닌 그 무엇을 요구하고 있다. 다른 나라들에서도 젊은이들의 움직임이 포퓰리즘 이후의 회복력을 결정지을 것이다.

"장단기적 관점에서 포퓰리즘에 대항하기 위해 우리는 무엇을 할 수 있을까?" 이 질문에 대한 스탠퍼드 대학교의 애나 그르지말라-부세_{Anna Grzymala-Busse} 교수의 대답을 되새겨본다.

"투표하라!
믿을 만한 약속을 하는 정치인과 정당에 투표하라.
상대방을 적으로 보지 않고,
민주적 규칙을 지키는 정당에 투표하라."[80]

다음 '10년 후 세계사'가
지금까지와는 다르기를 바라며

쓰는 동안 내내 답답했다. 어쩌면 이렇게 암울할까, 어쩌면 이렇게 한 치 앞을 모를 행동을 하는 것일까, 어쩌면 이렇게 무기력할까. 시베리아는 산불에 휩싸이고, 난민은 여전히 지구를 떠돌며, 민주주의는 시시때때로 위기에 처하고, 부자와 가난한 이들의 격차가 더 벌어지는 상황은 나아질 기미를 보이지 않는다. 4차 산업혁명이라 불리며 기술이 눈부시게 발전하고 있지만 기술의 이면에는 소외되는 무언가가 혹은 누군가가 존재한다. 팬데믹이 다시 인류를 찾아왔고, 감염을 막기 위해 인간이 사용한 수많은 일회용 마스크가 환경을 오염시키고 있다. 쓰는 내내 10년 후 세계는 과연 '어찌 하오리까'라는 생각이 꼬리에 꼬리를 물었다.

그럼에도 불구하고 가느다란 낙관이 가능했기에 숨통이 트였다.

그레타 툰베리가 세계에 기후위기에 대한 문제의식을 불러일으키고, 부자들은 세금을 더 내겠다고 손을 들며, 어떤 도시는 첨단 기술에서 환경과의 공존의 길을 찾고, 또 다른 도시는 첨단 기술보다는 공동체의 가치를 우선하는 소박한 삶의 전략을 취한다. 포퓰리즘과 전체주의에 대한 견제는 끊임없이 이어지고 있고, 느리지만 기술을 뒤쫓아 노동자를 보호하는 법이 마련되고 있다. 짙은 구름을 뚫고 나오는 강렬하게 밝은 한줄기 빛처럼 말이다.

원고를 시작해 책이 출판되는 동안 우리는 학교를 졸업한 뒤 처음으로 가진 직업이자, 20년 안팎의 오랜 기자생활을 끝냈다. 도저히 잦아들지 않을 것 같은 코로나19는 많은 생명을 앗아간 뒤인 현재, 백신 접종에 속도가 붙으며 긴 터널의 끝을 향해 나아가는 듯하다. 변화와 혼란의 시기를 함께 해준 가족들과 이 책이 나오기까지 끝까지 우리를 지지해준 출판사, 허태영 편집자에게 고맙다는 인사를 드린다.

어쩌면 우리는 역사를 통틀어 낙관에 의지해 생존해왔는지도 모른다. 이성이 온통 비관적이라고 말해도 의지로 낙관하면서 말이다. 하지만 앞으로의 세계는 의지로만 낙관하지 않고 이성으로도 낙관할 수 있는 곳이기를 바란다. 상상 가능한 뻔한 미래는 흥미롭지 않지만, 한 치 앞도 내다볼 수 없고 더 이상 손쓸 수 없는 미래는 우리의 것이 아니었으면 한다. 다음번 '10년 후 세계사'에서는 그런 미래를 그릴 수 있었으면 한다.

주석

1부 기계와 일

노동의 종말 그리고 플랫폼 노동
효율과 합리 속에서 일이 많았던 시절을 그리워한다

1 《복스》, 〈*Odd Job: An interview with someone who's worked for every gig economy app you can think of*〉, (2019년 5월 15일)

2 한국은행, 《국제경제리뷰》, 〈글로벌 긱 경제 현황 및 시사점〉, 제2019-2호

3 《한겨레신문》, 〈국내 온오프라인 중개 97조 원… 플랫폼 노동자 55만 명〉, (2020년 2월 4일)

4 《복스》, 앞의 기사.

5 정치경제연구소 대안, 〈플랫폼노동, 현황과 전망〉, (2019년 8월 14일)

6 《한국일보》, 〈연봉 1억? 라이더 1600명 조사해보니 최저임금 겨우 번다〉, (2020년 11월 19일)

7 《워싱턴포스트》, '*Don't game my paycheck: Delivery workers say they're being squeezed by ever-changing algorithms*', (2019년 11월 7일)

8 미 연방준비제도, 《Report on the Economic Well-Being of U.S. Households in 2018》.

9 제레미아스 아담스-프라슬, 이영주 옮김, 《플랫폼 노동은 상품이 아니다》, 숨쉬는책공장, 2020, 23쪽, 66쪽.

10 딜리버루 웹사이트 https://riders.deliveroo.co.uk/en/apply

11 국가인권위원회, 《인권》, 〈이상한 자영업자, 특수형태근로종사자〉, (2016년 2월)

12 박은정, 《사회적 대화》, 〈특수형태고용종사자에 대한 법적 보호〉, (2019년 6월)

13 《파이낸셜타임즈》, 〈*When your boss is an algorithm*〉, (2016년 9월 8일)

14 《오마이뉴스》, 〈배민이 AI 쓰면 뭐하나, 욕은 라이더가 다 먹는다〉, (2020년 10월 18일)

15 《블룸버그》, 〈*Amazon Drivers Are Hanging Smartphones in Trees to Get More Work*〉, (2020년 9월 1일)

16 BBC, 〈*The 'ghost work' powering tech magic*〉, (2019년 8월 29일)

17 메리 그레이·시다스 수리, 신동숙 옮김, 《고스트워크》, 한스미디어, 2019.

18 https://www.youtube.com/watch?v=D5fkupjVEp8&ab_channel=ChicagoHumanitiesFestival

19 《워싱턴포스트》, 〈*Content moderators at YouTube, Facebook and Twitter see the worst of the web — and suffer silently*〉, (2019년 7월 25일)

20 《경향신문》, 〈포털·SNS 뒤… 잠들지 못하는 '유령 노동자'〉, (2020년 1월 13일)

21 《가디언》, 〈*Ex-Facebook worker claims disturbing content led to PTSD*〉, (2019년 12월 4일)

22 《마켓스&마켓스》, 〈*Interactive Kiosk Market Worth $32.8 Billion by 2025*〉, (2020년 2월 5일)

23 《포브스》, 〈*McDonald's Says Goodbye Cashiers, Hello Kiosks*〉, (2018년 7월 18일)

24 크레이그 램버트, 이현주 옮김, 《그림자 노동의 역습》, 민음사, 2016, 23쪽.

25 클로드 피셔, 〈*Technology and Housework: Other Tasks for Mother?*〉, (2016년 10월 19일)

26 국제노동기구, 〈*Tackling the large gender gap in unpaid work is possible*〉, (2019년 9월 2 일)

27 제레미아스 아담스-프라슬, 앞의 책. 256쪽.

28 캘리포니아 주 고용개발부, 〈*AB 5 - Employment Status*〉.

29 유럽연합, 〈*Transparent and predictable working conditions in the European Union*〉.

30 《엘파이스》, 〈*Spanish Supreme Court rules food-delivery riders are employees, not self-employed*〉, (2020년 9월 24일)

31 《시사인》, 〈국내 최초 플랫폼 노동 협약은 어떻게 탄생했나〉, (2020년 11월 3일)

인간을 배우는 기계, 기계를 배워야 하는 인간
생각하는 것마저 로봇에게 맡기는 세상을 생각한다는 것

32 《로보스타》, 〈コンビニの商品陳列業務は遠隔作業ロボットで Telexistenceが小売店舗向けに 'Model-T' を開発 今夏に都内のファミリーマートで実証実験〉, (2020년 7월 21일)

33 《데일리메일》, 〈*Humanoid robot Pepper can now scan office workers' faces to check if they are wearing masks to help stop the spread of COVID-19*〉, (2020년 9월 15일)

34 《와이어드》, 〈*These Robots Use AI to Learn How to Clean Your House*〉, (2020년 9월 30일)

35 레이 커즈와일, 장시형·김명남 옮김, 《특이점이 온다》, 김영사, 2007.

36 한스 모라벡, 박우석 옮김, 《마음의 아이들》, 김영사, 2011.

37 국제로보틱스연맹, 《Global industrial robot sales doubled over the past five years - Industrial Robot Report 2018》, (2018년 10월 18일)

38 국제로보틱스연맹, 《IFR presents World Robotics Report 2020》, (2020년 9월 24일)

39 미치오 카쿠, 박병철 옮김, 《미래의 물리학》, 김영사, 2012, 177쪽.

40 투입된 생산요소가 늘어날수록 산출량이 기하급수적으로 증가하는 현상으로, 특히 기술과 정보산업에서 많이 일어난다. 레이 커즈와일은 《특이점이 온다》에서 로봇과 인공지능 분야의 폭발적 발전을 내다보며 수확체증의 법칙이 작용할 것이라 예상했다.

41 가트너, 〈*Gartner Says a Typical Family Home Could Contain More Than 500 Smart Devices by 2022*〉, (2014년 9월 8일)

42 《하버드비즈니스리뷰》, 〈*Robots Save Us Time? But Do They Make Us Happier?*〉, (2020

년 10월 5일)

43 《Reveal》, 〈*How Amazon hid its safety crisis*〉, (2020년 9월 29일)

44 《가디언》, 〈*A robot wrote this entire article. Are you scared yet, human?*〉, (2020년 9월 8일)

45 닉 보스트롬, 조성진 옮김, 《슈퍼 인텔리전스》, 까치, 2017, 43쪽.

46 ZOE, 〈*Detecting COVID-19 using AI*〉, (2020년 5월 11일)

47 닉 보스트롬, 앞의 책, 20쪽.

48 맥스 테그마크, 백우진 옮김, 《맥스 테그마크의 라이프 3.0》, 동아시아, 2017, 172쪽.

49 미치오 카쿠, 앞의 책, 128쪽.

50 《USC NEWS》, 〈*How do you motivate workers who are managed by an algorithm?*〉, (2020년 5월 26일)

51 AI나우연구소, 《AI Now 2019 Report》, (2019년 12월)

52 《바이스뉴스》, 〈*Workers Need to Unionize to Protect Themselves From Algorithmic Bosses*〉, (2019년 12월 19일)

53 양서연, 《젠더리뷰》, 〈차별하는 인공지능〉, 한국여성정책연구원, 2019 가을호, 28~29쪽.

54 《MIT테크놀로지리뷰》, 〈*Forget Killer Robots-Bias Is the Real AI Danger*〉, (2017년 10월 3일)

55 《프로퍼블리카》, 〈*Machine Bias*〉, (2016년 5월 23일)

56 국제탐사언론인협회, 〈*Exposed: China's Operating Manuals for Mass Internment and Arrest by Algorithm*〉, (2019년 11월 24일)

57 IBM리서치 유튜브 동영상, 〈*AI bias will explode. But only the unbiased AI will survive*〉, (2018년 3월 18일)

58 맥스 테그마크, 앞의 책, 418쪽.

59 아실로마 인공지능 원칙. https://futureoflife.org/ai-principles-korean/

인간이 사라진 자동차, 인간이 사라진 세상
자동차가 가는 대로 목적지까지 끌려가지 않으려면

60 《테크크런치》, 〈*SoftBank's next bet: $940M into autonomous delivery startup Nuro*〉, (2019년 2월 11일)

61 뉴로 홈페이지 https://nuro.ai/product

62 CNBC, 〈*China's driverless car upstarts see robotaxis scaling up in 3 years as tech firms race to get ahead*〉, (2020년 9월 6일)

63 《Sustainable Bus》, 〈*Autonomous buses in public transport, a driverless future ahead? Pilots are multiplying*〉, (2019년 7월 25일)

64 SAE International, 〈*Automated Driving – Levels of Driving Automation are Defined in New SAE International Standard J3016*〉, 2014.

65 호드 립슨·멜바 컬만, 박세연 옮김, 《넥스트 모바일: 자율주행혁명》, 더퀘스트, 2017, 87~88쪽.

66 안드레아스 헤르만 외, 장용원 옮김, 《자율주행》, 한빛비즈, 2019, 17쪽.

67 안드레아스 헤르만 외, 앞의 책, 116쪽.

68 《테크크런치》 일본판, 〈自律走行車の開発を後押しするはずの公道試驗「評価」, 實は逆效果か〉, (2020년 8월 25일)

69 Precedence Research, 〈*Autonomous Vehicle Market To Garner Growth 63.5% By 2027*〉, (2020년 8월 17일)

70 미치오 카쿠, 앞의 책, 55쪽.

71 건강보험심사평가원, 《2019년 자동차 보험 진료비 통계 자료》, (2020년 6월)

72 안드레아스 헤르만 외, 앞의 책, 21쪽.

73 《버지》, 〈*THE FUTURE OF AMERICA IS DRIVERLESS*〉, (2016년 11월 1일)

74 《뉴욕타임스》, 〈*Autopilot Cited in Death of Chinese Tesla Driver*〉, (2016년 9월 14일)

75 《비즈니스인사이더》, 〈*New details about the fatal Tesla Autopilot crash reveal the driver's last minutes*〉, (2017년 6월 21일)

76 CNN, 〈*Uber self-driving car operator charged in pedestrian death*〉, (2020년 9월 18일)

77 ADROIT Market Research, 《Global Same Day Delivery Market Size 2017 By Type (B2B, B2C), By Application (Retailers, E-commerce), By Region and Forecast 2018 to 2025》, (2018년 9월)

78 기즈모도, 〈*Amazon's Plan for One-Day Prime Shipping Is Going to Be Hell for Its Workers*〉, (2019년 4월 25일)

79 매킨지, 《Parcel delivery~The future of last mile》, (2016년 9월)

80 과학기술정보통신부, 〈다양한 분야의 융합과 혁신을 지원하는 정보통신기술(ICT) 규제 샌드박스〉, (2020년 9월 23일)

81 《한국일보》, 〈운수업 매출 6년 만에 최대 폭 증가… 일자리는 겨우 0.2% 늘어〉, (2019년 11월 28일)

82 국제노동기구, 《The future of work in the automotive industry: The need to invest in people's capabilities and decent and sustainable work》, (2020년 5월 4일~8일)

83 제러미 리프킨, 안진환 옮김, 《3차 산업혁명》, 민음사, 2012.

84 미국교통부, 《Ensuring American Leadership in Automated Vehicle Technologies: Automated Vehicles 4.0》, (2019년 12월 23일)

85 국토교통부, 〈정밀도로지도 구축 확대로 자율협력주행 시대 앞당긴다〉, (2020년 10월 4일)

86 《한겨레신문》, 〈화성에 '자율주행차 실험용' K시티 준공〉, (2018년 12월 10일)

87 호드 립슨 외, 앞의 책, 101쪽.

2부 사람과 지구

변형된 음식을 먹고 사는 디자인된 사람들
당신의 아이를 완벽한 인간으로 편집해드립니다

1 CCTV Video News Agency, 〈*Transplant of Artificial Ear Grown on Man's Arm Succeeds in North China*〉, (2017년 3월 31일)

2 《뉴욕타임스》, 〈*My Medical Choice*〉, (2013년 5월 14일)

3 CBC, 〈*Supreme Court of Canada upholds genetic non-discrimination law*〉, (2020년 7월 10일)

4 《사이언스데일리》, 〈*More than 8 million babies born from IVF since the world's first in 1978*〉, (2018년 7월 3일)

5 《뉴사이언티스트》, 〈*Exclusive: World's first baby born with new '3 parent' technique*〉, (2016년 9월 27일)

6 이언 윌머트·로저 하이필드, 이한음 옮김, 《복제양 돌리 그 후》, 사이언스북스, 2009, 343쪽.

7 Global Market Insights, 《Biotechnology Market Size By Application, By Technology, Industry Analysis Report, Regional Outlook, Application Potential, Competitive Market Share & Forecast 2019–2025》, (2019년 11일)

8 폴 뇌플러, 김보은 옮김, 《GMO 사피엔스의 시대》, 반니, 2016, 286쪽.

9 《르몽드 디플로마티크》, 〈실험실에서 최고 품질의 아이가 태어난다!〉, (2017년 6월 30일)

10 마이클 샌델, 이수경 옮김, 《완벽에 대한 반론》, 와이즈베리, 2016.

11 이언 윌머트, 앞의 책, 332쪽.

12 《가디언》, 〈*First British human-animal hybrid embryos created by scientists*〉, (2008년 4월 2일)

13 《네이처》, 〈*Japan approves first human-animal embryo experiments*〉, (2019년 7월 26일)

14 CNN, 〈*Scientists made a mouse embryo that's 4% human—the highest level of human cells in an animal yet*〉, (2020년 5월 22일)

15 《DCC차이나》, 〈*Chinese importers for soybean—China soybean market opportunities*〉, (2020년 9월 21일)

16 《로이터》, 〈*China gives long-awaited GM crop approvals amid U.S. trade talks*〉, (2019년 1월 8일)

17 매트 리들리, 조현욱 옮김, 《이성적 낙관주의자》, 김영사, 2010, 235~237쪽.

18 《내셔널헤럴드》, 〈*Stop false narrative of Bt cotton success, promote desi varieties*〉, (2020년 9월 28일)

19 《Purdue University News》, 〈*How India's changing cotton sector has led to distress, illnesses, failure*〉, (2019년 11월 18일)

코로나19 이후 다시 코로나27을 맞는다면
인간이 감당하지 못하는 질병이 일상의 일부가 된다는 것

20 CNN, 〈*World Health Organization gets ready for 'Disease X'*〉, (2018년 3월 12일)

21 《뉴욕타임스》, 〈*We Knew Disease X Was Coming. It's Here Now. We need to stop what drives mass epidemics rather than just respond to individual diseases*〉, (2020년 2월 27일)

22 유엔환경계획, 《*Unite human, animal and environmental health to prevent the next pandemic*》, (2020년 7월)

23 마크 제롬 월터스, 이한음 옮김, 《에코데믹, 끝나지 않는 전염병》, 책세상, 2020, 15~16쪽.

24 BBC, 〈*How global outbreaks are contained*〉, (2020년 4월 24일)

25 CNBC, 〈*This hotel is infamous as ground zero for a SARS 'super spreader' in the 2003 outbreak-here's what happened*〉, (2020년 2월 16일)

26 《경향신문》, 〈라글로리아에서 생긴 일… 신종플루 '0번 환자' 에드가를 만나다〉, (2016년 10월 26일)

27 세계보건기구, 《Pandemic (H1N1) 2009》 https://www.who.int/csr/don/2010_08 _06/en/

28 세계보건기구, 《Middle East respiratory syndrome coronavirus (MERS-CoV)》

29 국경없는의사회, 〈콩고민주공화국: 에볼라 확산 업데이트 2019년 5월〉, (2019년 5월 31일)

30 《인디펜던트》, 〈*They'd find a cure if Ebola came to London*〉, (2014년 8월 4일)

31 《로이터》, 〈*Coronavirus deadliest in New York City's black and Latino neighborhoods, data shows*〉, (2020년 5월 19일)

32 JAMA Network, 〈*Racism, Not Race, Drives Inequity Across the COVID-19 Continuum*〉, (2020년 9월 25일)

33 BBC, 〈*Covid-19 Singapore: A 'pandemic of inequality' exposed*〉, (2020년 9월 17일)

34 《경향신문》, 〈코로나 불평등… 사망위험, 소득 낮을수록 높다〉, (2020년 7월 9일)

35 세이브더칠드런, 〈*Protect a Generation: The impact of COVID-19 on children's lives*〉, (2020년 9월 10일)

36 《가디언》, 〈*America's billionaires are giving to charity? but much of it is self-serving rubbish*〉, (2020년 4월 12일)

37 《파이낸셜타임스》, 〈*Failure by WHO team to visit Wuhan sparks concerns over virus probe*〉, (2020년 8월 27일)

38 스튜어트 블룸, 추선영 옮김, 《두 얼굴의 백신》, 박하, 2018, 186~187쪽.

39 BBC, 〈*WHO swine flu experts 'linked' with drug companies*〉, (2010년 6월 4일)

40 트럼프 정부는 끝내 WHO에서 탈퇴했으나 이듬해 집권한 조 바이든 정부가 재가입했다.

41 《더컨버세이션》, 〈*COVID-19 drug and vaccine patents are putting profit before people*〉, (2020년 11월 6일)

42 세계보건기구, 〈*Key criteria for the ethical acceptability of COVID-19 human challenge studies*〉, (2020년 5월 6일)

43 그린피스, 〈코로나19 사태가 기후변화에 주는 교훈〉, (2020년 4월 27일)

파이프라인과 창밖의 날씨
가장 아름다운 풍경은 인간이 사라진 세상이었다

44 《할리지타임스》, 〈*Major Dubai roads affected by floods reopened*〉, (2020년 1월 11일)

45 《걸프뉴스》, 〈*Middle East suffers heavy snowfall*〉, (2020년 1월 30일)

46 《AFP》, 〈*Antarctica registers record temperature of over 20℃*〉, (2020년 2월 14일)

47 미국국립해양대기청, 〈*January 2020 was Earth's hottest January on record*〉, (2020년 2월 13일)

48 ABC, 〈*Rare weather event over Antarctica driving Australia's hot, dry outlook*〉, (2019년 9월 6일)

49 《Monash University News》, 〈*Extraordinarily warm temperatures above Antarctica cause hot and dry extremes in Australia, researchers warn*〉, (2019년 10월 8일)

50 《시베리안타임스》, 〈*More than two million hectares on fire in Siberia, with turndra on fire destroying the permafrost*〉, (2019년 7월 26일)

51 《로스앤젤레스타임스》, 〈*California sizzled with three straight months of record heat and raging fires*〉, (2020년 11월 7일)

52 유엔, Meetings Coverage and Press Releases, 〈*COVID-19 Presents Immediate Crisis to Small Island Countries but Climate Change Remains Existential Threat, Speakers Warn As General Assembly Debate Continues*〉, (2020년 9월 25일)

53 Union of Concerned Scientists, 〈*Each Country's Share of CO2 Emissions*〉, (2020년 8월 12일)

54 Our World in Data, 〈*China: CO2 Country Profile*〉

55 《사우스차이나모닝포스트》, 〈*China looks to market prices to help turn Xi Jinping's 2060 carbon neutrality goal from a pledge into reality. Here's how*〉, (2020년 11월 21일)

56 《블룸버그》, 〈*The Secret Origins of China's 40-Year Plan to End Carbon Emissions*〉, (2020년 11월 23일)

57 국제에너지기구, 〈*World oil supply and demand, 1971-2019*〉, (2020년 7월 27일)

58 RBNEnergy, 〈*The Pipelines That Flow Into The Crude Hub At Cushing*〉, (2018년 9월 25일)

59 《포브스》, 〈*What Negative Oil Prices Mean To The Top Exporting Countries*〉, (2020년 4월 21일)

60 《로이터》, 〈*Aramco to become world's largest listed company*〉, (2019년 12월 11일)

61 《더내셔널뉴스》, 〈*Tadawul becomes one of world's top 10 stock markets*〉, (2020년 7월 1일)

62 《미들이스트모니터》, 〈*Russia ships first wheat cargo to Saudi Arabia after export door opens*〉, (2020년 4월 9일)

63 《인덱스문디》, 〈*Saudi Arabia Wheat Domestic Consumption by Year*〉

64 《알모니터》, 〈*Iraq, Saudi Arabia agree to boost ties*〉, (2020년 11월 11일)

65 《에코와치》, 〈*250 People Attend Funeral for 'Death' of Swiss Alps Glacier*〉, (2019년 9월 23일)

66 BBC, 〈*Iceland's Okjokull glacier commemorated with plaque*〉, (2019년 8월 17일)

67 《경향신문》, 〈북극 스발바르의 '노아의 방주'… 미래 담긴 씨앗들〉, (2016년 12월 8일)

68 《로이터》, 〈*Arctic 'doomsday' food vault welcomes millionth seed variety*〉, (2020년 2월 25일)

69 세계경제포럼, 〈*With COP26 postponed, these young activists have decided to have their own climate conference*〉, (2020년 11월 16일)

70 《워싱턴포스트》, 〈*In Europe, Black Friday is triggering fierce protests*〉, (2019년 11월 29일)

71 유럽연합 집행위원회, 〈*A European Green Deal—Striving to be the first climate-neutral continent*〉

72 《경향신문》, 〈탄소 저감 구체적 목표 없이… '대충' 그린뉴딜〉, (2020년 7월 20일)

73 《AP》, 〈*Pandemic upends life on isolated, idyllic Galapagos Islands*〉, (2020년 5월 11일)

74 윌리엄 K. 스티븐스, 오재호 옮김, 《인간은 기후를 지배할 수 있을까》, 지성사, 2005, 356쪽.

호모 헌드레드의 시대
인구절벽이 위기가 되지 않으려면

75 유엔, 《*Report of the UN Economist Network for the UN 75th Anniversary Shaping the Trends of Our Time*》, (2020년 9월)

76 유엔, 《*World Population Ageing 2019*》, 2020.

77 앞의 보고서.

78 일본 내각부, 《平成30年版高齢社会白書》, 2019.

79 중국 국가통계국, 《中国统计年鉴》, 2019.

80 통계청, 《인구주택총조사》, 2019.

81 《타임》, 〈*China's Aging Population Is a Major Threat to Its Future*〉, (2019년 2월 7일)

82 《가디언》, 〈*China's answer to its ageing crisis? A university for 70somethings*〉, (2016년 2월 24일)

83 《재팬타임스》, 〈*The gray wave: Japan attempts to deal with its increasingly elderly population*〉, (2019년 11월 16일)

84 BBC, 〈*What the Japanese can teach us about super-ageing gracefully*〉, (2020년 3월 30일)

85 후지타 다카노리, 홍성민 옮김, 《2020 하류노인이 온다》, 청림출판, 2016, 28~29쪽.

86 경제협력개발기구, 〈*Pensions at a Glance 2019: Old-age income poverty*〉, 2019.

87 잡코리아, 〈직장인, 74.1% "노후준비 잘 못 하고 있다"〉, (2020년 6월 2일)

88 조정진, 《임계장 이야기》, 후마니타스, 2020, 38~39쪽.

89 이주미, 김태완, 《보건사회연구》, 〈노인빈곤 원인에 대한 고찰: 노동시장 경험과 가족구조 변화를 중심으로〉, (2020년 6월 26일)

90 코리 M. 에이브럼슨, 박우정 옮김, 《불평등이 노년의 삶을 어떻게 형성하는가》, 에코리브르, 2015, 200쪽.

91 통계청, 《장래 가구 특별 추계: 2017~2047년》, 2019.

92 《연합뉴스》, 〈홀몸노인 159만 명… 노인 고독사 3년 새 56% 증가〉, (2020년 10월 10일)

93 EBS 〈100세 쇼크〉 제작팀, 김지승 글, 《100세 수업》, 월북, 2018, 104쪽.

94 《서울신문》, 〈사후 알림장·유품 정리 업체까지… 日 고독사 '슬픈 호황'〉, (2018년 10월 18일)

95 《서울신문》, 〈2시간 20분마다 한 명씩… 주범은 '빈곤' 공범은 '질병'〉, (2015년 12월 13일)

96 통계청, 《2019 고령자 통계》, 2019.

97 《경향신문》, 〈'여성 독박'이 된 가족 간 노인 돌봄〉, (2019년 11월 26일)

98 국제노동기구, 《ILO 100주년 기념 이니셔티브. 일의 미래》 이슈시리즈 6, 2016.

99 《더컨버세이션》, 〈*Healthcare consultations in the digital age-are carebots up to the job?*〉, (2020년 8월 5일)

100 《타임》, 〈*Stop Me if You've Heard This One: A Robot and a Team of Irish Scientists Walk Into a Senior Living Home*〉, (2019년 10월 4일)

101 홈셰어UK. https://homeshareuk.org

102 일본셰어하우스협회, 〈超高齢社会に向けたシェアハウスの新モデル誕生！ アクティブなシニア向け"多世代共生型" 吉祥寺に1月オープン 日本初"自宅＋シェアハウス"新築モデルハウス 杉並区に3月オープン〉, (2014년 1월 10일)

103 미국 주택도시개발부·일본 도시재생기구, 《*Aging in Place: Japan Case Studies*》, (2020년 10월)

104 퍼블릭임팩트센터, 〈*Levensloopbestendige (Apartments for Life) in The Netherlands*〉, (2018년 8월 3일)

105 《뉴욕타임스》, 〈*At Colleges, What's Old Is New: Retirees Living on Campus*〉, (2019년 9월 10일)

106 ABC, 〈*Spanish nursing homes abandoned, residents found dead in beds as coronavirus worsens*〉, (2020년 3월 24일)

107 아사히신문 경제부, 박재현 옮김, 《노인지옥》, 율리시즈, 2017, 6쪽.

108 《뉴스타파》, 〈건달 할배, 채현국〉, (2015년 4월 27일)

109 미국 질병통제예방센터, 〈*Elder Abuse —Fast Facts*〉

110 《교도통신》, 〈高齢者施設の虐待、過去最多 18年度621件大半が認知症〉, (2019년 12월 24일)

111 《피츠버그포스트가제트》, 〈*Obituary: Norma Jean Bauerschmidt / Internet sensation of 'Driving Miss Norma'*〉, (2016년 10월 2일)

112 BBC, 〈*Dilys Price: World's oldest female skydiver dies*〉, (2020년 10월 10일)

점점 커지는 도시, 점점 짙어지는 그늘
블랙홀처럼 모든 것을 빨아들이는 공간에서 산다는 것

113 NPR, 〈*Slum Dwellers In Africa's Biggest Megacity Are Now Living In Canoes*〉, (2017년 5월 15일)

114 《쿼츠 아프리카》, 〈*Africa's largest city has a habit of kicking out its poor to make room for the rich*〉, (2020년 2월 1일)

115 유엔, 〈*World Urbanization Prospects 2018*〉 https://population.un.org/wup/

116 에드워드 글레이저, 이진원 옮김, 《도시의 승리》, 해냄, 2011, 146~147쪽.

117 알렉 애쉬, 박여진 옮김, 《우리는 중국이 아닙니다》, 더퀘스트, 2018, 250~251쪽.

118 알렉 애쉬, 앞의 책, 252~253쪽.

119 《경향신문》, 〈강남 3구·강북 3구 재산세 격차 9.5배로 확대〉, (2019년 10월 10일)

120 손창우, 〈서울시 공중보건활동 진단과 과제〉, 서울연구원, (2019년 10월 17일)

121 《데일리가제트》, 〈*Study finds N.Y. income disparity greatest in nation Top 1 percent make 44 times more than bottom 99 percent statewide; ratio much lower in most Capital Region counties*〉, (2018년 7월 19일)

122 《가디언》, 〈*A tale of two New Yorks: pandemic lays bare a city's shocking inequities*〉, (2020년 4월 10일)

123 에스프레소와 우유를 1:1로 섞은 스페인 식 커피.

124 《블룸버그》, 〈*Denver Is Not 'Happily Gentrifying' for Me*〉, (2017년 12월 2일)

125 리처드 플로리다, 안종희 옮김, 《도시는 왜 불평등한가》, 매일경제신문사, 2018, 111쪽.

126 신현준 외, 《아시아, 젠트리피케이션을 말하다》, 푸른숲, 2016, 374~375쪽.

127 NDTV, 〈*Hundreds Gather At India Gate To Protest Against Delhi Air Pollution*〉, (2019년 11월 6일)

128 《뉴욕타임스》, 〈*What Happens When Covid-19 Meets Toxic Air? India Is About to Find Out*〉, (2020년 10월 15일)

129 세계보건기구, 〈*9 out of 10 people worldwide breathe polluted air, but more countries are taking action*〉, (2018년 5월 2일)

130 세계은행, 《WHAT A WASTE 2.0: A Global Snapshot of Solid Waste Management to 2050》, (2018년 9월 20일)

131 미국외교협회(CFR), 〈*Trash Trade Wars: Southeast Asia's Problem With the World's Waste*〉, (2020년 5월 8일)

132 BBC, 〈*Sri Lanka returns 'hazardous waste' to UK*〉, (2020년 9월 27일)

133 BBC코리아, 〈쓰레기: 계획보다 25년 일찍 꽉 차버린 중국의 거대 쓰레기 매립지〉, (2019년 11월 16일)

134 《세계와도시》 4호, 〈제로웨이스트 Zero Waste 를 향한 재활용 도시 사례〉, (2015년 5월 28일)

135 Zero Waste Cities, 《The Story of Munich》, (2020년 12월 10일)

136 《복스》, 〈*Watch: Quarantined Italians are singing their hearts out. It's beautiful*〉, (2020년 3월 13일)

137 《로이터》, 〈*Spaniards in lockdown bang pots in protest during king's speech*〉, (2020년 3월 18일)

138 세계경제포럼, 〈*7 innovative projects making cities more sustainable*〉, (2020년 9월 4일)

139 스테파노 보에리 웹사이트. https://www.stefanoboeriarchitetti.net/vertical-foresting/

140 코펜하겐 기술환경부 웹사이트. https://urbandevelopmentcph.kk.dk/indhold/smart-city

141 《가디언》, 〈*The Mexican town that refused to become a smart city*〉, (2018년 10월 16일)

3부 자본과 정치

같은 공간 다른 사람, 이주자와 원주민
그들은 당신들이 아니라 우리들이다

1 《도이체벨레》, 〈*Germany: Eleven dead in suspected far-right attack*〉, (2020년 2월 20일)

2 《바티칸뉴스》, 〈*Pope welcomes another group of refugees from Lesbos accompanied by Card. Krajewski*〉, (2019년 12월 5일)

3 《유로뉴스》, 〈*Germany to take in 1,500 migrants from Greek islands after Lesbos fire*〉, (2020년 9월 15일)

4 국제이주기구, 《WORLD MIGRATION REPORT 2020》

5 캐런 앨리엇 하우스, 빙진영 옮김, 《사우디아라비아》, 메디치, 2016, 249쪽.

6 CIA월드팩트북 https://www.cia.gov/library/publications/the-world-factbook/geos/ae.html

7 YTN, 〈전남 해남 외국인 노동자 숙소에서 불⋯ 3명 사망〉, (2020년 1월 25일)

8 법무부, 《2019 출입국외국인정책 통계연보》, (2020년 7월)

9 통계청, 〈2019년 이민자 체류실태 및 고용조사〉, (2019년 12월 19일)

10 KBS, 〈"탈북자 학교 우리 동네엔 안 돼!"⋯ 갈 곳 잃은 여명학교〉, (2020년 1월 26일)

11 법무부, 앞의 보고서.

12 유엔난민기구, 〈*Figures at a Glance*〉, (2020년 6월 18일)

13 SOS MEDITERRANEE, 〈*Ocean Viking rescues 176 people. Where will they be disembarked?*〉, (2019년 10월 14일)

14 CNN, 〈*Exclusive: Father of Vietnamese woman believed dead in Essex truck —Smugglers said this was a 'safe route'*〉, (2019년 10월 27일)

15 《데일리메일》, 〈*The conveyor belt of human misery: How people-smuggling gangs move migrants from China to be slaves in UK - with 39 bodies in Essex only the latest deaths in long-running tragedy*〉, (2019년 10월 24일)

16 BBC, 〈*Why do Vietnamese people make hazardous journeys to the UK?*〉, (2019년 10월 26일)

17 《가디언》, 〈*Driver of lorry in which 58 Chinese died gets 14 years*〉, (2001년 2월 36일)

18 《사우스차이나모닝포스트》, 〈*Global hunt on for the Chinese man behind one of Europe's biggest ever illegal immigration rackets*〉, (2016년 4월 6일)

19 영국 법무부, 《*2018 UK Annual Report on Modern Slavery*》, (2018년 10월)

20 지그문트 바우만, 한상석 옮김, 《모두스 비벤디》, 후마니타스, 2010, 50~51쪽.

21 국제이주기구, 앞의 보고서.

22 국제엠네스티, 〈*Singapore: Over 20,000 migrant workers in quarantine must be protected from mass infection*〉, (2020년 4월 6일)

23 일본 애니메이션의 제목에는 '삼천 리'로 돼 있지만 한국에 들어오면서 '삼만 리'로 바뀌었다.

24 가브리엘 포페스쿠, 이영민 외 옮김, 《국가 경계 질서》, 푸른길, 2018, 149쪽.

25 외교부, 〈재외동포 정의 및 현황〉

26 《뉴욕타임스》, 〈*Examining Trump's Claims About Representative Ilhan Omar*〉, (2019년 7월 18일)

27 《로이터》, 〈*Far-right parties in Italy's neighbors call for border checks over coronavirus*〉, (2020년 2월 28일)

28 예니하야트, 〈*Wir riefen Arbeitskräfte und es kamen Menschen*〉, (2011년 6월 10일)

29 《도이체벨레》, 〈*Chancellor Merkel says German multiculturalism has 'utterly failed'*〉, (2010.10월 17일)

30 폴 콜리어, 김선영 옮김, 《엑소더스》, 21세기북스, 2014, 51쪽.

31 앤서니 기든스, 이종인 옮김, 《유럽의 미래를 말하다》, 책과함께, 2014, 178~180쪽.

걷어차인 사다리를 다시 놓기
'빈부격차'가 새삼스러워져 내일을 포기하게 된 청년들

32 《로스앤젤레스타임스》, 〈*Amazon workers march to Jeff Bezos' mansion, calling for higher wages, protections*〉, (2020년 10월 4일)

33 국제노동기구, 《ILO Monitor: COVID-19 and the world of work. Sixth edition》, (2020 년 9월 23일)

34 SBS연예뉴스, 〈봉준호 감독 "기생충은 계단 시네마이자 반지하 영화"〉, (2019년 5월 23일)

35 베이비부머 세대에게 "됐거든(OK)!"이라고 말하는 밀레니얼 세대를 지칭하는 표현. 2019년 11월 뉴질랜드에서 20대 의원이 탄소 배출을 줄이는 법안을 야유 하는 중진 의원을 향해 "오케이, 부머!"라고 맞받아치는 모습이 세계의 소셜미디 어로 퍼지며 화제가 됐다.

36 《가디언》, 〈How Parasite became the most talked about foreign language film of 2019〉, (2019년 11월 13일)

37 OECD, 《Economic Surveys: Korea》, (2020년 8월)

38 《월간 노동리뷰》, 〈2017년까지의 최상위 소득 비중〉, 2019년 2월호.

39 《워싱턴포스트》, 〈Parasite' paints a nightmarish picture of Korean inequality. The reality in America is even worse〉, (2020년 2월 14일)

40 옥스팜, 《Public good or private wealth?》, (2019년 1월 21일)

41 세계 불평등 데이터베이스 웹사이트 https://wid.world/data/

42 파쿤도 알바레도 외, 장경덕 옮김, 《세계불평등보고서 2018》, 글항아리, 2018.

43 《사우스차이나모닝포스트》, 〈Beijing migrant worker evictions: the four-character word you can't say anymore〉, (2017년 12월 3일)

44 브랑코 밀라노비치, 서정아 옮김, 《왜 우리는 불평등해졌는가》, 21세기북스, 2017, 71쪽.

45 《포브스》, 〈The Countries With The Most Billionaires In 2020〉, (2020년 4월 8일)

46 옥스팜, 《Time to care》, (2020년 1월 20일)

47 《포브스》, 〈Thoughts On The Business Of Life〉, (1997년 4월 20일)

48 옥스팜, 앞의 보고서.

49 리처드 리브스, 김승진 옮김, 《20 Vs 80의 사회》, 민음사, 2019, 20쪽.

50 《경향신문》, 〈불공정 분야, 정치·법조·언론 순… 10명 중 7명, 법 집행 불신〉, 〈"노력·능력보다 부모 등 배경이 성공 좌우"〉, (2020년 10월 6일)

51 넷플릭스·《복스》, 〈익스플레인: 세계를 해설하다, 인종 간 부의 격차〉

52 세계경제포럼, 《Global Gender Gap Report 2020》, (2019년 12월 16일)

53 세계은행 블로그, 〈Why Didn't the World Bank Make Reducing Inequality One of Its Goals?〉, (2013년 9월 23일)

54 옥스팜, 《AN ECONOMY FOR THE 99%》, (2017년 1일)

55 씨티그룹, 〈CLOSING THE RACIAL INEQUALITY GAPS: The Economic Cost of Black Inequality in the U.S.〉, (2020년 9월)

56 조지프 스티글리츠, 이순희 옮김, 《불평등의 대가》, 열린책들, 2013, 236쪽.

57 폴 크루그먼, 〈Oligarchy, American Style〉, 《뉴욕타임스》 기고, (2011년 11월 3일)

58 《커먼드림즈》, 〈Beware the 21st Century Robber Barons〉, (2020년 7월 8일)

59 유발 하라리 외, 신희원 옮김, 《초예측, 부의 미래》, 웅진지식하우스, 2020, 67쪽.

60 엘리자베스 워런, 〈Ultra-Millionaire Tax〉

61 《포춘》, 〈Billionaires Hate Alexandria Ocasio-Cortez's 70% Tax. Could It Help the Economy?〉, (2017년 2월 8일)

62 루이스 바우디치 외, 〈A CALL TO ACTION: A LETTER IN SUPPORT OF A WEALTH TAX〉, (2019년 6월 24일)

63 LSE, 〈Thomas Piketty: "The current economic system is not working when it comes to solving inequality"〉, (2020년 2월 21일)

64 옥스팜, 《Public good or private wealth?》

65 유발 하라리 외, 앞의 책.

우리가 만들어야 하는 민주주의의 미래
포퓰리즘이 상식이 되는 세상이 되지 않으려면

66 《가디언》, 〈How we combed leaders' speeches to gauge populist rise〉, (2019년 5월 6일)

67 《바이스뉴스》, 〈How to talk like a populist〉, (2017년 5월 9일)

68 《가디언》, 〈Trump, Erdoğan, Farage: The attractions of populism for politicians, the dangers for democracy〉, (2016년 9월 2일)

69 《가디언》, 〈Revealed: the rise and rise of populist rhetoric〉, (2019년 5월 6일)

70 얀 베르너 뮐러, 노시내 옮김, 《누가 포퓰리스트인가》, 마티, 2017.

71 《사이언스&칵테일 이니셔티브》 유튜브 영상, 〈The rise of populism: from Le Pen to Trump with Cas Mudde〉, (2017년 5월 29일)

72 《뉴욕타임스》, 〈Chávez Calls Bush 'the Devil' in U.N. Speech〉, (2006년 9월 20일)

73 《가디언》, 〈Nigel Farage heaps praise on Donald Trump at Arizona rally〉, (2020년 10월 29일)

74 《프랑스24》, 〈Hungary's Orban blames foreigners, migration for coronavirus spread〉, (2020년 3월 13일)

75 《타임아웃》, 〈A massive mural featuring 20,000 of Trump's lies has been installed in Soho〉, (2020년 9월 29일)

76 《이코노미스트》, 〈Democracy contains the seeds of its own recovery〉, (2020년 11월 26일)

77 《뉴욕타임스》, 〈Victory for Joe Biden, at Last〉, (2020년 11월 7일)

78 《하버드가제트》, 〈After a hard election, the real work begins〉, (2020년 11월 8일)

79 《타임》, 〈'We've Seen a Youthquake.' How Youth of Color Backed Joe Biden in Battleground States〉, (2020년 11월 10일)

80 《스탠퍼드뉴스》, 〈Populism is a political problem that is putting democracy at risk, Stanford scholars say〉, (2020년 3월 11일)

10년 후 세계사 두 번째 미래

우리가 결정해야 할 11가지 거대한 이슈

1판 1쇄 발행 2021년 7월 6일
1판 5쇄 발행 2022년 4월 1일

지은이 구정은 이지선
펴낸이 고병욱

기획편집실장 윤현주 **기획편집** 김경수
마케팅 이일권 김윤성 김도연 김재욱 이애주 오정민
디자인 공희 진미나 백은주 **외서기획** 김혜은
제작 김기창 **관리** 주동은 조재언 **총무** 문준기 노재경 송민진

펴낸곳 청림출판(주)
등록 제1989-000026호

본사 06048 서울시 강남구 도산대로38길 11 청림출판(주)
제2사옥 10881 경기도 파주시 회동길 173 청림아트스페이스
전화 02-546-4341 **팩스** 02-546-8053

홈페이지 www.chungrim.com
이메일 cr2@chungrim.com
페이스북 https://www.facebook.com/chusubat

ⓒ 구정은 이지선, 2021

ISBN 979-11-5540-189-7 03900